思想道德修养与法律基础实践教程

闫小宇　徐　超　主编

SIXIANG DAODE XIUYANG
YU FALÜ JICHU SHIJIAN JIAOCHENG

主　编　闫小宇　徐　超
副主编　吴少丹　杜晓光　张涵婷
　　　　刘　琦　牛玲玲　霍玉洁
参　编　袁淑英　马　乐　茹　亮
　　　　王　冕　卜卫军

南京大学出版社

图书在版编目(CIP)数据

思想道德修养与法律基础实践教程/闫小宇,徐超主编. —南京: 南京大学出版社,2021.6(2024.8 重印)
ISBN 978-7-305-24501-5

Ⅰ. ①思… Ⅱ. ①闫… ②徐… Ⅲ. ①思想修养一高等学校一教材 ②法律一中国一高等学校一教材 Ⅳ. ①G641.6 ②D920.4

中国版本图书馆 CIP 数据核字(2021)第 103708 号

出版发行 南京大学出版社
社　　址 南京市汉口路 22 号　　邮　　编 210093

书　　名 思想道德修养与法律基础实践教程
SIXIANG DAODE XIUYANG YU FALÜ JICHU SHIJIAN JIAOCHENG
主　　编 闫小宇　徐　超
责任编辑 刁晓静　　编辑热线 025-83592123

照　　排 南京开卷文化传媒有限公司
印　　刷 江苏苏中印刷有限公司
开　　本 787×1092　1/16　印张 15　字数 350 千
版　　次 2021 年 6 月第 1 版　2024 年 8 月第 5 次印刷
ISBN 978-7-305-24501-5
定　　价 42.50 元

网　　址:http://www.njupco.com
官方微博:http://weibo.com/njupco
微信服务号:njuyuexue
销售咨询热线:025-83594756

序　言

思想政治理论课是巩固马克思主义在高校意识形态领域指导地位、坚持社会主义办学方向的重要阵地，是全面贯彻落实党的教育方针，培养中国特色社会主义事业合格建设者和可靠接班人、落实立德树人根本任务的主干渠道，是进行社会主义核心价值观教育、帮助大学生树立正确世界观、人生观、价值观的核心课程。办好思想政治理论课，事关意识形态工作大局，事关中国特色社会主义事业后继有人，事关实现中华民族伟大复兴的中国梦，必须始终摆在突出位置，持之以恒、常抓不懈。

思想政治理论课（简称思政课）包括理论教学和实践教学，实践教学在实现课程教学目标上起着不可取代的作用。在学校思想政治理论课教师座谈会上，习近平总书记提出推动思政课改革创新的“八个相统一”要求，其中之一是“要坚持理论性和实践性相统一”。他强调，要“重视思政课的实践性，把思政小课堂同社会大课堂结合起来”。《普通高校思想政治理论课建设体系创新计划》指出，要努力强化实践教学，建设与课堂教学相互促进的思想政治理论课第二课堂教学体系；要整合实践教学资源，拓展实践教学形式，建设一批相对稳定的实践教学基地，进一步规范实践教学；要注重总结实践教学成果，把优秀调研报告等作为课堂教学的补充材料。实践教学作为思政课教学的一个重要方面越来越受到重视，构建一个科学、系统的实践教学内容体系也成为一个越来越重要的课题。

本教程在编写过程中注重理论与实践相结合，突出实践性。在实践教学项目设置上始终围绕教学目标和教学重难点，通过具体的章节项目设计、详细的案例分析和参考资料对课程的重难点进行突破。教程每章分为实践教学导入、理论教学内容、实践教学模块、实践教学项目、参考资料和实践教学项目推荐六个环节，层层推进，以期更好地指导学生实践活动。

本教程在编写过程中参考了大量学者、专家编写的相关文献资料，查阅了大量网络、报纸的相关资料，吸收了大量鲜活的案例资料，并进行了校对修改，在此对相关作者表示诚挚的感谢。鉴于编者水平有限，教程中难免有疏漏之处，在使用中我们将进一步进行修订完善。

编　者

2021 年 3 月

目　录

绪 论

习语

青年兴则国家兴，青年强则国家强。青年一代有理想、有本领、有担当，国家就有前途，民族就有希望。中国梦是历史的、现实的，也是未来的；是我们这一代的，更是青年一代的。中华民族伟大复兴的中国梦终将在一代代青年的接力奋斗中变为现实。全党要关心和爱护青年，为他们实现人生出彩搭建舞台。广大青年要坚定理想信念，志存高远，脚踏实地，勇做时代的弄潮儿，在实现中国梦的生动实践中放飞青春梦想，在为人民利益的不懈奋斗中书写人生华章！

——习近平在中国共产党第十九次全国代表大会上的报告

2017年10月18日

实践教学导入

习近平：成为有理想、有学问、有才干的实干家

——在北京大学师生座谈会上的讲话

（2018年5月2日）

各位同学，各位老师，同志们：

今天，有机会同大家一起座谈，感到非常高兴。再过两天，就是五四青年节，也是北大建校120周年校庆日。首先，我代表党中央，向北大全体师生员工和海内外校友，向全国各族青年，向全国青年工作者，致以节日的问候！

近年来，北大继承光荣传统，坚持社会主义办学方向，立德树人成果丰硕，双一流建设成效显著，服务经济社会发展成绩突出，学校发展思路清晰，办学实力和影响力显著增强，令人欣慰。

五四运动源于北大，爱国、进步、民主、科学的五四精神始终激励着北大师生同人民一起开拓、同祖国一起奋进。青春理想，青春活力，青春奋斗，是中国精神和中国力量的生命力所在。今天，在实现中华民族伟大复兴新征程上，北大师生应该继续发扬五四精神，为民族、为国家、为人民作出新的更大的贡献。

从五四运动到中国特色社会主义进入新时代，中华民族迎来了从站起来、富起来到强起来的伟大飞跃。这在中华民族发展史上、在人类社会发展史上都是划时代的。

我在党的十九大报告中提出了我国发展的战略安排，这就是：到 2020 年全面建成小康社会，到 2035 年基本实现社会主义现代化，到本世纪中叶把我国建成富强民主文明和谐美丽的社会主义现代化强国。广大青年生逢其时，也重任在肩。我说过，中华民族伟大复兴，绝不是轻轻松松、敲锣打鼓就能实现的，我们必须准备付出更为艰巨、更为艰苦的努力。广大青年要成为实现中华民族伟大复兴的生力军，肩负起国家和民族的希望。

每一代青年都有自己的际遇和机缘。我记得，1981 年北大学子在燕园一起喊出“团结起来，振兴中华”的响亮口号，今天我们仍然要叫响这个口号，万众一心为实现中国梦而奋斗。广大青年既是追梦者，也是圆梦人。追梦需要激情和理想，圆梦需要奋斗和奉献。广大青年应该在奋斗中释放青春激情、追逐青春理想，以青春之我、奋斗之我，为民族复兴铺路架桥，为祖国建设添砖加瓦。

同学们、老师们！

近代以来我国历史告诉我们，只有社会主义才能救中国，只有中国特色社会主义才能发展中国，才能实现中华民族伟大复兴。坚持好、发展好中国特色社会主义，把我国建设成为社会主义现代化强国，是一项长期任务，需要一代又一代人接续奋斗。我们的今天就是这样走过来的，我们的明天需要青年人接着奋斗下去，一代接着一代不断前进。

教育兴则国家兴，教育强则国家强。高等教育是一个国家发展水平和发展潜力的重要标志。今天，党和国家事业发展对高等教育的需要，对科学知识和优秀人才的需要，比以往任何时候都更为迫切。我在党的十九大报告中提出要“加快一流大学和一流学科建设，实现高等教育内涵式发展”。当前，我国高等教育办学规模和年毕业人数已居世界首位，但规模扩张并不意味着质量和效益增长，走内涵式发展道路是我国高等教育发展的必由之路。

大学是立德树人、培养人才的地方，是青年人学习知识、增长才干、放飞梦想的地方。借此机会，我想就学校培养什么样的人、怎样培养人，同各位同学和老师交流一下看法。

我先给一个明确答案，就是我们的教育要培养德智体美全面发展的社会主义建设者和接班人。前不久，我在十三届全国人大第一次会议上向全体代表讲过：“中国人民的特质、禀赋不仅铸就了绵延几千年发展至今的中华文明，而且深刻影响着当代中国发展进步，深刻影响着当代中国人的精神世界。”我讲到中国人民的伟大创造精神、伟大奋斗精神、伟大团结精神、伟大梦想精神。这种伟大精神是一代一代中华儿女创造和积淀出来的，也需要一代一代传承下去。

“国势之强由于人，人材之成出于学。”培养社会主义建设者和接班人，是我们党的教育方针，是我国各级各类学校的共同使命。大学对青年成长成才发挥着重要作用。高校只有抓住培养社会主义建设者和接班人这个根本才能办好，才能办出中国特色世界一流大学。为此，有 3 项基础性工作要抓好。

第一，坚持办学正确政治方向。《礼记·大学》说："大学之道，在明明德，在亲民，在止于至善。"古今中外，关于教育和办学，思想流派繁多，理论观点各异，但在教育必须培养社会发展所需要的人这一点上是有共识的。培养社会发展所需要的人，说具体了，就是培养社会发展、知识积累、文化传承、国家存续、制度运行所要求的人。所以，古今中外，每个国家都是按照自己的政治要求来培养人的，世界一流大学都是在服务自己国家发展中成长起来的。我国社会主义教育就是要培养社会主义建设者和接班人。

马克思主义是我们立党立国的根本指导思想，也是我国大学最鲜亮的底色。今年是马克思诞辰 200 周年，在世界人民心目中马克思至今依然是最伟大的思想家。中国共产党的主要创始人和一些早期著名活动家，正是在北大工作或学习期间开始阅读马克思主义著作、传播马克思主义的，并推动了中国共产党的建立。这是北大的骄傲，也是北大的光荣。要抓好马克思主义理论教育，深化学生对马克思主义历史必然性和科学真理性、理论意义和现实意义的认识，教育他们学会运用马克思主义立场观点方法观察世界、分析世界，真正搞懂面临的时代课题，深刻把握世界发展走向，认清中国和世界发展大势，让学生深刻感悟马克思主义真理力量，为学生成长成才打下科学思想基础。要坚持不懈培育和弘扬社会主义核心价值观，引导广大师生做社会主义核心价值观的坚定信仰者、积极传播者、模范践行者。要把中国特色社会主义道路自信、理论自信、制度自信、文化自信转化为办好中国特色世界一流大学的自信。只要我们在培养社会主义建设者和接班人上有作为、有成效，我们的大学就能在世界上有地位、有话语权。

"才者，德之资也；德者，才之帅也。"人才培养一定是育人和育才相统一的过程，而育人是本。人无德不立，育人的根本在于立德。这是人才培养的辩证法。办学就要尊重这个规律，否则就办不好学。要把立德树人的成效作为检验学校一切工作的根本标准，真正做到以文化人、以德育人，不断提高学生思想水平、政治觉悟、道德品质、文化素养，做到明大德、守公德、严私德。要把立德树人内化到大学建设和管理各领域、各方面、各环节，做到以树人为核心，以立德为根本。

第二，建设高素质教师队伍。人才培养，关键在教师。教师队伍素质直接决定着大学办学能力和水平。建设社会主义现代化强国，需要一大批各方面各领域的优秀人才。这对我们教师队伍能力和水平提出了新的更高的要求。同样，随着信息化不断发展，知识获取方式和传授方式、教和学关系都发生了革命性变化。这也对教师队伍能力和水平提出了新的更高的要求。

建设政治素质过硬、业务能力精湛、育人水平高超的高素质教师队伍是大学建设的基础性工作。要从培养社会主义建设者和接班人的高度，考虑大学师资队伍的素质要求、人员构成、培训体系等。高素质教师队伍是由一个一个好老师组成的，也是由一个一个好老师带出来的。2014 年教师节时我同北京师范大学的师生代表座谈时就如何做一名好老师提出了 4 点要求，即：要有理想信念、有道德情操、有扎实学识、有仁爱之心。我今天再强调一下。

古人说:“师者,人之模范也。”在学生眼里,老师是“吐辞为经、举足为法”,一言一行都给学生以极大影响。教师思想政治状况具有很强的示范性。要坚持教育者先受教育,让教师更好担当起学生健康成长指导者和引路人的责任。

评价教师队伍素质的第一标准应该是师德师风。师德师风建设应该是每一所学校常抓不懈的工作,既要有严格制度规定,也要有日常教育督导。我们的教师队伍师德师风总体是好的,绝大多数老师都敬重学问、关爱学生、严于律己、为人师表,受到学生尊敬和爱戴。同时,也要看到教师队伍中存在的一些问题。对出现的问题,我们要高度重视,认真解决。要引导教师把教书育人和自我修养结合起来,做到以德立身、以德立学、以德施教。

第三,形成高水平人才培养体系。“凿井者,起于三寸之坎,以就万仞之深。”社会主义建设者和接班人,既要有高尚品德,又要有真才实学。学生在大学里学什么、能学到什么、学得怎么样,同大学人才培养体系密切相关。目前,我国大学硬件条件都有很大改善,有的学校的硬件同世界一流大学比没有太大差别了,关键是要形成更高水平的人才培养体系。人才培养体系必须立足于培养什么人、怎样培养人这个根本问题来建设,可以借鉴国外有益做法,但必须扎根中国大地办大学。

人才培养体系涉及学科体系、教学体系、教材体系、管理体系等,而贯通其中的是思想政治工作体系。加强党的领导和党的建设,加强思想政治工作体系建设,是形成高水平人才培养体系的重要内容。要坚持党对高校的领导,坚持社会主义办学方向,把我们的特色和优势有效转化为培养社会主义建设者和接班人的能力。

当今世界,科学技术迅猛发展。大学要瞄准世界科技前沿,加强对关键共性技术、前沿引领技术、现代工程技术、颠覆性技术的攻关创新。要下大气力组建交叉学科群和强有力的科技攻关团队,加强学科之间协同创新,加强对原创性、系统性、引领性研究的支持。要培养造就一大批具有国际水平的战略科技人才、科技领军人才、青年科技人才和高水平创新团队,力争实现前瞻性基础研究、引领性原创成果的重大突破。

同学们、老师们!

当代青年是同新时代共同前进的一代。我们面临的新时代,既是近代以来中华民族发展的最好时代,也是实现中华民族伟大复兴的最关键时代。广大青年既拥有广阔发展空间,也承载着伟大时代使命。青年是国家的希望、民族的未来。我衷心希望每一个青年都成为社会主义建设者和接班人,不辱时代使命,不负人民期望。对广大青年来说,这是最大的人生际遇,也是最大的人生考验。

2014 年我来北大同师生代表座谈时对广大青年提出了具有执着的信念、优良的品德、丰富的知识、过硬的本领这 4 点要求。借此机会,我再给广大青年提几点希望。

一是要爱国,忠于祖国,忠于人民。爱国,是人世间最深层、最持久的情感,是一个人立德之源、立功之本。孙中山先生说,做人最大的事情,“就是要知道怎么样爱国”。

我们常讲，做人要有气节、要有人格。气节也好，人格也好，爱国是第一位的。我们是中华儿女，要了解中华民族历史，秉承中华文化基因，有民族自豪感和文化自信心。要时时想到国家，处处想到人民，做到"利于国者爱之，害于国者恶之"。爱国，不能停留在口号上，而是要把自己的理想同祖国的前途、把自己的人生同民族的命运紧密联系在一起，扎根人民，奉献国家。

二是要励志，立鸿鹄志，做奋斗者。苏轼说："古之立大事者，不惟有超世之才，亦必有坚忍不拔之志。"王守仁说："志不立，天下无可成之事。"可见，立志对一个人的一生具有多么重要的意义。广大青年要培养奋斗精神，做到理想坚定，信念执着，不怕困难，勇于开拓，顽强拼搏，永不气馁。幸福都是奋斗出来的，奋斗本身就是一种幸福。1939 年 5 月，毛泽东同志在延安庆贺模范青年大会上说："中国的青年运动有很好的革命传统，这个传统就是'永久奋斗'。我们共产党是继承这个传统的，现在传下来了，以后更要继续传下去。"为实现中华民族伟大复兴的中国梦而奋斗，是我们人生难得的际遇。每个青年都应该珍惜这个伟大时代，做新时代的奋斗者。

三是要求真，求真学问，练真本领。"玉不琢，不成器；人不学，不知道。"知识是每个人成才的基石，在学习阶段一定要把基石打深、打牢。学习就必须求真学问，求真理、悟道理、明事理，不能满足于碎片化的信息、快餐化的知识。要通过学习知识，掌握事物发展规律，通晓天下道理，丰富学识，增长见识。人的潜力是无限的，只有在不断学习、不断实践中才能充分发掘出来。建设社会主义现代化强国，发展是第一要务，创新是第一动力，人才是第一资源。希望广大青年珍惜大好学习时光，求真学问，练真本领，更好为国争光、为民造福。

四是要力行，知行合一，做实干家。"纸上得来终觉浅，绝知此事要躬行。"学到的东西，不能停留在书本上，不能只装在脑袋里，而应该落实到行动上，做到知行合一、以知促行、以行求知，正所谓"知者行之始，行者知之成"。每一项事业，不论大小，都是靠脚踏实地、一点一滴干出来的。"道虽迩，不行不至；事虽小，不为不成。"这是永恒的道理。做人做事，最怕的就是只说不做，眼高手低。不论学习还是工作，都要面向实际、深入实践，实践出真知；都要严谨务实，一分耕耘一分收获，苦干实干。广大青年要努力成为有理想、有学问、有才干的实干家，在新时代干出一番事业。我在长期工作中最深切的体会就是：社会主义是干出来的。

同学们、老师们！

辛弃疾在一首词中写道："乘风好去，长空万里，直下看山河。"我说过："中国梦是历史的、现实的，也是未来的；是我们这一代的，更是青年一代的。中华民族伟大复兴的中国梦终将在一代代青年的接力奋斗中变为现实。"新时代青年要乘新时代春风，在祖国的万里长空放飞青春梦想，以社会主义建设者和接班人的使命担当，为全面建成小康社会、全面建设社会主义现代化强国而努力奋斗，让中华民族伟大复兴在我们的奋斗中梦想成真！

（资料来源：人民网）

理论教学内容

1. 理论知识思维导图

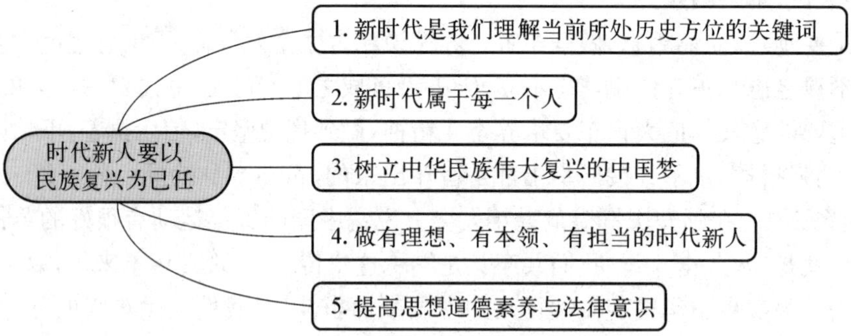

2. 理论教学重难点

(1) 引导和帮助大学生正确认识自身所处的人生发展阶段和当前所处的时代方位。

(2) 引导和帮助大学生了解中国特色社会主义新时代对大学生成长成才提出的要求，了解党和国家对大学生成长成才提出的期望。

(3) 引导和帮助大学生努力提升自身的思想道德素质和法治素养，做担当民族复兴大任的时代新人。

实践教学模块

1. 实践教学目的

明确当代大学生的历史使命，尽快适应大学学习生活，完成从中学生到大学生的角色转换并确立成才目标和发展方向。

2. 实践教学项目

项目一：班会讨论——军训感言

项目二：互动活动——“缘”来是你

项目三：课外调研——身边榜样

项目四：载梦前行——我的青春我做主

实践教学项目一

1. 实践活动主题

班会讨论——军训感言

2. 实践活动目的

通过以“军训感言”为主题的讨论，使学生在回忆军训美好时刻的过程中提高独立思考能力,感悟团结协作精神,并能在日后的学习生活中以坚强的意志品质笑对困难。

3. 实践活动形式

班会讨论

4. 实践活动对象

全体在校生

5. 实践活动实施

(1) 根据学校整体安排,组织大一新生参加军训。

(2) 军训结束后,以班级为单位组织召开“军训・美好时刻”主题班会。

(3) 班会由任课教师组织,并对学生发言进行点评,对学生加以引导。

(4) 学生结合自身军训体验与参与班会感悟,提交不少于800字心得体会。

6. 实践活动成果

班会过程中的照片、视频以及心得体会。

参考资料

资料一

主题班会流程

一、确定班会主题

班会主题的确定可以依据学生的实际生活、思想动态来确定;也可以依据偶发事件,抓住教育契机来确定;还可以由学生自主选题、引起共鸣来确定。总之,要做到贴近学生、贴近生活、贴近时代,有利于引导学生成长。

二、班会组织准备

召开班会前,可以先召开班委会,讲清班会目的和意义,并讨论活动形式、内容和具体安排。充分发挥班委的关键作用,动员全体学生,调动学生参与的积极性,使每一个学生都能积极讨论并进行认真思考,融入班会主题之中。

三、班会具体实施

班会实施过程中,要充分发挥学生的主体作用,以学生为中心,教师退到幕后,灵活掌握,因势利导。教师要注意以下几个方面:

第一,时间控制在40—50分钟最好,不宜过短与过长。

第二,教师以普通一员的身份参与,充分相信学生、依靠学生,使学生成为班会的主人。

第三,做好处理突发事件的准备,例如冷场、跑题等。

第四，教师做点评总结，引导学生将所思所感落实到实际行动中，延伸班会效果，最终达到使学生认识有提高、行动有准则、前进有方向的效果。

四、会后心得体会

班会后要进行“追踪教育”，深化班会主题，巩固教育成果。可以让学生提交一份心得体会，再次梳理得失。

资料二

“军训·美好时刻”主题班会计划书

一、活动主题

军训·美好时刻

二、活动目的及意义

通过此次活动，令所有学生反思总结经验教训，进而推进今后同学们的技能学习，增强同学们的集体荣誉感，增强同学们的学习欲望与自信心，增强自我控制能力及责任感。

三、活动时间、地点及参与人员

1. 时间：11月4日下午
2. 地点：上课教室
3. 参与人员：辅导员、班级学生、任课教师

四、人员分配

第一组：筹备组

组　员：2—3名学生，确定到人

任务安排：

(1) 11月2日上午　准备班会邀请函。

(2) 11月2日中午　小礼品（含奖品）购买。

(3) 11月2日下午　准备班会道具。

(4) 11月3日　会场布置。

(5) 11月4日上午　完成座位安排。

第二组：节目组

组　员：2—3名学生，确定到人

任务安排：

(1) 11月2日　确定班会讨论顺序及流程安排。

(2) 11月3日　准备好主持人形象设计及主持词。

(3) 11 月 3 日　完成彩排。

第三组:安全组

组　员:各班班长

任务安排:班会期间,负责维持会场纪律、紧急情况处理等,确保班会顺利进行,取得圆满成功。

第四组:软件组

组　员:2—3 名学生,确定到人

任务安排:

(1) 11 月 3 日上午　制作好班会 PPT。

(2) 11 月 4 日上午　班会会场调试 PPT。

(3) 11 月 4 日下午　班会 PPT 操作。

五、活动过程

(1) 14:20 所有学生、教师入场完毕,一切准备工作就绪。

(2) 14:30 主持人宣布晚会开始。

(3) 介绍到会教师、辅导员。

(4) 讨论、分享。

(5) 17:05 主持人宣布班会结束。

(6) 同学、辅导员退场,任课教师、工作人员留下。

六、活动注意事项

(1) 提前准备一些小节目或活动游戏,冷场时使用。

(2) 各项目组成员从正式成立后立即开始工作,班会期间各司其职,班会结束后自行解散。

(3) 注意安全。

资料三

军训总结主题班会方案示例

活动主题:在磨炼中成长

活动目的:全班同学共同回味军训中的酸甜苦辣,回顾军训中的点点滴滴,从中学习一种吃苦耐劳、坚持不懈的精神,一种艰苦朴素、勤俭节约的作风,一种团结友爱、互帮互助的品质,从而对今后三年的学习、生活起到帮助。有利于形成团结一致、热爱班级的良好班风。

活动形式:集体讨论,学生代表交流心得体会

活动意义:主题班会通过讨论的形式,充分调动每一名同学的积极性和参与意识,增强同学、师生之间的相互了解,树立健康的身心素质和积极向上的心态,明确自我在集体中的责任感。此次班会使同学们认识到严守纪律、坚持不懈的重要性,以勤奋进取

的态度投入全新的学习、生活中，形成“静、敬、竞、净”的良好班风。

活动流程：

开场白

播放军训视频给全班同学观看，回顾军训生活。

请同学们谈谈自己在军训中最大的收获是什么，军训给自己最大的帮助是什么，在军训中学到了什么。（此环节为交流互动环节，请若干同学在班会前做好准备）

为军训优秀学员颁发奖状。（需要提前和辅导员联系，确定名单，制作奖状）

鼓励学生在学习中发扬军训精神，刻苦学习。

教师总结。

活动记录：

开场语

老师：大家为期一周的军训结束了。首先，我对你们在军训中的表现表示肯定。通过军训，大家的纪律意识还有责任意识都发生了巨大变化。在这次军训中，你们身边一定发生了一些难忘的故事。下面有请几位同学谈谈自己在军训期间难忘的事。

学生发言

班长：我最难忘的事情是，军训第一天，全班都站在灼热的阳光下站军姿，班主任和教官不停地鼓励我们，并且说“坚持不了打报告”。突然，有一个同学晕倒了，被其他同学搀扶出去了。我们的脸上是汗水，顺着脸颊流下来，痒痒的，我真想动手去挠一挠，但是不能。我清楚地记得某一刻我真想放弃，但是一想到自己是班长，如果此时打退堂鼓，岂不是让全班同学看不起，所以我咬牙坚持。最终在班主任老师的注视下，在教官不辞辛苦的要求下，我强忍着坚持到了最后。这是我最大的收获，因为我战胜了自己。

劳动委员：我最难忘的是，我们喝水的时候，总是用一次性水杯，用完就扔，下次再喝水，找不到水杯，这是很大的浪费。大家知道，我们的环境正面临很大的威胁，自然灾害频发，我们能做的就是从身边小事做起。虽然我们能做的微乎其微，但是我想给大家提出倡议。我想说，如果人人都献出一点爱，我们的环境会更美好。

总结

军训很苦，苦到让我们觉得压抑，苦到让我们觉得终生难忘。军训很累，累到我们连喘气都难受，累到我们回宿舍倒头就睡。军训也很美，美到我们爱上这身绿装不愿脱下，美到我们宁愿在这里受苦也不愿意回家。军训这几天，我们学到了很多，我们真正地了解了遵守纪律的重要性，不单单是以前的听话就好，而是要把纪律放在心上，要有责任感，对自己所做的事情负责任。虽然在军训中我们也有不足之处，时常犯错误。但是，我们在最后取得了不错的成绩。我们战胜了自我，我们接受了挑战。希望在座的每一位同学都能够珍惜这段宝贵的时光，充分发挥出我们自身的优势，朝着我们的理想奋勇向前！

（资料来源：豆丁网）

实践教学项目二

1. 实践活动主题

互动活动——“缘”来是你

2. 实践活动目的

通过活动体验，消除大一新生之间的陌生感，促进班级成员相互认识，帮助新生增强自信、主动交流，奠定共同学习、实践的情感基础。

3. 实践活动形式

互动活动

4. 实践活动对象

大一学生

5. 实践活动实施

(1) 教师准备动物卡。动物卡成对(4 对)准备，一张上标有容易表演的小动物的名字，另一张画有同一动物图像。卡片打乱顺序，随机放在一个盒子里。

(2) 每位同学抽卡片。抽到字卡的同学通过身体语言将卡片上的动物表现出来。

(3) 好友配对。寻找、发现具有同一小动物卡片的同学，找到后主动握手，微笑问好，组成一组。

(4) 两人一组自我介绍。包括姓名、所在院(系)、班级、专业、爱好等。一个同学介绍自己时，另一位同学要认真倾听，如果双方有共同的兴趣、爱好，可以就某一点深入沟通。

(5) 四人一组互相介绍。两组具有同一种动物卡片的同学组成四人小组，由两组内的同学互相介绍，例如：由 A 组 1 号同学将 A 组 2 号同学介绍给其他两人，然后由 2 号同学介绍 1 号同学。注意：不要做自我介绍，只能介绍刚刚在活动中认识的朋友。

(6) 教师随机抽取一个小组，分享交友体验。

(7) 8 人一组循序介绍。具有相同动物卡的同学 8 人一组，由一人先介绍自己，同样包括姓名、院系班级、爱好特长等信息。第一个同学介绍完毕后，顺时针转动，由第二个同学做自我介绍，但不同的是，第二个同学在做自我介绍之前要把第一个同学自我介绍的内容复述一遍。往后每位同学以此类推。第八个同学在做自我介绍时要将前七位同学自我介绍的内容全部复述一遍。

(8) 每组推荐一名同学向全班介绍本组同学。

(9) 教师总结，同学分享感悟。

6. 实践活动成果

互动活动中的照片、视频

参考资料

资料一

思想政治理论课实践教学成绩评定表

__________学年第____学期

__________院(系)__________专业________级______班

实践时间	年　月　日— 年　月　日			
实践主题				
实践形式				
实践地点				
实践成果				
小组成员	姓　名	学　号	姓　名	学　号
实践活动记录： 活动记录包括小组活动的内容、时间、地点以及撰写实践报告或论文的情况。 备注：此表不够可加页。				

续 表

<table>
<tr><td colspan="2">实践活动总结：
实践活动总结的形式以任课教师要求为准。

备注：此表不够可加页。</td></tr>
<tr><td>指导教师意见</td><td>指导教师(签字)：
年 月 日
备注：指导老师对该生的实践表现进行评价，以“优、良、中、合格、不合格”五个等级予以评定，并签名。</td></tr>
</table>

资料二

认识自我

纪伯伦

一个雨夜，赛艾姆坐在书房的书架前，开始翻阅起旧书。他叼着支土耳其大雪茄，厚厚的嘴唇不时喷涌出一阵烟雾。柏拉图记录的他的老师苏格拉底关于“认识自我”的一段对话引起了赛艾姆的注意……赛艾姆掩卷深思，心中油然漾起一种对东西方哲人圣贤敬佩的感情。

“认识你自己。”他嘟囔着苏格拉底这句名言，猛地从座椅上站了起来，展开双臂大声叹道，“对！我必须要认识自我，洞察自己那秘密的心灵，这样我就摆脱了一切疑惧和不安，从我物质的人中找出我精神的人，从我血与肉的具体存在中找出我的抽象实质，这就是生命赋予我的至高无上的神圣使命！”赛艾姆像害了场热病，眼中闪烁着酷爱“认识自我”的狂热光芒。

他踱到邻屋，像座塑像一样伫立在穿衣镜前，凝视着镜子里鬼一般可怕的自我，并默默地估量着自己的头形、面庞、躯干和四肢。

赛艾姆的这种塑像神态持续了半小时，空灵缥缈的“认识自我”，仿佛给他灌注了一套足以揭示自我灵魂秘密的奇异、升华了的思想，并使他心里充满了理性之光。他平静地启动双唇，自言自语地说：“嗯！从身材上看，我是矮小的，但拿破仑、维克多·雨果两位不也是这般吗？我的前额不宽，天庭欠圆，可苏格拉底和斯宾诺莎也是如此。我承认我是秃顶，这并不寒碜，因为有大名鼎鼎的莎士比亚与我为伴。我的鹰鼻弯长，如同伏尔泰和乔治·华盛顿的一样。我的双眼凹陷，使徒保罗和哲人尼采亦是这般。我那肥厚嘴唇足以同路易十四媲美，而我那粗胖的脖子堪与汉尼拔和马克·安东尼齐肩。”

“不错，我的身体是有缺陷，但要注意，这是伟大的思想家们的共同特点。更奇怪的是，我与巴尔扎克一样，阅读写作时，咖啡壶一定要放在身旁；我同托尔斯泰一样，愿意与粗俗的民众交际攀谈；有时我三四天不洗手脸，贝多芬、惠特曼亦有这一习惯；我的嗜酒如命，足令马娄和诺亚自愧弗如；我的饕餮般暴食暴饮使巴夏酋长和亚力山大王也要大出冷汗。”

又沉默了片刻，赛艾姆用肮脏的指尖点了点脑门，继续发言：“这就是我！这就是我的实在。我拥有迄今为止人类历史上的伟人们的种种品质。一位拥有这么多伟大品质的青年是一定能干一番惊天动地的事业的。”

“睿智的实质是认识自我。伟人们把宇宙的这一伟大思想根植于我心灵深处，并激励我开始去干伟大的工作。从诺亚到苏格拉底，从薄伽丘到雪莱，我伴随着伟人们一起度过了历史的风风雨雨。我不知道我会以什么样的伟大行动开始，不过一个兼备在白昼的劳作和夜晚的幻梦中所形成的神秘自我和真正本性的人，无疑是可以开创伟业的……是的，我已经认识了自己，而神灵也已洞鉴了我。啊！我的灵魂万岁！自我万岁！愿天长地久，诸事如愿！”

赛艾姆在屋里踱来踱去，他那丑陋的脸上荡漾着欢乐的光泽，嘴里不时发出一阵像猫啃骨头时的欢快叫声。他反复吟哦着阿比·阿拉的一段诗文：尽管我是这个时代的晚辈，创业祖先的未竟之业，总会历史地压在我的肩背。

过了一会儿，我们的这位赛艾姆穿着他那肮脏的衣服倒卧在乱七八糟的床上，进入了鼾声如雷的梦乡。

【赏析】

了解事物的表面并不是一件困难的事情，但想真正深入事物的内在就不是那么简单了。

小说中赛艾姆“认识自我”的方法只是单纯地认识自我的表面：他寻找到与伟人的所谓共同点——身体的缺陷，当发现自己的某些身体缺陷和生活习惯与伟人雷同后，赛艾姆断定他拥有了人类历史上伟人们的种种品质。但是，他的这种想法颇有阿Q的精神胜利法的影子，他没有意识到伟人的缺陷与伟人的成就并没有必然的联系，而且他只是可笑地对自己的外貌、动作、语言等表面的东西进行了反思，并没有挖掘到自己人性中存在的问题。在文章的最后，赛艾姆穿着肮脏的衣服进入了梦乡，原来，他只是一个沉浸在幻想之中，在虚幻中取得精神满足的人。

认识自我是一切未知之母，每一个人都应该认识自我。但是认识自我不是一个口号，也不是表象上的认识。认识自我应该是真正深层的认识，是深入心灵深处的，探索精神世界的奥秘。倘若只是像小说中的赛艾姆一样，单纯地幻想，没有采取行动，那么这种认识自我只能是肤浅的认识，是阿Q式的自我安慰。

（资料来源：新浪博客）

【成长】

正确认识自我就是指一个人对自我的认识要与自我的实际情况相符合。它包括两个方面的含义：第一，正确、全面认识自己的特点和长处。第二，正确认识自我与社会、个人与集体的关系。认识到个人的成长离不开集体，自我的人生价值主要在于对社会的贡献。

人总是在不断地发展变化的。因此，我们需要不断更新、不断完善对自己的认识，这样才能使自己变得更好和更完美，而要正确认识自己，我们就必须要用全面的、发展的眼光看待自己：

全面认识自己，我们既要认识自己的外在形象，如外貌、衣着、举止、风度、谈吐，又要认识自己的内在素质，如学识、心理、道德、能力等。一个人的美应是外在的美与内在的美的和谐统一，内在的美对外在的美起促进作用。

全面认识自己，我们既要看到自己的优点和长处，又要看到自己的缺点和不足。因为，我们每个人的外在形象和内在素质都有自己的优势，又有自己的不足，正所谓“金无足赤，人无完人”，我们每个人都有自己的缺点，但同时每个人也都有自己的闪光点。我们应该多关注自己的优点和长处，要用欣赏的目光来看自己，即使你可能有很多不足。因为只有先看得起自己，才能正确认识自己。面对纷繁复杂的人生世界，如果你把目光都集中在痛苦、烦恼上，生命就会黯然失色；如果你把目光都转移到快乐之中，你将会得到幸福。同样的道理，面对自己，如果你只看到自己的缺点、不足，你将会悲观失望，停步不前；如果你能看到自己的优点、长处，你将会充满信心，迎接生活的挑战。但是如果我们只看到自己的优点，看不到自己的不足，“看自己一朵花，看别人豆腐渣”，用自己的长处比别人的短处，我们就会沾沾自喜，骄傲自大，停步不前，甚至会倒退。因此，为了全面认识自己，我们既要看到自己的优点和长处，又要看到自己的缺点和不足。

事物总是发展变化的，没有一成不变的事物。俗话说“士别三日，当刮目相看”，我们每个人也都是在不断发展变化的，我们的优点和缺点也不是一成不变的。因此，我们必须要用发展的眼光看自己，及时发现自己的新的优点和新的缺点，通过自己的努力，争取变缺点为优点，不断改正自己的缺点来完善自己。

认识自我的途径包括：

（1）通过自我观察认识自己。要认识自己，我们必须要做一个有心人，经常反省自己在日常生活中的点滴表现，总结自己是一个什么样的人，找出自己的优点和缺点。自我观察是我们自己教育自己、自我提高的重要途径。

自我观察主要包括三个方面：① 自身外表和体质状况的观察，包括外貌、风度和健康状况等方面的观察；② 自我形象的观察，主要是对自己在所生活的集体中的位置和作用、公共生活中的举止表现及社会适应能力等的观察；③ 自己精神世界的观察，包括对自己政治态度、道德水平、智力水平、能力、性格、兴趣、爱好、特长等方面的观察。

（2）通过他人了解自己。大文豪苏轼写道：“不识庐山真面目，只缘身在此山中。”认识自己有时候的确比较难，一般来说，当局者迷，旁观者清，周围的人对我们的态度和评价能帮助我们认识自己、了解自己。我们要尊重他人的态度与评价，冷静地分析。对他人的态度与评价我们既不能盲从，也不能忽视。

（资料来源：360 百科）

资料三

掌握自己，洞悉他人|DISC 测试系列之自我认知篇

几乎每个人都有过被人误解的经历，也从内心深处渴望与他人建立真诚的关系，进行有效的沟通与协作，然而误解时常有，而理解却不常有。

你知道吗？掌握自己，洞悉他人，你只是少了一个 DISC！

什么是 DISC?

DISC 这个理论是一种人类行为语言，由美国心理学家马斯顿博士发明，同时他也是测谎仪的发明者。他设计了一种性格测验方法，包含了四项重要性向因子，分别为支配（Dominance）、影响（Influence）、稳健（Steadiness）与服从（Compliance），而这套方法也是以这四项因子的英文名第一个字母而命名为 DISC。这就是 DISC 的由来。人们的行为模式也可以大致分为支配型、影响（表达）型、稳健（分析）型、和蔼型。

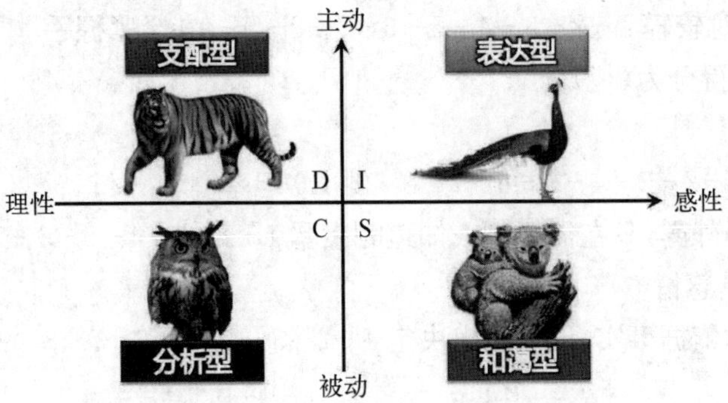

找到你自己

请回答以下A、B两套题。如果每题左边的描述更接近你的实际情况，请给自己5分以下；如果你更接近右边的描述，请给自己6分以上。记录每个答案的数字，最后将分数相加，得出该套题的总分。

注意：请按第一印象最快选择，确保答案的真实性。

测试A

Q1　面对风险、决定或变化时，你：

反应迟缓谨慎 1－2－3－4－5－6－7－8－9－10 反应迅速从容

Q2　与大伙一起讨论时，你：

不常主动发言 1－2－3－4－5－6－7－8－9－10 经常主动发言

Q3　强调要点时，你：

不常使用手势及音调的变化 1－2－3－4－5－6－7－8－9－10 经常使用手势及音调的变化

Q4　表达时，你经常使用：

较委婉的说法，如"可能""也许"1－2－3－4－5－6－7－8－9－10 强调式的语言，如"就是""应该"

Q5　需要强调要点时，你：

通过阐述细节内容 1－2－3－4－5－6－7－8－9－10 通过自信的语调和坚定的体态

Q6　提问用来检验理解、寻求支持或更多信息 1－2－3－4－5－6－7－8－9－10 提问用来增强语言气势、强调要点或提出异议

Q7　不爱发表意见 1－2－3－4－5－6－7－8－9－10 愿意发表意见

Q8　耐心、愿意与人合作 1－2－3－4－5－6－7－8－9－10 性急，喜欢竞争

Q9　与人交往讲究礼节、相互配合 1－2－3－4－5－6－7－8－9－10 喜欢挑战，控制局面

Q10　如果就没什么大不了的事意见有分歧，很可能附和他人的观点 1－2－3－4－5－6－7－8－9－10 意见分歧时，愿意坚持自己的观点并要辩论出究竟

Q11　含蓄，节制 1－2－3－4－5－6－7－8－9－10 坚定，咄咄逼人

Q12　与人初次见面时目光间断性注视对方 1－2－3－4－5－6－7－8－9－10 与人初次见面时目光长久注视对方

Q13　握手时较轻 1－2－3－4－5－6－7－8－9－10 紧紧握手

本套题目总得分为(　)分

测试 B

Q1　戒备 1－2－3－4－5－6－7－8－9－10 坦率

Q2　感情不外露,只在需要别人知道时表露 1－2－3－4－5－6－7－8－9－10 无拘无束地表露、分享感情

Q3　多数时依据事实、证据做出决定 1－2－3－4－5－6－7－8－9－10 多数时根据感觉做出决定

Q4　就事论事,不跑题 1－2－3－4－5－6－7－8－9－10 谈话时不爱专注于一个话题

Q5　讲究正规 1－2－3－4－5－6－7－8－9－10 轻松、热情

Q6　喜欢干事 1－2－3－4－5－6－7－8－9－10 喜欢交友

Q7　讲话或倾听时表情严肃 1－2－3－4－5－6－7－8－9－10 讲话或倾听时表情丰富

Q8　表达感受时不太给非语言的反馈 1－2－3－4－5－6－7－8－9－10 表达感受时愿意给非语言的反馈

Q9　喜欢听现实状况、亲身经历和事实 1－2－3－4－5－6－7－8－9－10 喜欢听梦想、远见和概括性信息

Q10　对人和事应对方法较单一 1－2－3－4－5－6－7－8－9－10 对别人占用自己的时间灵活应对

Q11　在工作或社交场合需要时间去适应 1－2－3－4－5－6－7－8－9－10 在工作或社交场合中适应快

Q12　按计划行事 1－2－3－4－5－6－7－8－9－10 做事随意

Q13　避免身体接触 1－2－3－4－5－6－7－8－9－10 主动做出身体接触

本套题目总得分为(　)分

测试结果说明

结合 A、B 试题的得分,可以判断出我们大致的类型! A 测试得分为纵轴,B 测试得分为横轴,根据得分找到自己的类型。

举例:小王 A 测试得分为 80,B 测试得分为 30,那么小王就是支配型性格。

四种类型性格特质

D型特质:支配型

喜欢统治和支配。表现为说话直接、目的明确、不达目的誓不罢休。比如毛泽东、拿破仑。D型特质的人虽然不会轻易认错,但当他意识到自己的错误时他会想尽办法进行弥补修正。D型的特点——“做”(表示速度快、效率高)。

I型特质:表达型(或影响型)

爱幻想、情绪多变、善于表达、表现欲强、善于激励别人。比如李咏、奥巴马、克林顿。I型特质的人喜欢表现,希望自己是演艺明星、是大家关注的焦点,不走寻常路。I型的特点——“说、笑、乐、玩……”

S型特质:和蔼型

有耐心、体贴、有同情心、说话柔和、谦虚忍让。比如俞敏洪、印度甘地。S型的特点——“听、静、稳,遵循旁观者清的原则,比较中立”。

C型特质:分析型

善于计划、谨慎小心,追求专业、关注标准、注重细节。常常问为什么,缺少变通,如比尔·盖茨、巴菲特、诸葛亮。其实乔布斯也是一个C型特质比较明显的人。C型的特点——“想、思”。

性格与人际交往

不同性格的人在待人接物方面自然也会不同。当我们看到别人与自己的不同之处时,要承认差别、求同存异,更要多加了解,发现对方的优势,这样才更容易相处。同样,当我们努力提高自己的认识能力、思想水平和道德修养之后,我们也就培养和锤炼出良好性格了。

(资料来源:搜狐网)

实践教学项目三

1. 实践活动主题

课外调研——身边榜样

2. 实践活动目的

榜样是一面旗帜,鼓舞斗志;榜样是一座灯塔,指引方向。通过鼓励学生结成小组,在课外进行调研,寻找身边的榜样,使学生还原“身边榜样”最真实的一面,体会“身边榜样”的力量,潜移默化中模仿榜样的行为,指引学生积极奋进。

3. 实践活动形式

课外调研

4. 实践活动对象

大一学生

5. 实践活动实施

(1) 教师确定调研活动主题,明确调研活动要求。

(2) 学生自愿组成 8—10 人调研小组，确定一人当组长，全面负责小组调研活动。

(3) 组长组织成员协商，确定调研具体时间、地点、方式，明确各成员分工。

(4) 小组成员汇总调研成果，撰写调研报告。

6. 实践活动成果

调研报告。

参考资料

资料一

思想政治理论课实践教学成绩评定表

__________学年第____学期

__________院(系)__________专业________级______班

<table>
<tr><td>实践时间</td><td colspan="4">年　月　日—　年　月　日</td></tr>
<tr><td>实践主题</td><td colspan="4"></td></tr>
<tr><td>实践形式</td><td colspan="4"></td></tr>
<tr><td>实践地点</td><td colspan="4"></td></tr>
<tr><td>实践成果</td><td colspan="4"></td></tr>
<tr><td rowspan="6">小组成员</td><td>姓　名</td><td>学　号</td><td>姓　名</td><td>学　号</td></tr>
<tr><td></td><td></td><td></td><td></td></tr>
<tr><td></td><td></td><td></td><td></td></tr>
<tr><td></td><td></td><td></td><td></td></tr>
<tr><td></td><td></td><td></td><td></td></tr>
<tr><td></td><td></td><td></td><td></td></tr>
<tr><td colspan="5">小组分工合作情况：

(备注：以个人形式参加实践教学活动的无须填写本栏)</td></tr>
</table>

续 表

<table>
<tr><td colspan="2">实践活动记录：
　　活动记录包括小组活动的内容、时间、地点以及撰写实践报告或论文的情况。

备注：此表不够可加页。</td></tr>
<tr><td colspan="2">实践活动总结：
　　实践活动总结的形式以任课教师要求为准。

备注：此表不够可加页。</td></tr>
<tr><td>指导教师意见</td><td>指导教师(签字)：
年　月　日
　　备注：指导老师对该生的实践表现进行评价，以“优、良、中、合格、不合格”五个等级予以评定，并签名。</td></tr>
</table>

资料二

寻访身边的榜样
——调研报告

一、调研目的

通过访谈和调研生动直观地了解身边榜样在各自学习工作岗位上勤奋工作、无私奉献的精神，还原“身边榜样”最真实、动人的一面，从而激发斗志，奋发图强，努力为同学、班级、学校、社会做出更大的贡献。

二、调研方法

采访。通过对身边熟悉的优秀学生进行采访，对采访记录进行分析，最后得出结论。

三、调研对象

王某某(河南某职业技术学院经济管理系学生，校心理社团社长)

四、调研时间：

11 月 11 日—11 月 25 日

五、调研地点：

心理健康教育与咨询中心

六、调研内容

1. 取得成绩：

2019 年 10 月，获得校心理剧优秀演员称号及“诚信校园行”短剧比赛三等奖。

2020 年 2 月，志愿参加家乡的疫情防控工作，获得村内“优秀青年”称号。

2020 年 5 月，参加家乡某小学的开学疫情防控工作。

2020 年 6 月，参加校“互联网＋”大学生创新创业大赛，获得校级初赛一等奖。

2020 年 9 月，获得校“优秀志愿者”称号，并颁发奖杯。

2020 年 9 月，被学校推选到省赛并获得省“互联网＋”大学生创新创业大赛职教赛道比赛暨第六届中国国际“互联网＋”大学生创新创业大赛职教赛道河南赛区选拔赛三等奖。

2020 年 12 月，获大学生创新创业大赛校赛一等奖。

2. 心理社团

2020 年 10 月，王某与身边同学合作向学院团委申请成立“心理协会”，并走上“心理协会”社团社长及心理老师助手的工作岗位。对社团进行有效管理，使社团干部队伍工作有序、纪律严明，社团呈现出良好发展势头，成功在 2020 年 12 月 6 号成功举办了心理活动——奔跑吧“心协”。

充分发挥学生干部的优势，及时将同学的最新思想动态反馈给心理老师，当好老师和同学之间沟通的桥梁。社团建设以全心全意服务于全校广大师生为根本宗旨，以丰富校园文化生活为己任，用心开展丰富多彩的校园文化活动和社会实践活动，真正做到为广大同学服务。同时在各方面都严格要求自己，不断加强相关业务的学习，不断总结工作中的经验，认真完成老师交付的各项工作，并勇于创新，开拓思维，在平凡的工作中做出不平凡的成绩。

3. 奉献社会

王某在生活中性格开朗，朴素节俭，品德端正，有爱心，热心公益，以自己的方式为社会贡献力量，体现了大学生的良好精神风貌；他多次参加学校组织的义务献血等志愿活动；在 2020 年新型冠状病毒肺炎疫情爆发后主动向家乡村委会请缨，投入村支部的抗疫工作，在关卡处执勤、去村民家宣传新型冠状病毒的危害和防护措施等，受到村委会领导与村民的肯定与好评。

七、调研感想

此次访谈，让我受益匪浅，一个人一生活着的意义不在于他从这个世界汲取了多少，而在于他对这个世界奉献了多少。奉献才是人生的真正价值。所以我们应该将自己的梦想联系社会的责任，这样的人生才是更有意义的，才是完整的。

人不可能完美，但可以通过努力接近完美。我想，这便是我们作为一个人应该具备的奋斗目标。大学阶段，是努力充实自我，完善自我的最佳时机。只有抓住这一时机，不断地完善与提高自我，用现实打磨自己的棱角，用信念浇灌自己的梦想，才能使自身更上一层楼，才能提升自己人生的格调，才能在社会的历练中让自己更加趋于完美。

资料三

让灵魂永远保持站立姿势

刘默涵的故事在北大学生中广为流传——这位来自河北无极县农村贫困家庭的历史系三年级本科生，创立了用自己名字命名的助学基金，一年多来已帮助了 37 个贫困家庭的孩子上学。

刘默涵在贫困中顽强自立的精神感动着同学们，她的经历也引发了诸多思考：贫富不同的出身差异能在多大程度上决定一个人的命运？如何在贫穷中保持心灵的富有？如何使卑微的人生变得博大？……

一个“实在不得了”的学生

刘默涵的老乡、北大计算机系学生马秀娟说默涵“实在不得了”！

马秀娟说：“默涵很有主意，特别能闯。”——虽然身高只有 1.57 米，却能够在全校学生运动会上拿到 5 000 米长跑第六名；她勤奋好学，常受到老师们的称赞；在繁忙的学习、打工之余，她还担任了北大阳光志愿者协会会长。

与刘默涵住同一个宿舍的樊华对她非常佩服："我们后来才知道她家里特别困难。她一个柔弱的女孩，却一声不吭，自己扛过去了，根本没让我们察觉到有什么异常。"

同学们说刘默涵"特牛"：靠勤工俭学，不仅完全养活了自己，承担了母亲和妹妹的生活费用，还资助了那么多穷孩子上学。叹服之余，很多人困惑："她是怎么做到的?"

"你可以做幸福的一个!"

谁能想到，刘默涵曾经是一个被中学开除的"坏学生"。

刘默涵 12 岁那年，父亲暴病去世，剩下她与常年卧病在床的母亲和年幼的妹妹相依为命。从此，贫穷和饥饿像影子那样不离左右。上初中时，因为没能按时凑够学费，刘默涵与老师发生口角，被学校开除了。病弱的母亲四处奔波，刘默涵终于在另一所中学复学了，但一向性情温柔的她变得沉默、尖锐，像只刺猬，动辄便向他人发起攻击。

"如果不是遇到丁老师，当时已经厌学的我根本考不上大学，更重要的是，很可能仍然在仇恨和怨怼中挣扎。"提到新初中的班主任丁俊芬老师，刘默涵心中就充满感激之情。

当丁老师了解了这个女孩的辛酸生活经历，动情了："那么小就失去父亲太可怜了，被学校开除对她的打击太大了。对于贫困和心理有问题的孩子，做老师的应该付出更多的心血。"

丁老师决心为孩子重塑自信。刘默涵说她一辈子都不会忘记丁老师那改变了她人生的话："这个世界上比你苦的人有很多，你永远都不是最苦的那一个；但是通过努力，你可以做最幸福的一个!"

丁老师鼓励同学们同刘默涵交往；说服学校减免了她每年数百元的学费，却一直没告诉她，"我觉得贫困孩子的精神压力很大，做老师的应该特别注意保护他们脆弱的心灵。"

心里的恨淡了，刘默涵爱上了学校生活，学习变得很有劲头。她的成绩突飞猛进，两年后，她考上县里最好的高中，荣获全县演讲比赛大奖，担任了学生干部。开朗的笑容开始挂在了她的脸上。

"自尊、自信对于在贫困和苦闷中挣扎的人来说太重要了。"刘默涵说，在她"溺水"的刹那，是丁老师递来了爱的"救生圈"。

"生活苦不是放弃的理由"

2003 年，19 岁的刘默涵考上了北大，这个天大的喜讯，却成了对她的严峻考验。母亲说："把房子卖了吧，说什么我也要供你读大学。"刘默涵抹着眼泪坚决反对。

关键时刻，一双双援助之手从四面八方伸出：河北省福利彩票中心向她捐助了 3 000元，左邻右舍和亲戚朋友们从自己微薄的收入中拿出一大堆各种面值的零钞。数千元学费奇迹般地凑齐了。

到学校的第二个月，刘默涵便在学姐的帮助下找了一份家教工作。

她开始了边上学边打工的生活。刘默涵教学生特别认真，花很长时间备课，还常常超时传授学习方法。她成了家教中心最抢手的小老师，最多的时候，同时兼三份家教。

为了省钱，刘默涵"规定"自己一天只吃 3 元钱的饭菜。她利用周末到博物馆做解说员，晚上顾不上回宿舍又匆匆赶去做家教。冬天，骑车返回的路上，凛冽的寒风打在脸上，灌进衣服里，胃也饿得直痛。她流着泪告诉自己，生活苦不是放弃的理由。

樊华说："她这个人让我有着一份敬畏和一份心疼。很少听她抱怨什么，和她在一起却能感受到强大的精神能量。"

刘默涵不仅完全解决了自己上学的各种费用，还每年都带回 1 500 元供家用，并给妹妹攒够了上大学第一年的几千元学费。放假回家成了她最骄傲和兴奋的节日——见面通常是辉煌的"颁奖典礼"。当舅舅用粗糙的大手接过她用打工钱买的豆浆机时，稳重、刚强的庄稼汉哭了。

让心灵走出贫困

北京大学助学工作办公室主任杨爱民说，贫困群体往往要面临比富裕群体更多的挫折感。刘默涵的经历最令人深思的是，在被不幸击中时，灵魂如何保持站立的姿势；在走出物质贫困的同时，如何让心灵也走出贫困？

人们对于自强自立的品格总是怀有真诚的敬意和爱护。女同学说穿着朴素的刘默涵是《大长今》李英爱那样的"氧气美女"，不靠外包装；而相识的男同学对她比对那些外表更加漂亮的女生还要热情、礼貌。

马秀娟说："默涵最吸引人的地方是她的善良和永远为别人着想。她自己受过苦，所以特别不希望别人也受苦。"

家境优裕的北京女孩樊华说："像刘默涵这样的朋友特别值得珍视，她让我看世界有了新的眼光。"

（资料来源：新浪网）

实践教学项目四

1. 实践活动主题

载梦前行——我的青春我做主

2. 实践活动目的

结合学生所学专业与未来职业岗位特点，明确新时代对岗位人才素质的具体要求，制定人生（尤其是大学期间）的规划，形成良好的学习、生活习惯。

3. 实践活动形式

课外调研

4. 实践活动对象

全体在校生

5. 实践活动实施

（1）教师组织学生网上调研或利用课余时间走访调查本专业相关岗位的招聘要求。

（2）学生根据调研结果，结合自身实际，进行人生规划评估。

（3）学生根据评估结果，规划未来的学习与生活，形成自己的人生规划书。

6. **实践活动成果**

人生规划书。

参考资料

资料一

人生规划书

__________学年第____学期

__________院(系)__________专业________级______班

<table>
<tr><td>实践时间</td><td colspan="3">年　　月　　日—　　　年　　月　　日</td></tr>
<tr><td>调研方式</td><td colspan="3">○ 网络调研　　　　○ 走访调查</td></tr>
<tr><td>岗位要求</td><td colspan="3"></td></tr>
<tr><td rowspan="7">自我评估</td><td></td><td>优点(每项不少于 30 字)</td><td>缺点(每项不少于 30 字)</td></tr>
<tr><td>自我评价</td><td></td><td></td></tr>
<tr><td>家人评价</td><td></td><td></td></tr>
<tr><td>教师评价</td><td></td><td></td></tr>
<tr><td>朋友评价</td><td></td><td></td></tr>
<tr><td>同学评价</td><td></td><td></td></tr>
<tr><td>其　他</td><td></td><td></td></tr>
</table>

续　表

环境评价	专业背景分析 (重点)	
	家庭及学校环境评价 (不少于100字)	
	总结 (不少于150字)	
我的人生规划	自我定位与人生目标 (不少于200字)	
	人生目标分析 (SWOT分析)	S(优势及利用) W(劣势及弥补) O(机会及把握) T(威胁及应对)
	人生规划概览	近两年规划(重点) 毕业前规划(不少于100字) 终身规划(不少于50字)
	实施策略与方法 (细化至每年)	大一 大二 大三 问题解决方案:

续 表

备选方案	（受到不可预测因素影响时，可选取的方案）
教师点评	指导教师（签字）： 年 月 日

备注：此表不够可加页。

资料二

我的生涯规划——用 SWOT 分析法进行自我分析

SWOT 分析又称态势分析法，就是把内外环境所形成的优势（Strength）、劣势（Weakness）、机会（Opportunity）、威胁（Threat）结合起来进行分析，以寻找适合自身发展的战略和策略的方法。

作为即将毕业的大学生，用 SWOT 分析法仔细分析自己各方面的情况，了解自己的优缺点，才能准确定位，找准适合自己的方向。

一、我的竞争优势（Strength）

“中国才储 MBTI”的分析报告指出，我是一个“ISTJ（即内向、感觉、思考、判断）”类型的人。而这一类人所具有的优势为：办事精确，希望第一次就能把工作做好；乐意遵循确定的日常安排和传统的方针政策，是组织忠诚的维护者、支持者；每次都能十分专注地把注意力集中在一个项目或任务上；特别能够专心细致地工作，可以不需要别人的合作独立工作；灵敏的组织能力；一丝不苟、认真专注地对待具体问题；注重事实和细节；相信传统模式的可取之处，并且能够遵循传统模式；非常强的责任意识；别人可以信任你实现自己的诺言；明白清晰的工作伦理；认为高效率和多成果是很重要的；可以依靠，能够将工作自始至终贯彻到底，对实现目标有毅力和决心；通情达理、视角现实；有稳定平和的心态；有冲劲和闯劲，不患得患失。

除了性格上的优势外，作为80后的新新人类，我们也有着自己独特的环境和时代的优势。生活在21世纪的我们有着优越的社会生存环境，良好的教育，先进的设备和技术，而我们的媒体业也在欣欣向荣地发展着，正处于人才紧缺的时刻，正需要我们这群年轻人的积极加入，所以说，只要我们足够优秀，还是很容易融入传媒这样的行业当中的。

针对以上这些优势，我想我将可以制定出适合自己的职业生涯规划，设计出适合自己走的一条道路。

二、我的竞争劣势(Weakness)

自己属于"ISTJ(即内向、感觉、思考、判断)"类型的人，决定了我在以后的工作中存在这些劣势：不愿意尝试、接受新的和未经考验的观点和想法；对变化感到不安，可能会有些僵硬、死板，排斥革新；对需要很长时间才能完成的任务缺乏耐心；有时会由于近期目标而忽略长远需要；办事死板；必要的时候难以或不愿适应新境况；难以看到问题的整体以及行为的长远影响；对于方针或决定将会对别人造成什么样的影响缺乏敏感；需要的时候不愿意改变努力的方向或调整投入的多少；不愿意促成必要的改变，不愿意支持有风险的行为；见到实际应用后的结果才肯接受新观点；不能理解与他们自己的要求不同的要求；对自己及自己对组织的贡献估计过低；斗志不足，容易松懈，通常不愿付出过多的努力；在压力和挫折面前不够坚持。

性格的劣势是自身本性决定的，而外部环境所造成的劣势也很多。首先，随着观众对传媒的要求越来越高，传媒业对工作人员的要求也越来越高，自己已经具有的知识满足不了需求方；其次，自己所处的环境限制较多；此外，同行业的竞争十分激烈，自己的能力在某些方面不如别人，竞争的核心能力不够强。

面对这么多的劣势，我应当扬长避短，选择一份能够发挥我优势的工作，尽量避免自己的劣势，并尽量改正。有些劣势是性格本身决定的，可能已经定型，那么我就应准确定位自己，开辟一方可以展现自己优势的舞台。

三、我的竞争机会(Opportunity)

就传媒这个大环境来说，提供给我的机会还是很多的。

第一，21世纪的传媒业已经不再仅仅是原来的报纸、广播和电视了，新兴的传播媒介的出现给我们提供了很多机会，诸如网络、数字电视等等。网络全球化的普及趋势，为传媒人提供了诸多展示自我、表现自我的机会。不同的传播媒介给我们提供了更为宽广的就业空间。

第二，随着网络技术的发展，我们80后接受新鲜事物的途径更加简便快捷了，我们把握着最新的信息因素，有着最新的思维方式，我们的出现必将为传媒业注入新鲜的活力。

第三，就我自身而言，作为一个编导专业的学生，我不但掌握了编导、主持、采访的专业知识，还具备了采写、编辑的能力，我想我是具有“采、编、播”三位一体，全方位的工作能力的，而这样的能力正是社会所需要的。

第四，随着2008年奥运会的来临，大量的机会在等待着我们去把握。中央电视台的奥运会主持的招聘、奥运会志愿者的报名、奥运会新闻的宣传报道等，无疑可以带给我们许多机会，这样的机会人人平等，我们应当好好把握，认真考虑面对奥运会这样一个大的新闻点，我们应当如何处理。

四、我的竞争威胁(Threat)

在一个竞争的环境之下就必然存在着威胁。

首先，新闻专业的人才越来越多，天外有天，人外有人，优秀的新闻人才一个强似一个，面对这么多的威胁不提高自身实力，不增强自信是绝对不行的。同行的竞争、各个媒体之间的竞争都会让自己觉得很受威胁，压力很大。

其次，随着中国加入WTO，国外诸多媒体不断流入，中国各大媒体面临着巨大的压力，与其说这是一次竞争机会，不如说这是中国媒体的竞争威胁。同样这也给即将毕业的我们带来了巨大的威胁，压力可想而知。

此外，在这个人满为患的工作环境下，我们想要插进庞大的队伍当中并非易事。刚刚毕业的我们既没有实际操作的经验，也没有多年的工作经验，面对层层阻碍，想要杀出重围，是要花费一番工夫的。

五、我的发展战略

从以上的分析可以看出，即将毕业的我在很大程度上是处于劣势的。因此，必须根据实际制定自己的发展战略。这样才能发挥自身的优势，正视自身的劣势，及时抓住机遇，有效规避风险，从而更好地适应环境的变化以实现可持续性发展。

第一，突出自身的专长，打造自己的与众不同之处。在与别人竞争时，展示自己的与众不同之处是立足之本。别人能做到的我也能做得很好，别人不能做到的，我依然能够做得很出色，这就是我竞争的有力武器。强化自己的优势，突出特点，将会让别人对自己刮目相看。我希望自己能够做一名“采编播”三位一体的节目主持人，一个多面能手，全面将自己打造成为一个复合型的人才。

第二，多多锻炼，获取更多实习经验。工作经验对于传媒人来说是至关重要的。在大学四年当中如何获得充足的经验，如何充实自己，一直是我深思的问题。我参加过很多社会实践，在电视台的新闻栏目、娱乐栏目都实习过，在广告包装策划公司也实习过，应该说，我所拥有的实习经验还是很丰富的。我所做的就是要认真总结自己的经验，从中获取知识。

第三，学会推销自己。空有一身本领还不够，在着力提高自己的内涵素养之后还需要学会对外推销自己，树立自己的品牌形象。传播学的知识在这里可以学以致用，打造自己的品牌，推销自己，让自己尝试成功。

第四，放远眼光，长远打算。根据自己的性格选择适合自己的、自己感兴趣的岗位。一旦选择了就要全身心地投入，全力做好自己的工作。不可好高骛远，应当放宽视野，为自己开拓出更宽广的未来。

面对残酷的竞争和激烈的冲击，面对难得的机遇，我将根据自身的实际现状，制定自己的发展战略，突出自己的个性特色，这样才会有立足之地、生存之本。

（资料来源：新浪博客）

资料三

生涯规划哲理故事

故事一、斯皮尔伯格的故事

大导演斯皮尔伯格的电影同学们都喜欢看，如侏罗纪公园等。他在 36 岁时就成为世界上最成功的制片人，电影史十大卖座的影片中，他个人就有四部。在他 17 岁的时候，有一次去一个电影制片厂参观，尔后，他就偷偷立下了目标，要拍最好的电影。第二天，他穿了一套西装，提着爸爸的公文包，里面装了一块三明治，再次来到制片厂。他故意装出一个大人模样，骗过了警卫，来到了厂里。然后找到一辆废弃的手推车，用一块塑胶字母，在车门上拼出来“斯蒂芬·斯皮尔伯格”“导演”等字样。然后他利用整个夏天去认识各位导演、编剧等，天天忙着以一个导演的生活来要求自己。从与别人的交谈中学习、观察、思考，并最终在 20 岁那年，他成为正式的电影导演，开始了他大导演的职业生涯。从这里，我们可以看到他是如何确立自己的目标，并为之奋斗的。

目标与理想并不是大人的事情，从小立志，并努力实现它，你就能拥有超人的力量。

故事二、永远的坐票

有一个人经常出差，经常买不到座票。可是无论长途短途，无论车上多挤，他总能找到座位。他的办法其实很简单，就是耐心地一节车厢一节车厢找过去。这个办法听上去似乎并不高明，却很管用。每次，他都做好了从第一节车厢走到最后一节车厢的准备，可是每次他都用不着走到最后就会发现空位。他说，这是因为像他这样锲而不舍找座位的乘客实在不多。经常是在他落座的车厢里尚余若干座位，而在其他车厢的过道和车厢接头处，居然人满为患。他说，大多数乘客轻易就被一两节车厢拥挤的表面现象迷惑了，不太去想在数十次停靠之中，在火车十几个车门上上下下的流动中蕴藏着不少提供座位的机遇；即使想到了，他们也没有那一份寻找的耐心。

眼前一方小小的立足之地很容易让大多数人满足，为了一个座位背负着行囊挤来挤去有些人也觉得不值。他们还担心万一找不到座位，回头连个好好站着的地方也没有了。与生活中一些安于现状不思进取害怕失败的人，永远只能滞留在没有成功的起点上一样，这些不愿主动找座位的乘客大多只能在上车时最初的落脚之处一直站到下车。

不同的目标要求会带来不同的结果，你的目标是永远站着吗?

故事三、心中的顽石

从前有一户人家的菜园摆着一块大石头，宽度大约有四十厘米，高度有三十厘米。到菜园的人，不小心就会踢到那一块大石头，不是跌倒就是擦伤。儿子问："爸爸，那块讨厌的石头，为什么不把它挖走?"

爸爸这么回答："你说那块石头喔？从你爷爷时代，就一直放到现在了，它的体积那么大，不知道要挖到什么时候，没事无聊挖石头，不如走路小心一点，还可以训练你的反应能力。"

过了几年，这块大石头留到下一代，当时的儿子娶了媳妇，当了爸爸。

有一天媳妇气愤地说："爸爸，菜园那块大石头，我越看越不顺眼，改天请人搬走好了。"

爸爸回答说："算了吧！那块大石头很重的，可以搬走的话在我小时候就搬走了，哪会让它留到现在啊!"

媳妇心底非常不是滋味，那块大石头不知道让她跌倒多少次了。

有一天早上，媳妇带着锄头和一桶水，将整桶水倒在大石头的四周。

十几分钟以后，媳妇用锄头把大石头四周的泥土搅松。媳妇早有心理准备，可能要挖一天吧，谁都没想到几分钟就把石头挖起来，看看大小，这块石头没有想象的那么大，都是被那个巨大的外表蒙骗了。

很多事情成功不是做不到，而是想不到，先搬走压在你心里的石头，再定目标吧。

故事四、成功就是简单的事情重复做、重复做

全国著名的推销大师，即将告别他的推销生涯，应行业协会和社会各界的邀请，他将在该城中最大的体育馆，做告别职业生涯的演说。那天，会场座无虚席，人们在热切地、焦急地等待着，那位当代最伟大的推销员，做精彩的演讲。当大幕徐徐拉开，舞台的正中央吊着一个巨大的铁球。为了这个铁球，台上搭起了高大的铁架。一位老者在人们热烈的掌声中，走了出来，站在铁架的一边。他穿着一件红色的运动服，脚下是一双白色胶鞋。人们惊奇地望着他，不知道他要做出什么举动。这时两位工作人员，抬着一个大铁锤，放在老者的面前。主持人这时对观众讲：请两位身体强壮的人，到台上来。好多年轻人站起来，转眼间已有两名动作快的跑到台上。

老人这时开口和他们讲规则，请他们用这个大铁锤，去敲打那个吊着的铁球，直到把它荡起来。一个年轻人抢着拿起铁锤，拉开架势，抡起大锤，全力向那吊着的铁球砸去，一声震耳的响声，那吊球动也没动。他就用大铁锤接二连三地砸向吊球，很快他就气喘吁吁。另一个人也不示弱，接过大铁锤把吊球打得叮当响，可是铁球仍旧一动不动。台下逐渐没了呐喊声，观众好像认定那是没用的，就等着老人做出什么解释。会场恢复了平静，老人从上衣口袋里掏出一个小锤，然后认真地，面对着那个巨大的铁球。他用小锤对着铁球"咚"敲了一下，然后停顿一下，再一次用小锤"咚"敲了一下。人们奇怪地看着，老人就那样"咚"地敲一下，然后停顿一下，就这样持续地做。十分钟过去了，二十分钟过去了，会场早已开始骚动，有的人干脆叫骂起来，人们用各种声音和动作发泄着他们的不满。老人仍然一小锤一停地工作着,他好像根本没有听见人们在喊叫什么。人们开始愤然离去,会场上出现了大块大块的空缺。留下来的人们好像也喊累了,会场渐渐地安静下来。大概在老人进行到四十分钟的时候,坐在前面的一个妇女突然尖叫一声:"球动了!"霎时间会场鸦雀无声,人们聚精会神地看着那个铁球。那球以很小的幅度动了起来,不仔细看很难察觉。老人仍旧一小锤一小锤地敲着,人们好像都听到了那小锤敲打吊球的声响。吊球在老人一锤一锤的敲打中越荡越高,它拉动着那个铁架子"哐、哐"作响,它的巨大威力强烈地震撼着在场的每一个人。终于场上爆发出一阵阵热烈的掌声,在掌声中,老人转过身来,慢慢地把那把小锤揣进兜里。老人开口讲话了,他只说了一句话:在成功的道路上,你没有耐心去等待成功的到来,那么,你只好用一生的耐心去面对失败。

很多孩子都羡慕奥运跳水冠军夺冠时的光彩,可谁能看到他们成千上万次在无人喝彩时重复做着枯燥的动作?

故事五、落在主球上的苍蝇

1965年9月7日,世界台球冠军争夺赛在美国纽约举行。路易斯·福克斯的得分一路遥遥领先,只要再得几分便可稳拿冠军了。就在这个时候,他发现一只苍蝇落在主球上,他挥手将苍蝇赶走了。可是,当他俯身击球的时候,那只苍蝇又飞回主球上来了,他在观众的笑声中再一次起身驱赶苍蝇。这只讨厌的苍蝇开始破坏了他的情绪,而且更为糟糕的是,苍蝇好像是有意跟他作对,他一回到球台,它就又飞回主球上来,引得周围的观众哈哈大笑。路易斯·福克斯的情绪恶劣到了极点,终于失去理智,愤怒地用球杆去击打苍蝇,球杆碰动了主球,裁判判他击球,他因此失去了一轮机会。路易斯·福克斯方寸大乱连连失利,而他的对手约翰·迪瑞则愈战愈勇,赶上和超过他,最后夺走了冠军桂冠。第二天早上,人们在河里发现了路易斯·福克斯的尸体,他投河自杀了!

一只小小的苍蝇,竟然击倒了所向无敌的世界冠军!这是一件不该发生的事情。其实,路易斯·福克斯完全可以采取另一种做法,那就是,击你的球,不要理它。当你的主球飞速奔向既定目标的时候,那只苍蝇还站得住吗?它肯定不撵自走,飞得无影无踪了。

你要战胜的是自己,不是苍蝇。永远不要夸大客观因素。

故事六、小毛虫的勇气

一天,一条小毛虫在朝太阳的方向爬行的时候遇见了一只蝗虫。小毛虫告诉它要去大山顶看整个山谷,因为昨晚做了这么个梦。蝗虫很惊讶地说:"你疯了?对于你来说,一块石头就是高山,一个水坑就是大海!"小毛虫没理会,慢慢走远了。小毛虫在路途中又遇到了蜣螂。听明白缘由之后,蜣螂笑着说:"有健壮腿脚的我,都没这么狂妄过。"小毛虫不顾嘲笑,继续前行。随后,蜘蛛、鼹鼠、青蛙和花朵都以类似的方式劝小毛虫放弃这个念头。但小毛虫始终向前爬行。终于,它筋疲力尽觉得快要死了。它停下来,用最后的力气,建了一个安息的地方——蛹。所有的动物都来瞻仰小毛虫的遗体。

它的蛹变成了勇于实现梦想的纪念碑。一天,小毛虫贝壳状的蛹突然裂开,一只美丽的蝴蝶出现在大家面前。最后,美丽的蝴蝶飞到了大山顶上,重生的小毛虫终于实现了梦想!

目标是你前进的动力。没有目标,才是最累的时候。

故事七、两颗种子,两种人生

春天到了,轻柔的风在吹拂着这个睡眼惺忪的大地,万物开始复苏。这个时候,两颗种子也醒了,它俩正躺在一片肥沃的土壤里憧憬着各自的未来。

第一颗种子说:“我一定要努力生长!我要向下扎根,让生命在土壤里变得坚强!我要‘出人头地’,让茎叶随风摇摆,歌颂春天的到来!我还要开出美丽的花朵,结出丰硕的果实,给这个大地增添些许沁人的花香,为人们提供美味的果实。这样我既可以感受春晖照耀脸庞的温暖,也可以体味晨露滴落花瓣的喜悦和生命成熟的欢欣!”

第二颗种子听后皱着眉头颤抖地说:“我可没有你那么勇敢!我若向下扎根,也许会碰到坚硬的石块;我若用力往上钻,可能会伤到我脆弱的茎;我若长出幼芽,难保不会被蜗牛吃掉;我若开出美丽的花,只怕小孩看了会将我连根拔起;我若结出果实,只怕还会被不劳而获的家伙偷偷摘去。我还是等情况安全些再做打算吧!”于是它继续瑟缩在那一片它自认为十分安全的土壤里。几天后,一只母鸡在庭院里觅食,它就这样不声不响地进了母鸡的肚子。而第一颗种子一直在努力生长着,这期间它受过伤,挨过冻,哭过,笑过,被人踩踏过,被蜗牛啃啮过。但是它始终没有忘记自己高高在上的梦想。每当寒夜侵袭,一切都沉寂下来的时候,它也会不时地感到一种难以抑制的孤独和凄凉,但它总是一遍一遍地对自己说:“我不能放弃,也不会放弃!因为我有梦想啊!”终于有一天,它长大了,开出了娇艳的花,结出了累累的果实。它笑了,很开心!

成功不在于出身,而在于目标。

故事八、穿越玉米地

田野上,清新的风徐徐地吹来。铺展在你们眼前的,是一片玉米地,同时,这又是一片隐藏着无数大大小小的陷阱的玉米地。

今天,你将穿越它。

你和你的对手们将要进行一场有趣的竞赛:看谁最早穿越玉米地,到达神秘的终点,同时,手中的玉米又最多。

也就是说,你穿越玉米地,要比别人更快,手里要有更多的玉米,而且要时刻保证自己的安全——这是“玉米地游戏”的三个生存要素:速度、效益和安全。

你可以进行一万种以上的选择,再高明的数学大师都无法计算出这三者之间的最佳比例——或许世界上根本就不存在这样的公式。不同的状态,会产生不同的结果,而每一个最佳的方式,又因为客观环境和条件的变化而变化。穿越玉米地的过程,就是创业决策的过程,N 次的选择将产生 N 种经营状态和结局。

穿越的魅力就在这里。你为什么要穿越玉米地?

当你的人生开始一场新的角逐的时候，在你的事业掀开新的一页之际，你曾经认真地直面过这个问题吗？而这个问题又真的有那么重要吗？

有一年，一群意气风发的天之骄子从美国哈佛大学毕业了，他们即将开始穿越各自的玉米地。他们的智力、学历、环境条件都相差无几。在临出校门时，哈佛对他们进行了一次关于人生目标的调查。结果是这样的：

27%的人，没有目标；60%的人，目标模糊；10%的人，有清晰但比较短期的目标；3%的人，有清晰而长远的目标。

以后的25年，他们穿越玉米地。

25年后，哈佛再次对这群学生进行了跟踪调查。结果又是这样的：

3%的人，25年间他们朝着一个方向不懈努力，几乎都成为社会各界的成功人士，其中不乏行业领袖，社会精英。

10%的人，他们的短期目标不断地实现，成为各个领域中的专业人士，大都生活在社会的中上层。

60%的人，他们安稳地生活与工作，但都没有什么特别的成绩，几乎都生活在社会的中下层。

剩下的27%的人，他们的生活没有目标，过得很不如意，并且常常在抱怨他人、抱怨社会、抱怨这个“不肯给他们机会”的世界。

其实，他们之间的差别仅仅在于：25年前，他们中的一些人知道为什么要穿越玉米地，而另一些人则不清楚或不很清楚。

目标对于成功和一个人一生的影响，上面的故事讲得再清楚不过了。

实践教学项目推荐

1. 互动活动——梦想照进现实
2. 征文比赛——学习身边榜样，展现青春风采
3. 实地参观（校史馆、图书馆、实训室等地）——我的校我骄傲
4. 主题摄影展——新时代召唤什么样的青年
5. 影视欣赏——《复兴之路》

第一章　人生的青春之问

习语

青年的价值取向决定了未来整个社会的价值取向，而青年又处在价值观形成和确立的时期，抓好这一时期的价值观养成十分重要。这就像穿衣服扣扣子一样，如果第一粒扣子扣错了，剩余的扣子都会扣错。人生的扣子从一开始就要扣好。

——习近平在北京大学师生座谈会上的讲话

2014 年 5 月 4 日

实践教学导入

在知识分子、劳动模范、青年代表座谈会上的讲话(节选)

习近平

(2016 年 4 月 26 日)

我们要全面建成小康社会，进而建成富强民主文明和谐的社会主义现代化国家，实现中华民族伟大复兴，必须依靠知识，必须依靠劳动，必须依靠广大青年。这是我们国家和民族发展的力量所在，也是我们事业成功的力量所在。

…………

这里，我就新形势下进一步发挥广大知识分子、广大劳动群众、广大青年的作用讲一些意见。

全面建成小康社会，我国广大知识分子能够提供十分重要的人才支撑、智力支撑、创新支撑。希望我国广大知识分子充分发挥自身优势，勇于担当、敢于创新，服务社会、报效人民，努力作出新的更突出的贡献。

…………

在全面建成小康社会进程中，广大知识分子要肩负起自己的使命，立足岗位、不断学习、学以致用，做好本职工作。当老师，就要心无旁骛，甘守三尺讲台，“春蚕到死丝方尽，蜡炬成灰泪始干”。做研究，就要甘于寂寞，或是皓首穷经，或是扎根实验室，“板凳要坐十年冷，文章不写一句空”。搞创作，就要坚持以人民为中心的创作思想，深入实践、深入群众、深入生活，努力创作出人民群众喜爱的精品力作。一个知识分子，不论在哪个行业、从事什么职业，也不论学历、职称、地位有多高，唯有秉持求真务实精神，才能探究更多未知，才能获得更多真理，也才能为社会作出更大贡献。

勇立潮头、引领创新，是广大知识分子应有的品格。面对日益激烈的国际竞争，我们必须把创新摆在国家发展全局的核心位置，不断推进理论创新、制度创新、科技创新、文化创新等各方面创新。广大知识分子要增强创新意识，敢于走前人没有走过的路，敢于抢占国内国际创新制高点。要把握创新特点，遵循创新规律，既奇思妙想、“无中生有”，努力追求原始创新，又兼收并蓄、博采众长，善于进行集成创新和引进消化吸收再创新；既甘于“十年磨一剑”，开展战略性创新攻关，又对接现实需求，及时开展应急性创新攻关；既尊重个人创造，发挥尖兵作用，又注重集体攻关，发挥合作优势。要坚持面向经济社会发展主战场、面向人民群众新需求，让创新成果更多更快造福社会、造福人民。

天下为公、担当道义，是广大知识分子应有的情怀。我国知识分子历来有浓厚的家国情怀，有强烈的社会责任感。“修身齐家治国平天下”，“为天地立心、为生民立命、为往圣继绝学、为万世开太平”，“先天下之忧而忧，后天下之乐而乐”，这些思想为一代又一代知识分子所尊崇。现在，党和人民更加需要广大知识分子发扬这样的担当精神。这是一份沉甸甸的责任。广大知识分子要坚持国家至上、民族至上、人民至上，始终胸怀大局、心有大我。要坚守正道、追求真理，立足我国国情，放眼观察世界，不妄自菲薄，不人云亦云。要实事求是、客观公允，重实情、看本质、建真言，多为推进党和人民事业发展献计出力。任何时候任何情况下，都不能做有损国家民族尊严、有损知识分子良知的事。

…………

全面建成小康社会，我国亿万劳动群众是主体力量。希望我国广大劳动群众以劳动模范为榜样，爱岗敬业、勤奋工作，锐意进取、勇于创造，不断谱写新时代的劳动者之歌。

…………

劳动模范是劳动群众的杰出代表，是最美的劳动者。劳动模范身上体现的“爱岗敬业、争创一流，艰苦奋斗、勇于创新，淡泊名利、甘于奉献”的劳模精神，是伟大时代精神的生动体现。我们要在全社会大力宣传劳动模范的先进事迹，号召全社会向他们学习、向他们致敬。要为劳动模范更好施展才华、展现精神品格提供全方位支持，使他们的劳动技能、创新方法、管理经验能广泛传播，充分发挥示范带动作用。

…………

人类是劳动创造的，社会是劳动创造的。劳动没有高低贵贱之分，任何一份职业都很光荣。广大劳动群众要立足本职岗位诚实劳动。无论从事什么劳动，都要干一行、爱一行、钻一行。在工厂车间，就要弘扬“工匠精神”，精心打磨每一个零部件，生产优质的产品。在田间地头，就要精心耕作，努力赢得丰收。在商场店铺，就要笑迎天下客，童叟无欺，提供优质的服务。只要踏实劳动、勤勉劳动，在平凡岗位上也能干出不平凡的业绩。

梦想属于每一个人，广大劳动群众要敢想敢干、敢于追梦。说到底，实现中华民族伟大复兴的中国梦，要靠各行各业人们的辛勤劳动。现在，党和国家事业空间很大，只要有志气有闯劲，普通劳动者也可以在宽广舞台上展示自己的人生价值。许多劳动模范平凡而感人的事迹，都充分说明了这一点。我们要在全社会大力弘扬劳动精神，提倡通过诚实劳动来实现人生的梦想、改变自己的命运，反对一切不劳而获、投机取巧、贪图享乐的思想。

…………

实现中华民族伟大复兴的中国梦，需要一代又一代有志青年接续奋斗。青年人朝气蓬勃，是全社会最富有活力、最具有创造性的群体。党和人民对广大青年寄予厚望。

广大青年要自觉践行社会主义核心价值观，不断养成高尚品格。要以国家富强、人民幸福为己任，胸怀理想、志存高远，投身中国特色社会主义伟大实践，并为之终生奋斗。要加强思想道德修养，自觉弘扬爱国主义、集体主义精神，自觉遵守社会公德、职业道德、家庭美德。要坚持艰苦奋斗，不贪图安逸，不惧怕困难，不怨天尤人，依靠勤劳和汗水开辟人生和事业前程。“看似寻常最奇崛，成如容易却艰辛。”青年的人生之路很长，前进途中，有平川也有高山，有缓流也有险滩，有丽日也有风雨，有喜悦也有哀伤。心中有阳光，脚下有力量，为了理想能坚持、不懈怠，才能创造无愧于时代的人生。

“人才有高下，知物由学。”梦想从学习开始，事业靠本领成就。广大青年要自觉加强学习，不断增强本领。人生的黄金时期在青年。青年时期学识基础厚实不厚实，影响甚至决定自己的一生。广大青年要如饥似渴、孜孜不倦学习，既多读有字之书，也多读无字之书，注重学习人生经验和社会知识。“纸上得来终觉浅，绝知此事要躬行。”所有知识要转化为能力，都必须躬身实践。要坚持知行合一，注重在实践中学真知、悟真谛，加强磨练、增长本领。

广大青年要自觉奉献青春，为全面建成小康社会多作贡献。青年时光非常可贵，要用来干事创业、辛勤耕耘，为将来留下珍贵的回忆。广大农村青年要在发展现代农业、建设社会主义新农村中展现现代农民新形象，广大企业青年要在积极参与生产劳动、产品研发、管理创新中创造更多财富，广大科研单位青年要在深入钻研学问、主动攻克难题中多出创新成果，广大机关事业单位青年要在提高为社会、为民众服务水平中建功立业。

广大青年要保持初生牛犊不怕虎的劲头，不懂就学，不会就练，没有条件就努力创造条件。“志之所趋，无远弗届，穷山距海，不能限也。”对想做爱做的事要敢试敢为，努力从无到有、从小到大，把理想变为现实。要敢于做先锋，而不做过客、当看客，让创新成为青春远航的动力，让创业成为青春搏击的能量，让青春年华在为国家、为人民的奉献中焕发出绚丽光彩。

…………

（资料来源：新华网）

人生的境界

冯友兰

人与其他动物的不同，在于人做某事时，他了解他在做什么，并且自觉地在做。正是这种觉解，使他正在做的对于他有了意义。他做各种事，有各种意义，各种意义合成一个整体，就构成他的人生境界。……不同的人可能做相同的事，但是各人的觉解程度不同，所做的事对于他们也就各有不同的意义。每个人各有自己的人生境界，与其他任何个人的都不完全相同。若是不管这些个人的差异，我们可以把各种不同的人生境界划分为四个概括的等级。从最低的说起，它们是：自然境界，功利境界，道德境界，天地境界。

一个人做事，可能只是顺着他的本能或其社会的风俗习惯。就像小孩和原始人那样，他做他所做的事，而并无觉解，或不甚觉解。这样，他所做的事，对于他就没有意义，或很少意义。他的人生境界，就是我所说的自然境界。

一个人可能意识到他自己，为自己而做各种事。这并不意味着他必然是不道德的人。他可以做些事，其后果有利于他人，其动机则是利己的。所以他所做的各种事，对于他，有功利的意义。他的人生境界，就是我所说的功利境界。

还有的人，可能了解到社会的存在，他是社会的一员。这个社会是一个整体，他是这个整体的一部分。有这种觉解，他就为社会的利益做各种事，或如儒家所说，他做事是为了“正其义不谋其利”。他真正是有道德的人，他所做的都是符合严格的道德意义的道德行为。他所做的各种事都有道德的意义。所以他的人生境界，是我所说的道德境界。

最后，一个人可能了解到超乎社会整体之上，还有一个更大的整体，即宇宙。他不仅是社会的一员，同时还是宇宙的一员。它是社会组织的公民，同时还是孟子所说的“天民”。有这种觉解，他就为宇宙的利益而做各种事。他了解他所做的事的意义，自觉他正在做他所做的事。这种觉解为他构成了最高的人生境界，就是我所说的天地境界。

这四种人生境界之中，自然境界、功利境界的人，是人现在就是的人；道德境界、天地境界的人，是人应该成为的人。前两者是自然的产物，后两者是精神的创造。自然境界最低，其次是功利境界，然后是道德境界，最后是天地境界。它们之所以如此，是由于自然境界，几乎不需要觉解；功利境界、道德境界，需要较多的觉解；天地境界则需要最多的觉解。道德境界有道德价值，天地境界有超道德价值。

（资料来源：冯友兰《三松堂全集》第六卷《中国哲学简史》，河南人民出版社 1989 年版）

理论教学内容

1. 理论知识思维导图

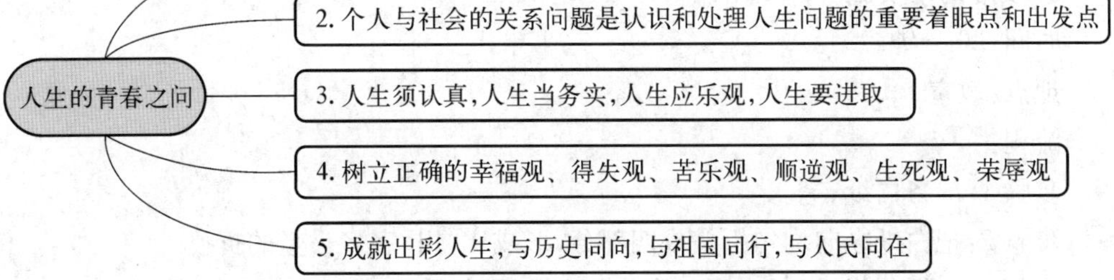

2. 理论教学重难点

(1) 引导学生正确认识自己，树立积极的人生态度和价值观，准确把握人生观、价值观的相关知识。

(2) 增强学生对于生命历程的理解，领悟自身、他人和社会之间的关系，创造有意义的人生。

实践教学模块

1. 实践教学目的

正确认识个人与社会的辩证关系，增强集体主义观念和社会责任感，树立科学高尚的人生追求，自觉抵制错误观念，提升人生境界，为将来成就出彩人生打下良好的基础。

2. 实践教学项目

项目一　心理测试——发现未知的自己

项目二　主题演讲——大国战“疫”中的青春力量

项目三　读书研讨——阅读《活出生命的意义》等名著

项目四　调查研究——大学生人生观、价值观调查

实践教学项目一

1. 实践活动主题

心理测试——发现未知的自己

2. 实践活动目的

通过检测学生是怎么看待自己的，引导学生充分、准确、客观地认识自己，让学生认识自己的长处和不足，了解“不完美”的事实并接纳它，用积极的方式来改变可以改变的部分，最终实现自我悦纳。

3. 实践活动形式

课堂活动

4. 实践活动对象

全体大一学生

5. 实践活动实施

时间：20 分钟

地点：教室

流程：

步骤 1：准备白纸、笔。

步骤 2：把白纸纵向均匀折叠成四部分，形成比“川”字多一竖的折痕。

步骤 3：白纸分为 4 列、10 行，标注项目，如下表所示：

	真实的我	理想的我	别人眼中的我
身高			
体重			
相貌			
性别			
性格气质			
文化程度			
人际关系			
家庭情况			
兴趣爱好			
理想抱负			

步骤 4:根据白纸上的表格项目,填写内容。具体填法有两种:

一种是竖填,先一鼓作气地填出“真实的我”的情况。比如你是一位男同学,身高 172 厘米,体重 65 公斤,相貌中等,文化程度是大专……然后,填出“理想的我”,期望自己怎样,就大大方方地写出来,建议一气呵成,不必担忧是否可行。比如身高,希望自己高大如篮球明星,不妨就写 198 厘米,体格强壮……

另一种是横填,将“真实的我”“理想的我”和“别人眼中的我”三项对照着填写。

6. 实践活动成果

心理测试填写表格及结果分析、师生分享观点记录等。

参考资料

资料一

悦纳自我

悦纳自我是发展健康的自我体验的关键和核心,具体来说,悦纳自我就是:① 接受自己,喜欢自己,不苛求自己,觉得自己独一无二,有高度的自尊和自信,有价值感、自豪感、愉快感和满足感;② 性情开朗,对生活乐观,对未来充满憧憬,积极情绪多于消极情绪;③ 能平静而又理智地看待自己的长处与短处,冷静地对待自己的得与失;④ 有远大理想和阶段性目标,并以此激励自己不断努力;⑤ 既不以虚幻的自我补偿内心的空虚,也不以消极回避漠视自己的现实,更不以自责甚至厌恶来否定自己。

大学生要做到悦纳自我，可以从以下几个方面入手：

第一，从现在开始，无条件地完全接受自己。首先，以慷慨和诚实的态度至少举出十项自己的优点、自己喜欢自己的地方；然后，以诚实的态度列出不喜欢自己的地方，在可以改变的地方标上记号，对不喜欢却又无法改变的缺点，试着去接受它，对所有能改变的缺点，发誓去改变它；最后，相信自己是有价值的人，相信"天生我材必有用"。

第二，改变过分追求完美的习惯，不苛求自己。过分追求完美，过分苛求自己，无异于心理上的作茧自缚，会窒息人的活力，使人心情压抑，行为退缩，失去许多展示自己的机会，最终损害人的自尊，导致自我拒绝。正确的态度是承认自己的不完美，接受自己的全部缺点和优点，接纳真实的自我，在积极的心态中，最大限度地把自己的潜能化为现实。

第三，建立和巩固良好的自我感觉。找出最近（一年之内）一次或几次自己做过的比较成功的事情，用心体会成功的愉快心情，庆祝自己的胜利；及时了解自己各方面的发展进步和成绩，肯定自己的能力；记录别人对你的积极评价和态度，增强自信；仔细回忆自己从前的经历，找出各方面比较出色的表现，肯定自己以前就已具备的良好素质。这样，就能把注意力集中在自己的优点和成功上，而不是集中在自己的缺点和失败上，有助于建立和巩固良好的自我感觉，悦纳自我。

第四，从错误和失败中吸取教训，但不被它们打垮，永远给自己机会。一个人不可能不犯错误，也不可能事事成功，可怕的不是错误和失败，可怕的是被错误和失败打垮。人应平静而又理智地看待自己的错误和失败，从中吸取教训，不因个别的错误和失败轻率地全盘否定自己，永远对自己有信心。

任何事情都有它的两面性，挫折也不例外。逆境可以向顺境转化，顺境同样也可能转化成逆境。挫折可以使人沉沦，也可以使人猛醒和奋起。关键在于受到挫折时，能否从失败中吸取经验教训，能否发现自己好的一面。当你在失望和沮丧中看到了自己的另一面，你就会突然发现，天空原来是那样辽阔，阳光原来是那样明媚，自己并不是一无是处，从而能够鼓起战胜挫折的勇气和信心，提高对挫折的适应能力。

找出自己美好的一面，走出或许是自己为自己所画的方格，你可以试试以下的方法：

第一，发现自己的优点。花一个小时去发掘自己的优点，然后逐点用笔记下来。优点也可以分类，如个人专长，已做过什么值得自己骄傲的事，过去什么人如何称赞过自己，家人朋友对自己的关怀等等。你一定会发现自己有很多优点，从而得出一个结论：原来自己并不像自己所想的那样差。

第二，找出榜样人物。在认识或不认识的人当中找一个你最羡慕的、最景仰的、希望自己可以成为像他那样的人，或许是比尔·盖茨，也或者是迈克尔·乔丹，还可能是你身边的某一个人。也许你会发现，这些人，不管是谁，他们都曾经受到过挫折，付出过代价，那么，目前自己的失败又算得了什么呢？这样一来，或许心里就会平衡一些。

第三，肯定自己的能力。每天找出三件自己做成功的事，只是不要把成功看成是登上月球那么大的事，成功可以是上学路上一路绿灯，也可以是在学校一天没有被老师点名批评，等等。日常生活都可以有成功与挫折之分，一日至少顺利地做了三件事，又怎能说是“一事无成”“一无是处”呢？知道能把事情做好，等于对自己能力的肯定，你就可以振作精神了。

第四，计算已做妥的事。计算自己已做妥的事而不是检讨自己还有多少件事情没有做。人还没有做的事永远多于已经做妥的事，如果老想着这个没做，那个没做，便会越想越沮丧，真的会觉得自己能力低，无效率，大为失意。但是把已经做妥的事情列出来，可是长长的一张单子呀，就会觉得自己还真有能力。这样一想，立刻便会自信心大增。

第五，培养某方面的兴趣。在自己的优点、专长、兴趣中，找一样（刚刚开始时，一样就够了）来加以特别培养、发展，使之成为自己的专长。虽然还算不上是专家，但是在一个小的圈子里，一提到某件事，大家都公认非你莫属，这种感觉不是也很好吗？专长不一定要高雅如弹钢琴，也没有必要向人家一样极有歌唱天赋。可以简单如游泳、滑冰等，什么都可以。只要有了一样你可以吹捧的专长，就有机会成为主角。做主角，自然就可以神采飞扬！

第六，发挥自己的外在美。有没有过这种感觉，今天穿了一件新衣服，就会觉得整个人都不一样了，特别有自信。遇到挫折的时候就可以利用这个方法了。衣服可以不是名牌，但是清洁、光鲜、顺眼。尤其是在情绪低落的时候，更要穿得鲜艳明丽些，如果再加上新剪的头发，你会觉得整个人都不一样了。

资料二

保持心理健康的途径和方法，阳光人生的25个诀窍

A：接纳自己（Appreciation）

接纳自己才能欣赏自己，才能发展自己。做我真好！不要盲目推崇别人，否定自己。

B：平衡生活（Balance）

游戏作息均有时，平衡生活最合宜。

C：喊叫宣泄（Cry）

通过适当的途径释放受压抑的心理能量。放下包袱，轻松前进。

D：学会变通（Detour）

碰壁之后要学会变通。正确分析挫折原因，调整自己的目标和实现目标的途径。

E：娱乐放松（Entertainment）

看看戏，听听歌，松弛神经方式多。

F：正直无惧（Fear Not）

仁者无忧，智者不惑，勇者无惧，诚者有信。

G：给予（Give）

关心自己;关心自己的家庭、朋友和同事;关心社会和生态利益;关心人权;关心其他物种;关心地球的生活条件;关心真理、知识和学习。

H:幽默(Humor)

学会苦中寻乐。一个小丑进城,赛过一打医生。

I:不完美(Imperfect)

不要去追求十全十美;尽力而为的人就是世界上最完美的人。

J:漫步适量(Jogging)

适度运动、适量饮食赛过吃仙丹。运动可以使躯体和精神获得双重提升。

K:知识(Knowledge)

知识是战胜恐惧的力量。

M:计划安排(Management)

有原则不乱,有计划不忙,有预算不穷。热爱生命的本质在于合理地利用时间。

N:不(No)

学会说“不”。要知道自己力所能及与力所不能及。

O:乐观(Optimistic)

要看到事物积极的一面。尤其是要以积极的眼光看待生活中的压力与挫折。

当一个人心中充满阳光,这个世界就充满阳光。

P:优先(Priority)

生活压力如洪流,人生目标须带头;先后轻重计因由,取舍方向不难求。

Q:安静(Quiet)

心乱自然慌;心静自然安。

R:报偿(Reward)

自我奖励,自我激励。

S:放慢节奏(Slow Down)

一张一弛,张弛有度。

T:谈话(Talk)

倾诉与倾听:构建心灵沟通的桥梁。

U:独一无二(Unique)

人比人,气死人,自我突破最精神。

V:假期(Vacation)

放放假,充充电,活力充沛展笑面。

W:衣着(Wear)

衣着端正,精神焕发,自信升高,压力减退。

X:透视(X-ray)

寻找压力的源头,方可对症下药。

Y:是的,我能行!(Yes,I can)

失去金钱的人失去得很少;失去健康的人失去很多;失去自信的人失去一切。

Z:由零开始(Zero)

太阳都是新的,生活每天也都是新的开端,不要把自己置于过去失败的阴影中。

资料三

你对自己的了解程度如何?

完成下列关于你的每项陈述。

最了解我的人是________________

我的一个人生梦想是________________

能恰当描述我的三个形容词是________________

我最喜欢自己的部分是________________

我最不喜欢自己的部分是________________

我擅长于________________

我不大擅长于________________

我喜欢________________

我厌恶________________

吸引我的三份职业是________________

我的人生目标是________________

你对填写这些陈述、特别是最后一项是否感觉有困难?如果是这样,那你将在更密切地审视自己和自己对人生的要求的过程中获益匪浅。

实践教学项目二

1. 实践活动主题

主题演讲——大国战"疫"中的青春力量

2. 实践活动目的

2020年伊始,一场突如其来的新型冠状病毒(简称新冠)肺炎疫情席卷了祖国大地,大量的医护人员、政府工作人员和普通民众积极踊跃地投入这场战"疫"之中,而这其中也涌现出了大量的"90后""00后",为这场战"疫"贡献了自己的青春力量。活动要求同学们围绕"大国战'疫'中的青春力量"这一主题,以饱满的精神状态、激情昂扬的语言、感人的事例和真实的情感,诠释出优秀青年的人生态度和价值观,引导学生创造充实积极的人生。

3. 实践活动形式

校内实践

4. 实践活动对象

全体大一学生

5. 实践活动实施

时间:6—8分钟/人

地点:教室

流程:

前期准备:

(1) 教师对演讲比赛的目的和意义做讲解。

(2) 每6个人一组,学生利用课余时间收集材料和写作演讲稿,最终推选1名代表参赛,要求脱稿。

(3) 各组上报参赛名单。

正式比赛:

参赛选手抽取参赛序号。

(1) 主持人介绍参赛评委(可由教师和每组评分代表组成)。

(2) 主持人宣读演讲比赛规则。

① 参赛须知:

各参赛选手必须规定,按时参加开会、抽签和比赛。参赛选手必须在赛前10分钟入场签到,点名时候不在场,则视作弃权处理。各参赛选手必须自始至终参加听取其他选手的演讲;遵守会场纪律,不起哄,做文明观众,对每一位选手的比赛都给予掌声鼓励。

② 评分标准:

本次比赛中主题演讲采用10分制进行评判,要求正确的思想内容和完美的表达形式相统一。思想内容占5分:主题鲜明深刻1.5分、联系实际1.5分、材料典型有力2分。表达形式占5分:有声语言2分、态势语言2分、全场效果0.5分、风度仪表0.5分。评委评分当场计分,第4位选手演讲完毕后,评委离席分析,把握评分尺度,从第5位选手开始当场亮分。去掉一个最高分,去掉一个最低分,取平均分为选手最后得分(保留到小数点后两位)。当场确定得奖的名次。

(3) 演讲要求:

① 比赛采取命题演讲方式进行,演讲稿内容必须围绕"大国战'疫'中的青春力量"的主题,突出亮点,主题鲜明。

② 选手参赛必须使用普通话,采用站立式脱稿演讲。

③ 比赛顺序由抽签决定,选手上场迟到1分钟视为弃权。

④ 每位选手比赛时间限定在6—8分钟,7分30秒提示,8分钟为扣分时限,超1—10秒扣0.02分,超11—20秒扣0.05分,超20—30秒扣0.1分,最高扣0.2分;时间不足6分钟一律扣0.1分。

⑤ 按序号进行精彩演讲。

⑥ 教师点评。

⑦ 评委根据每位代表演讲表现进行打分,并根据每人得分评出本次演讲比赛一等奖一名,二等奖一名,三等奖两名。

评分表

组别：	演讲者编号：		
项目	内容	满分	得分
演讲内容(5分)	主题鲜明突出	1	
	论点突出,论据切题	1	
	内容积极向上	1	
	结合现实社会,阐述时代意义	1	
	结构严谨,构思巧妙,表达引人入胜	1	
语言表达(2分)	普通话标准,口齿清晰,能充分表达所讲内容	1	
	表达准确流畅,亲切自然,有感染力	1	
仪容风范(1分)	精神饱满,衣着整洁,仪态端庄,能有较好的肢体语言,上下场致意,答谢	1	
综合印象(2分)	具有较强的感染力,能营造良好的氛围和效果,演讲时间应控制在6—8分钟	2	
得　分			

6. 实践活动成果

演讲过程中的照片、视频、演讲稿,以及比赛获奖情况。

参考资料

资料一

中国:脱颖而出

一场新冠肺炎疫情"大战"突发,对世界各国的政治制度和治理模式都是一场同台竞争的大考。中西方两种政治制度和治理模式的比拼,一般环境下不易区别良莠,但一场抗疫"大战"使大家一下子看出孰优孰劣。我们可以说,中国特色社会主义制度,这次几乎在所有可比的领域内,都完胜西方资本主义制度。中国以较高的分数通过了这场全方位的压力测试,真有乾坤大逆转的感觉。尽管西方主流媒体还在继续抹黑中国,但这无济于事,这正说明他们心慌了——中国制度的成功是他们最害怕的事情。

这次中西方抗疫模式的最大差别就是,中国模式从一开始就明确,人民的生命和健康高于一切,这是中国特色社会主义制度的本质特性所决定的,同时也是中国文化中源远流长的"人命关天"理念所决定的。中国文化讲"道",讲"政道",讲"大道至简","道"以管"术"。中国抗疫模式的"道"就是习近平总书记所说的"把人民群众生命安全和身体健康放在第一位";相比之下,西方资本主义国家的做法都是经济利益和商业利益高于一切,决策者在抗疫行动上举棋不定、心存侥幸,抗疫的结果也就完全不一样了。回头看西方是多么的短视，为了一时的经济利益和商业利益，结果首先沦陷的都是自己经济和商业最发达的地区：美国的纽约、法国的巴黎、英国的伦敦、西班牙的马德里、意大利的米兰和伦巴第地区，等等。中国模式在第一时间就把这场战疫看作一场大规模的"战争"。与西方国家不同，中国被疫情打了个措手不及，中国仓促应战后不久就稳定下来，随后打得有声有色，相比之下，西方国家的确诊率、死亡率和死亡人数都远高于中国。到本书截稿时(2020 年 5 月 27 日)，人口只有中国四分之一不到的美国，其新冠肺炎的确诊人数为中国的 20 倍、死亡人数为中国的近 22 倍，其他西方大国的情况也很糟糕。

从"战争"的视角来审视中国战疫模式的话，应该说我们率先发起了疫情阻击战。阻击战就是在疫情暴发初期，以最快的速度和最坚决的手段阻断疫情的蔓延。党中央果断决定"封城"并打响了武汉保卫战，同时其他省份启动一级响应，展现了我们制度的迅速反应能力。整个中国随之分为两个战场：一个是湖北武汉，在这个主战场上，我们集中兵力打歼灭战，来自全国各地逾 4.2 万名医护人员第一时间奔赴疫区；另一个是中国其他地区，我们全面打好疫情防控的人民战争。这两个战场有分有合，有进有退，习近平总书记亲自指挥、亲自部署，中央成立由国务院总理李克强牵头的中央应对新冠肺炎疫情工作领导小组，孙春兰副总理率领中央指导组每天都在湖北第一线靠前指挥。这些背后是我们制度的领导指挥能力。这次抗疫，我们的人民给力，我们的党中央给力，我们的习主席给力；相比之下，西方国家已经到了至暗时刻，但他们再没有了丘吉尔。

我们发起了总体战，不计较一城一地的得失，上上下下，东西南北中，数十个部门日日夜夜地协调作战，体现了"一方有难，八方支援"的中国精神。以国务院疫情联防联控工作机制为例，它的成员单位有 32 个部门，下设疫情防控、医疗救治、科研攻关、宣传、外事、后勤保障、前方工作等工作组，分工协作，形成各路抗疫力量的有效合作。中国各个地方都有相应的联防联控机制，统一指挥、统一协调、统一调度，这一切展现的是我们制度的综合协调能力。总体战背后还有中国特色社会主义市场经济制度所创造的巨大的财力、物力、生产力，从电力、电信、粮油、航空运输等领域内的大型央企，到华为、阿里、腾讯、京东等大型民企，瞬间开始高效运作，战场需要什么，就生产什么、提供什么，我们总体战可以调动的财力、物力、生产力举世罕见。

最后是人民战争，这次战疫中，我们做到了最大限度地动员人民群众直接参与。权威信息通过微信直达基层，直达百姓，大家第一时间知道做什么、怎么做。人们纷纷取消旅行，取消家宴，佩戴口罩，停止聚集活动。从机场到火车站到街道社区，每个地方都有防控人员在战斗。西方国家的传染病发展状况往往是一旦出现社区感染，几乎就没有办法控制了，因为西方社会没有中国意义上的社区组织。在中国社会的最基层，我们的街道干部、基层民警、无数的志愿者筑成了社区防控的铜墙铁壁。感人的故事每天都在上演，背后是我们制度的组织动员能力。

这场战疫中的阻击战、总体战、人民战争，及支撑这些作战方法的制度安排，包括我们制度的迅速反应能力，领导指挥能力，综合协调能力，组织动员能力，以及可以统一调动的财力、物力、生产力，都完胜西方资本主义制度。特别令人高兴的是这次对中国制度优势的认知，主要源于普普通通的中国百姓，他们从中国抗疫模式的成功和西方抗疫模式的溃败中，庆幸自己生活在中国，生活在一个最尊重生命的国家，生活在一个经得起国际比较的伟大国家。当然，我们不能放松警惕，疫情还没有结束，我们还可能经历波折，我们要坚持抗疫直至最后胜利。

中国抗疫模式的特征还体现在它奉行的指导原则。疫情暴发伊始，习近平总书记和党中央就确定了四条指导原则："坚定信心、同舟共济、科学防治、精准施策。"现在看来这其中每一条都可以与西方抗疫模式进行比较。

我们讲"坚定信心"，而西方多数国家抗疫模式的最大特点就是缺乏信心。放弃抵抗者有之，"群体免疫"论有之，"甩锅"别人者有之。其中英国领导人率先抛出的"群体免疫"论，引起了轩然大波，集中体现了政府没有信心、不想作为的态度。英国首席科学顾问帕特里克·瓦朗斯(Sir Patrick Vallance)表示：约 60%的英国人将感染新冠肺炎病毒，从而产生"群体免疫"。英国目前约有 6 600 万人口，根据这个预测，约 4 000 万人可能感染新冠肺炎病毒。世界卫生组织和许多专业人士都在第一时间指出这种理论不仅缺乏科学依据，而且有悖人类伦理。我们中国的法则是生命第一，而"群体免疫"国家的法则是优胜劣汰，淘汰有基础疾病的人和免疫力低下的人，包括老人。最后在各方强大的压力下，英国政府不得不放弃消极应对的态度，开始积极应对，但为时已晚，造成了巨大的生命损失，连首相鲍里斯·约翰逊也不幸染上了新冠肺炎病毒，还好痊愈了。

我们讲"同舟共济"，这是中国人骨子里的精神，也是中国人的伟大实践。西方所谓的民主社会，今天几乎都是深深分裂的社会，除了党争不断外，民众不相信政客，不相信政府，个人权利至上，整个社会当然正为此付出沉重的代价。西方社会恐怕最终有必要反思个人权利绝对化的问题，否则他们将无法有效应对未来社会各种安全危机的挑战。这次令很多美国人寒心的是：就在随疫情而来美股暴跌前夕的 2 月中旬，美国一些高级官员开了个秘密的圆桌会，一致认为疫情非常严重；然而他们却通过媒体向民众说，疫情不严重，大家不必担心，但转身就把自己持有的股票卖了。这样的国家要人民一起"同舟共济"，怎么可能做到呢？

我们讲"科学防治"，在中国执政理念中，科技是第一生产力，战胜疫病离不开科技支撑。中国通过临床医学、流行病学、病毒学的调查研究，确认新冠肺炎病毒具有极强的传染性，虽顶着西方国家的嘲笑谩骂，但仍坚持实行"应检尽检、应收尽收、应治尽治"，坚持"封城"，因为这一切都基于科学的判断。中国还制定出了一系列疫情防控的社会治理措施。这些举措互相配套，切实有效地防控了疫情的扩散和蔓延。此外，中国还通过各种手段进行线上线下的传染病防控宣传教育，显著增强了百姓的自我保护能力。才两个月，中国的科学诊疗方案已更新到第七版。相比之下，西方口无遮拦的政客太多，不负责任的专家太多，"无非是大一号的流感""口罩毫无用处""年轻人不用害怕""这是黄种人的病"等言论，回过头看简直都荒谬之极，科学精神荡然无存，祸害百姓无数。理性精神和科学精神的丧失，也就是中国人所说的实事求是精神的丧失，应该是西方今天最大的政治危机。

我们讲“精准施策”,中国的战疫有章法,既有大的原则,又有各种具体举措。大的原则如“外防输入,内防扩散”,现在随着抗疫局势好转,又调整为“外防输入,内防反弹”,八个字就把整个抗疫战略说清楚了。中国是一个超大型的国家,人口大约等于100个普通欧洲国家人口之和,内部差异极大,各地的疫情和防控形势都不一样。“精准施策”首先意味着要避免一刀切。针对各地的不同情况,我们分为高风险区、中风险区、低风险区,分别采用不同的应对方案。这种“精准施策”也意味着大家都知道怎么做。中国抗疫具体施策还包括对口支援、“一省包一市”、定点医院、分级诊治、方舱医院、“宁愿床等人,不要人等床”、健康码、普遍测温等很多内容,其中任何一项都可以是向世界讲述的中国故事。相比之下,西方抗疫模式显示出来的混乱施策几乎无处不在。比方说,美国疾病控制与预防中心(CDC)要求民众在公共场合应该戴口罩,但特朗普总统公开说:我不戴口罩。西方国家光是围绕口罩的各种政策混乱就几乎从未停止,更不要说其他政策了。世界卫生组织专家中国疫情考察之行感触最深的就是“中国每个人都知道自己该怎么做”。相比之下,许多西方领导人似乎都一直不知道如何应对。我们只要把美国总统特朗普从2020年1月到4月发表的言论排列一下,便可以看出他对整个抗疫是多么漫不经心与荒腔走板。

中国抗疫模式的相对成功在国际社会创造了一种巨大的存在感,给西方国家的政府带来了巨大的压力。坦率地说,过去没有中国抗疫模式,美国2009年应对H1N1流感病毒无力造成美国本土五分之一人口感染,一万多人死亡,全世界近29万人死亡,但那次事件就混过去了,反正美国资本控制的媒体几乎不报道,就不会掀起大的波澜。这次不一样了,社交媒体已经兴起,中国模式,首先在西方社交媒体上,得到许多网民的赞扬,给西方政府以巨大压力。

某种意义上,正是这一压力,促使许多西方政府不得不开始比较积极地应对。许多西方网民都在问:中国人能够十天建成一个医院,我们为什么不能也建一个,如果十天不行,二十天、三十天也可以呀。美国护士游行抗议没有防护用品时说:你们看中国护士穿的防护服,我们也需要呀。

同样,当英国领导人宣布自己的应对办法是“群体免疫”计划,其实就是放任不管的社会达尔文主义,很多英国人马上说,你们看看中国人是如何做的。倒是《纽约时报》于2020年3月13日总算刊登了一篇自我反省的文章:“中国为西方争取了时间,西方却把它白白浪费了。”现在多数西方国家开始借鉴中国的许多做法了,但可能为时已晚。我们赞赏西方某些媒体的理性反思,但这种反思能否持续,我不那么乐观。

西方“政治正确”使然,一些国家和媒体不愿意承认中国战疫模式的成功,只提韩国、新加坡、中国台湾地区等的防疫表现,其实中国除湖北以外的30个省市自治区的疫情防控表现总体相当好。根据学者王绍光的统计,截至2020年5月2日,不管是看确诊人数还是死亡人数,人口近4 000万的福建省(356/1)比人口近2 400万的台湾地区(429/6)表现好;人口1 250万的深圳市(423/3)比人口745万的香港特别行政区表现(1 039/4)好;人口1 100万的苏州市(87/0)比人口565万的新加坡(17 101/16)表现好;湖北的邻省(如河南、安徽、江西、湖南等)比韩国、日本、澳大利亚、新西兰表现好。

总之，这次世界范围内的疫情防控，对各国的综合实力和治理体系都是一场大考，虽然考试还没有结束，但多数人会同意，中国做得比较好。当然，我们不能骄傲自满，防控局势依然严峻。

此外，这次疫情还使我们明白，过去被国内"公知"吹得天花乱坠的西方世界，什么免费医疗、高福利、百姓自律、幸福指数，"连空气都是甜的"，结果一仗被打回原形。其实各个国家都有自己的长处和短处，本可以互学互鉴，中国也一直是这样做的，但国内的"公知"老喜欢扯中国的制度问题，这次抗疫再一次证明西方的制度问题更大，不改革将一路走衰，乃至彻底走下神坛。这个观点我讲了十几年，我也好多年不再使用"发达国家"这个概念了，除非不得不引用别人的观点。因为这个概念给了西方国家太多名不副实的影响力，"发达国家"不发达的情况比比皆是。我想这就是实事求是的精神，皇帝没有新装就是没有新装，道理没有那么复杂。

中国"心胜"

这次中国的成功抗疫过程中最打动人的地方，是无数普普通通中国人身上体现出来的诸多品质，这些品质体现了中国人所信奉的许多宝贵价值，这些价值不仅是中国的，也是全人类的，它们应该成为具有普遍意义的人类价值。这些价值的提炼可以极大地增强中国人民的文化自信，甚至形成一种对西方价值的压倒优势，形成一种价值观上的"心胜"。

这次战疫过程中，我们提出的"人民的生命高于一切"，它可以成为一种普遍价值。通过中西方抗疫模式的对比，我们发现，原来天天高喊人权和"普世价值"的那些西方国家，居然没有中国人人都懂的"人命关天"的理念，居然不认同"人民的生命高于一切"的价值。我们不惜成本地抢救每一个生命，与西方国家经济利益优先，罔顾人性的"群体免疫"和放弃救治老人，形成了鲜明的对比。无数中国人这次切切实实地感受到生活在这个最尊重生命的国度是多么的幸运。对于整个世界来说，还有比这更好的人权教育吗？连生命权都不尊重的国家居然有资格给中国人上人权课？坦率地说，这使中国民众获得了一种久违的"价值优越感"，使中国自信达到了一种新的境界。

这次战疫过程中，中国人民展示出来的众志成城的团结精神感动了无数中国人和外国人。我们再一次发现一旦国难当头，中国人"众志成城，共赴国难"的价值观早已内化在我们血液中。相比之下，在其他多数国家，特别是西方国家，无论是欧盟成员国之间，还是美国各个州之间，我们看不到强大的团结精神，各国、各地区更多的是自顾不暇、各奔东西的利己主义。这种团结精神也带给了我们一种"价值优越感"。

这次战疫过程中，中国人展示出来的责任心，中国人对家人、对他人、对社会、对国家、对世界都有绝大多数西方人难以企及的责任感。在西方社会，不要说十几亿人，哪怕你要让一个小区的人宅在家里或者戴上口罩，都很不容易，因为个人权利至上的文化深入骨髓。与此相对照，中国人崇尚自由与自律的统一，权利与责任的统一，这种重视责任的价值观既是中国传统文化的延续，也是一种真正的现代精神。中国人尊重他人，尊重生命，尊重科学。相比之下，个人自由和个人权利绝对化的西方国家，这次为他们的价值观承受了巨大的生命损失。经历这次劫难后,希望西方有识之士能反省西方文化中许多极端化的倾向。因为从中国人的视角看,个人权利至上的文化将无法适应未来社会的挑战。

在这次战疫过程中,人类命运共同体作为一种价值观,也在中国得到了很好的体现,某种意义上这是中国人"责任价值观"在国际交往中的体现,这与西方国家,特别是美国现任领导人只想"甩锅"——"甩锅"中国,"甩锅"世界卫生组织,"甩锅"媒体,"甩锅"各州州长——形成了鲜明的对照。过去我们说"构建人类命运共同体",指的是我们要有一种自觉的努力,大家一起推动人类命运共同体的建立;但这次疫情袭来,我们突然发现"人类命运共同体",或者至少"命运共同体"已经是一种客观的存在,成为人们认知中的共识。这将成为我们未来"构建人类命运共同体"的宝贵基础。

这次战疫过程中,"以人民为中心的现代性"在中国也得到了充分的体现,可以说,中国人从"以人民为中心"的理念出发,拥抱新工业革命,拥抱信息文明,某种意义上正在重新界定现代性。这次战疫进程中,5G网络、AI算法、基因技术,以及中国的整体信息化水平等都发挥了特别重要的作用。在这全球最大规模的"宅生活""宅工作"中,中国人的体验完胜西方人。这背后反映的是中国这些年社会生活基础设施整体信息化水平领先世界,中国是世界上唯一做到"一部手机,全部搞定"的国家,也是世界上产业链最完整的国家和世界最大的消费市场。"以人民为中心"源于中国传统的民本思想和中国特色社会主义制度的本质特征。与西方把许多高新技术,特别是互联网技术政治化的做法截然不同,"以人民为中心"使新技术发展在中国获得了世界最大、最广、最深的应用市场,使人民拥有巨大的获得感,使企业获得无限商机。我们是从绝大多数人民的利益出发,以信息文明的眼光来看待信息文明,而不是像许多西方国家那样以工业文明的眼光来看待信息文明。我们认为信息文明是不可阻挡的历史大潮,我们需要顺势而为,趋利避害,在发展的过程中解决可能会出现的各种问题,让以信息文明为代表的新工业革命最大限度地服务于人民。

中国已经与世界融为一体,要真正讲好中国故事,我们不能满足于各种分散的中国元素,如功夫、旗袍、绿茶、茉莉花,等等,而是要重视整体的、深层次的、精神层面的、具有普遍意义的东西,也就是我们崇尚的价值观。上述这些在中国战疫过程中体现出来的中国价值,弥足珍贵,这些价值背后都有历久弥新的中华文化基因及其强大的现代意义,对于整个人类精神文明都是宝贵的思想资源。

"人民的生命高于一切""众志成城,共赴国难""责任价值观""人类命运共同体""以人民为中心的现代性",中国人的这些价值观,有利于我们摆脱长期以来西方诸种价值观对国人的影响,有利于解构西方的"道德优越感",形成我们自己的道德"心胜",使我们不只是平视西方价值观,某种意义上还可以俯视西方价值观。这不是傲慢,而是实事求是,我们发自内心地认为中国人的这些价值观比西方崇尚的许多价值观更具人性,更加符合人类的整体利益,它们既是中国的,也是世界的,它们带着中华文明的基因,属于整个人类。

这五种价值的英文也许可以表述为 Life, Unity, Responsibility, One humancommunity,

People-centered modernity。我们的中国叙事应该进入理念层次，我们的文化和精神作品要文以载道，这些中国价值观及其对于人类的普遍意义，可以打动我们自己，也可以打动世界上多数人民，成为中华文明对人类文明的特殊贡献。当然，体现这些价值的文化和精神产品一定要有品位，有温度，有国际视野，唯有这样才能达到最佳效果。

这次战疫过程中，我们的这些价值观总体展现为一种中国精神，这种精神与我们的人民战争、总体战、阻击战和高新科技融合在了一起，使我们取得了战疫进程的决定性胜利。

比方说，我们打响的阻击战：一批又一批医护人员从中国各地第一时间奔向武汉，这是一种“共赴国难，冲上去”的中国精神；我们十天就建成了 1 000 个床位的火神山医院，这是全世界第一家全面使用 5G 网络的高科技医院，而整个施工与设备安装都是 24 小时连番作业，保质量，抢时间，背后同样是“共赴国难，冲上去”的中国精神。

我们打响的总体战：上上下下数十个部门日日夜夜的协调作战，展现了“一方有难，八方支援”“万众一心，共赴国难”的团结精神。大数据技术无疑是这次总体战的神助攻。通过大数据，电脑可以随时展示全国各地春节人口的迁徙图，不仅是迁徙的群体轨迹，也包括个人的移动轨迹，而且交通、电信、地图等信息自动汇合。这一切为总体战的指挥和协调提供了科学依据。

我们打响的人民战争：毛泽东主席说，战争的伟力之最深厚的根源，存在于民众之中；习近平总书记说，把人民群众的生命安全和身体健康放在第一位。这次战疫做到了最大限度地动员人民的直接参与，人人为我，我为人人；而各种硬核科技使人民的直接参与成为可能。信息通信技术使我们的权威信息能够通过微信直达每一个个人；微信和支付宝等网络平台都上线了“医疗健康”等诸多服务，其中包括疫情的实时动态、免费义诊、各省市医疗救治的定点医院、发热门诊的信息等。

世界卫生组织这次肯定中国的抗疫经验创造了世界抗疫的新标杆，这本身也隐含了对中国价值观的肯定。如果没有这些价值观，就不会有中国创造的这种新标杆。我们甚至可以说，中国今天正在以某种形式重新界定现代性。现代性过去一直是西方的专利和特权，但随着中国抗疫模式得到越来越多的国际肯定，这意味着新的现代性开始涌现：一个 21 世纪的现代国家，其政治制度就是需要具备迅速反应能力、领导指挥能力、综合协调能力、社会动员能力，否则其国民就无法享受真正的自由和人权；其信奉的价值就应该是“人民的生命高于一切”，是精诚团结、自由与自律的平衡，是人类命运共同体，是“以人民为中心的现代性”等，否则就难以被看作是一个真正的现代国家。

（资料来源：张维为《中国战疫！》，上海人民出版社 2020 年版）

资料二

习近平给北京大学援鄂医疗队全体“90 后”党员的回信

北京大学援鄂医疗队全体“90 后”党员：

来信收悉。在新冠肺炎疫情防控斗争中，你们青年人同在一线英勇奋战的广大疫情防控人员一道，不畏艰险、冲锋在前、舍生忘死，彰显了青春的蓬勃力量，交出了合格答卷。广大青年用行动证明，新时代的中国青年是好样的，是堪当大任的！我向你们、向奋斗在疫情防控各条战线上的广大青年，致以诚挚的问候！

青年一代有理想、有本领、有担当，国家就有前途，民族就有希望。希望你们努力在为人民服务中茁壮成长、在艰苦奋斗中砥砺意志品质、在实践中增长工作本领，继续在救死扶伤的岗位上拼搏奋战，带动广大青年不惧风雨、勇挑重担，让青春在党和人民最需要的地方绽放绚丽之花。

习近平

2020 年 3 月 15 日

资料三

设计、准备、展现演讲时的必要步骤

系统性的设计和准备可以帮你节省大量时间，省去许多烦恼。以下是准备演讲的七大基础步骤，你准备演讲时也是按这些步骤的吗？对你来说哪些步骤最容易、哪些最困难呢？

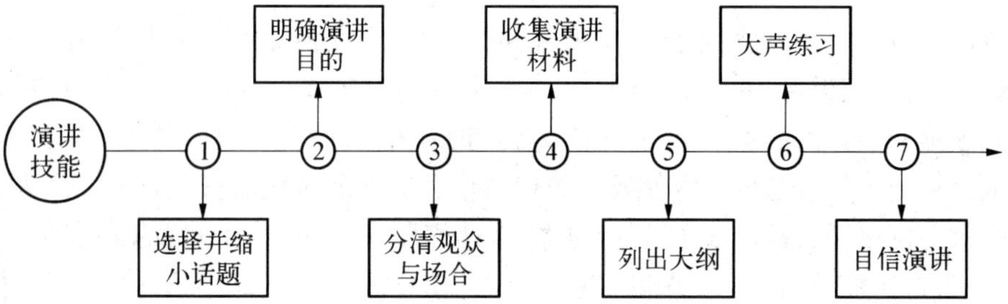

实践教学项目三

1. 实践活动主题

读书研讨——阅读《活出生命的意义》等名著

2. 实践活动目的

通过名著阅读和读书交流活动，实现对课程的学习从课堂和教材回到大家真实生活世界的目的，既增进同学们相互之间思想上的了解，也拓展精神视野的历史纵深度，促进个体人格基本观念的形成和发展。同时增强学生对于生命历程和人生价值的理解力，提升与自己、他人和社会和谐相处的宽容度，培养正确的世界观、人生观和价值观。

3. 实践活动形式

校内实践

4. 实践活动对象

全体大一学生

5. 实践活动实施

时间:两周

地点:校园

流程:

步骤1:5—8人一组,设组长1人,全面负责读书与研讨活动的组织开展。

步骤2:专题探讨。

步骤3:撰写读后感和研讨报告。

步骤4:提交报告,各组交流,教师点评。

注意:围绕课程内容开展专题活动,以专题小组读书与研讨形式,结合个人兴趣,阅读指定的名著,写读书报告和读后感,在班级和课堂中进行交流。

评分表

项　目	标　准	满　分	得　分
读后感	思路清晰,论述合理	40	
研讨报告	层次清晰,分析到位	60	
总　分	以上分数相加	100	

6. 实践活动成果

读书研讨报告、读后感;读书研讨过程中的文字、图片、交流情况等资料;另附《思想政治理论课实践教学成绩评定表》。

参考资料

资料一

苦难之意义

我们一定不能忘记,即使在看似毫无希望的境地,即使面对无可改变的厄运,人们也能找到生命之意义。那时重要的是,能够见证人类潜能之极致,即人能够将个人的灾难转化为胜利,将个人的厄运转化为人类之成就。当我们无法改变客观现实时——比如患了不可治愈的癌症——我们就面临着自我转变的挑战。

我举个再清楚不过的例子:一名年迈的、患有严重抑郁症的全科医生向我咨询,他无法接受妻子的死亡(她在两年前去世,他爱她胜过世上的一切)。我怎么才能帮助他呢?我该告诉他些什么?我努力克制自己,不说别的,而是对他提出这样一个问题:"医生,如果你先她而去,而你太太在你死后还活着,那会怎么样?""啊,"他说,"那她可就受苦了,她怎么受得了啊!"我马上回答:"你看医生,她免除了这样的痛苦,你替代了她的痛苦——当然,代价是你现在还活着,并且陷入了深深的痛苦中。"他没再说话,摇了摇头,悄然离开了我的办公室。在一定意义上,一旦找到了意义(比如牺牲的意义),痛苦就不再是痛苦了。

当然，这不是本来意义上的治疗，因为，首先，他的抑郁还不能称为病症；其次，我不能改变他的命运，我不能让他的妻子复活。但在那一刻，我的确成功地改变了他对待不可改变之命运的态度，从此以后，他至少看到了自己痛苦的意义。这就是意义疗法的要义之一：人主要关注的不是获得快乐或避免痛苦，而是看到其生命的意义。这也是人们为什么甚至准备着去受苦，在这个意义上，他的痛苦有了意义。

但是，我还要更清楚地进一步阐述：无论如何，遭受痛苦不是寻找意义的必要方式。我的意思是说，即使在遭遇痛苦时，人们也有可能找到意义——假如痛苦是不可避免的话。如果痛苦是可以避免的，那么有意义的事就是去消除痛苦的根源，不论这种原因是心理的、生理的或政治的。遭受不必要的痛苦与其说是英雄行为，不如说是自虐。

爱迪思·威斯科普夫·焦尔森生前是佐治亚大学的心理学教授，她在一篇意义疗法的论文中表示："我们目前的心理—卫生哲学强调的是，人应当幸福，而不幸福是调适不当的结果。这样一种价值体系可能会造成这样的后果：不可避免的不幸之重负由于对不幸感到不幸而变得更加严重了。"在另一篇文章中，她表示希望意义疗法会"有助于抵制美国当代文化中某些不健康的潮流，因为在那里患有不治之症的人很难有机会为自己的痛苦感到骄傲，几乎很少有人觉得疾病能使人更加高尚，通常认为它是贬损性的"，以至于"他不仅感到不幸，而且对不幸感到耻辱"。

在某些情况下，人被剥夺了工作或者享受生命的机会，但痛苦的不可避免是永远也不会被排除的。在勇敢接受痛苦之挑战时，生命在那一刻就有了意义，并将这种意义保持到最后。换句话说，生命之意义是无条件的，因为它甚至包括了不可避免之痛苦的潜在意义。

让我回忆一段可能是我在集中营里最深切的体验。在集中营里，生存下来的概率不超过二十八分之一，这可以通过精确的统计数字得到证明。我第一本书的手稿（我在到达奥斯维辛集中营后就把它藏在大衣里）能够抢救回来的可能性就更加渺茫了。因此，我不得不努力地减轻失去自己智力成果的痛苦。而现在看来，集中营的幸存者中似乎没有谁比我活得更长，也没有人的智力成果能够超越我。因此我发现自己面临这样一个问题：我在那种境遇中的生命是否完全没有意义？

我没有注意到自己苦苦寻求的答案已然存于我心，并且不久我就得到了它。当时我上缴了自己的衣服，换上了被送往毒气室的囚犯们留下的破烂衣衫。在那衣衫的口袋里，我发现了一页从希伯来祈祷书中撕下来的经文，里面包括犹太经文中最重要的《施玛篇》。除了按照经文的指示行事外，我不知道该如何解释这个巧合。

过了一些时候，我觉得自己马上就会死去。在这个关键的时刻，我的担忧与绝大多数狱友不一样。他们的问题是："我们能从集中营活着回家吗？如果不能，所有这些苦难就都没有意义。"而我感到困惑的问题是："所有这些苦难、死亡到底有没有意义？如果没有，那么压根儿就不该忍受。基于这种偶然之上的生命——不论你是否逃跑——压根儿就不值得活下去。"

（资料来源：维克多·弗兰克尔《活出生命的意义》，华夏出版社2014年版）

资料二

读书与研讨活动期间的指定书目

序号	书名	作者	出版社	内容简介
1	《活出生命的意义》	[美]维克多·弗兰克尔	华夏出版社	著名心理学家弗兰克尔是20世纪的一个奇迹。纳粹时期，作为犹太人，他的全家都被关进了奥斯威辛集中营，他的父母、妻子、哥哥，全都死于毒气室中，只有他和妹妹幸存。弗兰克尔不但超越了这炼狱般的痛苦，更将自己的经验与学术结合，开创了意义疗法，替人们找到绝处再生的意义，也留下了人性史上最富光彩的见证。
2	《人生智慧》	[德]叔本华	中央编译出版社	人生的智慧就是如何尽量幸福、愉快地度过一生这样一门艺术。关于这方面的教诲在哲学上可称为“幸福论”。这本著作教导人们如何才能享有幸福的生活。
3	《菜根谭》	[明]洪应明	中华书局	一部论述修养、人生、处世和出世的语录集，一部有益于人们陶冶情操、磨炼意志、奋发向上的通俗读物。
4	《培根人生论》	[英]弗兰西斯·培根	湖南文艺出版社	“知识就是力量”，“书籍是横渡时间大海的航船”。
5	《活在当下》	[美]芭芭拉·安吉丽思	华文出版社	本书充满智慧箴言，提醒读者用心思“活在当下”，才能拥有无憾的人生。生命往往就在一个又一个热烈的期盼中，不断地眺望未来、回想过去中悄然而逝，错过了最真实、最美丽的现在。而真正丰富的生命，其实正是由一个个完满的“当下”累积而成的。
6	《老人与海》	[美]海明威	上海译文出版社	“人可以被毁灭，但不能被打败。”
7	《毛泽东传》	[美]罗斯·特里尔	中国人民大学出版社	西方数百种《毛泽东传》中的经典之作。这本书不仅体现出作者对于历史事件高度的敏感性，而且也渗透着政治学视角的理论穿透力，引导读者体味“故事”背后的时代困惑和制度机制，把毛泽东丰富的情感与具有挑战性的理论创造合为一体，从而全方位地展现了中国革命的壮观图景。书中配有大量图片，使历史以真切可感的形象出现在读者面前。
8	《我生活的故事》	[美]海伦·凯勒	华文出版社	“假如给我三天光明”，这本书记录了海伦·凯勒心理与智力成长的精彩过程，历经一百年仍然畅销，被誉为全球第一励志书。

续 表

序号	书名	作者	出版社	内容简介
9	《刀锋》	[英]毛姆	上海译文出版社	“一个人能够追求的最高理想是自我的完善。”谁都无法代替你去生活,每个时代都有每个时代的困惑;你在你的光阴里,最终能拯救你的,是你自己。当你从迷雾中突围后,你的使命是什么?——自我达成。
10	《傅雷家书》	傅雷	生活·读书·新知三联书店	“经历一次磨折,一定要在思想上提高一步。”该书是一本优秀的青年思想修养读物,是素质教育的经典范本。
11	《生命的重建》	[美]露易丝·海	中国宇航出版社	《生命的重建》被全世界读者誉为人类健康的福音书。作者在书中为我们揭示了疾病背后隐藏的心理模式,从而开辟了重建生命整体的完美道路。本书所倡导的“整体健康”观念旋风般席卷了全世界,千千万万人因此改变了自己。
12	《从心造就自己》	[美]吉莉安·巴特勒、托尼·霍普	沈阳出版社	不断地成长,人格逐渐健全,直到人生的丰满,能量的富足,这才是成熟。生命的较量其实是一种心理较量。没有健康心态的人生,犹如生活在黑暗中的人生,唯有那些心理时刻保持健康的人,才能拥有幸福、快乐的一生。这是一本全面而实用的心理健康指南。在西方,本书被誉为普及心理健康知识的必读书。
13	《羊皮卷》	[美]奥格·曼狄诺	吉林大学出版社	每个时代都会产生自己有力量的作品,这些作品充满智慧、灵感和爱心,蕴含着巨大的力量,改变了无数人的命运。《羊皮卷》辑录的12部伟大励志书就是这样的作品,它们阐述的人生哲理和成功理念,能够鼓舞千千万万成功人士再攀高峰,更激励无数困境中的人们重获信心和勇气,向命运挑战,获取人生应享有的成功、财富和幸福。
14	《幸福16书》	[英]斯蒂芬·柯勒律治	华夏出版社	书很短,不过5万字,一口气就可以读完。然而读完之后,我们也需要用上两倍、三倍甚至更多的时间,才能逐渐体会书中的智慧。全书都是在诠释如何把幸福建立在更永恒的基础上。
15	《苏东坡传》	林语堂	陕西师范大学出版社	“吾眼见得天下无一个不是好人。”苏东坡是中国文人儒道互补的典范,他具有蟒蛇的智慧,兼有鸽子的温柔敦厚,与人为善,厚待他人,乐己容人,泽被天下。

资料三

为什么说人生目的是人生观的根本问题?

宋友文

奥地利作家茨威格说:“一个人生命中的最大幸运,莫过于在他的人生中途,即在他年富力强时,发现了自己生活的使命。”马克思中学毕业时决心要选择“最能为人类福利而劳动的职业”,周恩来青年时期曾立下“为中华之崛起而读书”的志愿,青年鲁迅也曾发出“寄意寒星荃不察,我以我血荐轩辕”的人生宣言。同这些伟人确立的人生目的相比,有些人认为“人生在世,吃喝二字”,有的人奉行“浮生若梦,得过且过”,还有人相信“生活就是人为财死,鸟为食亡”。请问,这些不同的人生目的对他们的人生轨迹是否有影响,有什么影响?

不同的人生目的对个人的人生轨迹有着重要影响。所谓人生目的,是指活着的人在自己所处的历史条件下,对“人为什么活着”这个人生根本问题的认识和回答,是实践中关于自身行为的根本指向和人生追求。人生目的决定人生道路,人生目的决定人生态度,人生目的决定人生价值标准。

首先,有什么样的人生目的,就会有什么样的人生道路,人生目的决定人生道路。一方面,人生目的规定了人生活动的大方向,对人一生所从事的各项具体活动起着定向的作用;另一方面,人生目的又是人生行为的动力源泉,为实现人生目的,人将不断激励自己注重培养能力、磨炼意志、奋发进取、努力拼搏。马克思在青年时期思考自己的人生道路时,希望自己的职业能够实现“人类的幸福和我们自身的完美”,并认为人只有“为同时代人的完美、为他们的幸福而工作,才能使自己也达到完美”。基于这样的人生目的,马克思最终选择了“最能为人类福利而劳动的职业”。正是在这种人生目的的支撑和引领下,马克思作为无产阶级的革命导师,克服常人难以承受的重重困难,为全人类解放的事业奉献了自己的一生,真正实现了自己青年时立下的志愿:“我们的幸福将属于千百万人,我们的事业将默默地、但是永恒发挥作用地存在下去,而面对我们的骨灰,高尚的人们将洒下热泪。”13 岁的周恩来用“为中华之崛起而读书”回答老师关于“为什么读书”的提问,在确定读书目的的同时,他也确定了自己的人生目的,并用自己的一生践行,为了中华之崛起而“鞠躬尽瘁,死而后已”。中华崛起是他人生努力的方向,也是激励他不断前行的动力源泉。青年鲁迅发出“寄意寒星荃不察,我以我血荐轩辕”的人生宣言。为了实现这一宣言,他的一生便是“横眉冷对千夫指,俯首甘为孺子牛”。邓小平一直把自己看作“中国人民的儿子”,他为中国人民的利益而拼搏、奋斗了一生。“两弹一星”之父邓稼先,青年时期看到因科技落后而备受欺凌的中国,立志要“学好一身本领,报效祖国”。因此,他在美国获得物理学博士学位后,毅然放弃国外优越的物质条件,回到刚刚燃起希望之火,却仍是贫穷落后的中国。他在中国最荒凉、最偏僻的地方隐姓埋名,为祖国的核事业做出了不可磨灭的巨大贡献。古今中外许多创造了辉煌壮丽人生的仁人志士,大多在青年时期就确定了伟大的人生目的,将自己的人生目标与国家前途、民族命运联系在一起,从而在人生的一系列重大抉择中,做出了正确的选择，使自己在正确的人生道路上稳步前进。

其次，有什么样的人生目的，就会有什么样的人生态度，人生目的决定人生态度。人生的道路并不是时时都是一条平坦的大路，它本就崎岖不平、坎坎坷坷，充满了各种各样的矛盾和挑战，不同的人生目的会使人采取截然不同的人生态度。美国励志家拿破仑·希尔曾指出："人与人之间只有很小的差异，但是这种很小的差异却可以造成巨大的差异。很小的差异即积极的心态还是消极的心态，巨大的差异就是成功和失败。"现实生活中很多事例在展示着这一道理：人生态度上看似不起眼的差异却会导致截然不同的人生结果。

有一个经典的"砌墙"故事，将这一人生道理生动地展现在我们面前。三个砌墙工人工作时，一个好管闲事的人过来问："你们在干什么？"第一个工人略带怨气地回答："没看见吗？砌墙呢！"第二个工人抬头看了一眼提问者说："我们在盖楼房呢！"第三个工人站了起来骄傲地说："我们在建造一座城市！"十年过后，这三个人的命运发生了巨大的转变。第一个人在另一家工地上砌着另一面墙；第二个人坐在建筑公司的办公室里画图纸，他成了一名建筑工程师；第三个人在城市的各个角落奔波调查、规划，他成了一名城市规划员。对所做事情的回答，体现了三个人三种不同的人生目的。第一个"砌墙"的人为了生活而活着，第二个"盖楼"的人为了实现个人价值而努力，第三个"建城"的人为了更多的人生活得更好而奋斗。三种不同的人生目的产生了三种不同的人生态度，三种不同的对待自己所做事情的态度，造就了三种不同的人生结果。故事虽然有夸张的成分，却有其合理之处。正确的人生目的更容易催发积极、乐观的人生态度，使人无所畏惧、顽强拼搏、积极进取。马克思在其革命生涯中遭遇了无数次的困难与挫折，其中有许多甚至威胁到他和家人的生命安全，但正是出于要为人类做贡献的人生目的，马克思不屈不挠，战胜各种常人难以想象的困难，发现了人类社会的历史规律，启动了全人类的解放事业。积极乐观的人总会为了达成目标做各种尝试、各种努力，有努力就会有回报，所以积极乐观者的人生结果往往要好于低沉、消极的人生态度持有者。错误的人生目的会使人或是投机钻营、铤而走险、违法犯罪，或是虚度人生、游戏人生、放纵人生，或是悲观消沉、看破红尘、厌世轻生。人生目的是人生中源源不断的生命动力，正确的人生目的，会使人以昂扬乐观的人生态度来对待坎坷、挫折，更容易做到"不用扬鞭自奋蹄"。

最后，有什么样的人生目的，就会有什么样的人生价值标准，人生目的决定人生价值标准。人生价值是一种特殊的价值，是人的生活实践对于社会和个人所具有的作用和意义。由于人们的认识水平、社会经历和所处环境不同，利益和兴趣各异，因此人生价值具有个性化、多元化、多样化等特征。人生价值包含自我价值和社会价值两个方面。人生的自我价值，是个体的人生活动对自己的生存和发展所具有的价值，主要表现为外界对自身物质和精神需要的满足程度。人生的社会价值，是个体的人生活动对社会、他人所具有的价值，表现为自身对社会和他人所做的贡献。人生价值标准是指对人生价值的评价标准，具有一定的客观性。不同的人生目的使人拥有不同的人生价值标准，正确的人生目的，会以人的社会价值为人生价值的评判标准。错误的人生目的，往往只顾及个人的自我价值，将人的社会价值抛之于脑后。

马克思主义认为，人是社会中的人，人生活在各种各样的社会关系中，离开了一定的社会基础，个人就不能作为人而存在，当然也无法创造人生价值。人的社会性决定了人的社会价值是人生价值的最基本内容，一个人的生活具有什么样的价值，从根本上说是由社会所规定的，而社会对于一个人的价值评判，也主要是以他对社会所做的贡献为标准。马克思主义在强调人的社会价值的同时，并未排斥人的自我价值，因为人生的自我价值是个体生存和发展的必要条件，自我价值是社会价值的前提和必要条件。生活在这个世界上的大多数平凡人在为人生的自我价值而努力奋斗。如果人只想着自己，认为“人不为己，天诛地灭”，想着“人为财死，鸟为食亡”，主张自身就是目的，具有最高价值，他人和社会只是达到个人目的的手段，那么这个人很可能走上自私自利、违法乱纪、自取灭亡的道路。正确的人生目的引导人除了考虑个人的自我价值外，更多考虑自身的社会价值，时刻心里有他人，想着别人需要什么、能够为别人做什么，这样人生道路才会越走越宽。除此以外，人生价值标准是影响人生选择的重要因素，正确的人生目的使人在面对人生选择和从事具体工作时，能够更多考虑行为的社会价值，从而在工作中尽心、尽力、尽责，最大限度地做出贡献。错误的人生目的则会使人只看到自己，想到个人私利，将人生价值理解为向社会或他人不断索取，甚至为了追逐个人的私利而损害他人、社会的利益。

综上所述，不同的人生目的对个人的人生轨迹有着重要的影响，人生目的是人生命活动的总目标，是人生实践活动的前提和起点，决定人生的根本方向、道路选择、人生态度和价值评价标准，是人生观的根本问题。正确的人生目的，对人一生的发展至关重要。青年应自觉树立正确的人生目的，自觉选择“为人民服务”的人生目的，为中国特色社会主义建设贡献自己的力量。

（作者系中国人民大学马克思主义学院教授）

实践教学项目四

1. 实践活动主题

调查研究——大学生人生观、价值观调查

2. 实践活动目的

通过调查让大学生了解自己的人生观和价值观情况，并做出积极的改变，树立正确的人生观和价值观。

3. 实践活动形式

社会实践

4. 实践活动对象

全体大一学生

5. 实践活动实施

时间：两周

地点：校园内外

流程：

步骤1：在教师指导下，拟定调查方案、设计调查内容、制作调查问卷。

步骤2：全班分成若干小组，以8—10人为一组，指定一名小组长。

步骤3：在校门口、教学楼大厅、公寓楼门厅、食堂内、图书馆大厅等，对同学们进行随机抽样调查。

步骤4：各个小组对调查结果进行统计、分析，写出调查报告。

步骤5：全班对调查结果进行交流和评价（每小组指派一名代表发言），分析大学生人生观、价值观现状，并提出如何树立科学的人生观和价值观。

步骤6：教师和选出的部分评委根据各小组设计的调查问卷、写出的调查报告，以及对调查结果进行讨论的情况，为各小组评出实践教学成绩。

评分标准：

评分表

项目	标准	满分	得分
问卷质量	目标明确、结构合理、语言清楚	40	
报告质量	条理清晰、有理有据、层次分明	60	
总分	以上分数相加	100	

6. 实践活动成果

调查问卷及相关资料整理、调查结果讨论情况、调查报告；另附《思想政治理论课实践教学成绩评定表》。

参考资料

资料一

大学生人生观、价值观调查问卷

亲爱的同学：你好！首先非常感谢你百忙之中填写我们这份调查问卷，本次调查采取匿名方式，你提供的信息仅供调查之用，绝不公开。谢谢！

1. 你的性别：

A. 男　　B. 女

2. 你的年级：

A. 大一　　B. 大二　　C. 大三　　D. 大四

3. 你的专业属性：

A. 理科　　B. 文科

4. 你了解什么是人生观和价值观吗？

A. 明确了解　　B. 一般了解　　C. 不是很清楚　　D. 完全没有概念

5. 你认为哪种人生才算是幸福的？
A. 家庭美满　B. 事业成功　C. 腰缠万贯　D. 不求闻达
E. 奉献社会　F. 其他
6. 你认为怎么才算是创造了有价值的人生？（多选）
A. 满足个人需要　B. 人生的价值在于奉献
C. 挑战自我，超越自我　D. 平淡从容的生活
E. 有较高的地位和经济实力　F. 受到社会认可和他人尊重
7. 请问你认同下面哪些观点？（多选）
A. 命运掌握在自己手上　B.走自己的路，让别人去说吧
C. 只要努力过，就应该坦然面对得失　D. 人不为己，天诛地灭
E. 但尽人事，各凭天命　F. 其他
8. 你认为人生目标的实现，最重要的是？
A. 自身的努力奋斗　B. 良好的社会环境
C. 有家庭的支持　D. 身边朋友的协助与扶持
9. 请问你觉得自己是哪一类大学生？
A. 有理想有抱负，积极为自己的目标努力
B. 知道未来形势严峻，很迷茫，不知该如何努力
C. 无所追求，随遇而安，过一天算一天
D. 对自己前途担心，不知道什么才是真正有意义的
10. 你曾经悲观地认为你没有能力为社会做贡献吗？
A. 有很多次　B. 有几次　C. 没有
11. 你认为精神生活和物质生活哪个更重要？
A. 当然物质生活重要，没有物质哪来精神
B. 精神生活重要，没有精神生活，生命没有意义
C. 都比较重要，不好区分
12. 你觉得以下哪一类型的人，对社会的贡献最大？
A. 谈笑风生，交际能人　B. 博识多通，文艺才人
C. 潜心研究，科技巨人　D. 叱咤风云，政界要人
E. 其他
13. 你所希望从事的职业是？
A. 和兴趣有关　B. 和祖国发展有关
C. 和收入有关　D. 和家庭影响有关
E. 其他
14. 你是否关注社会上的时事热点问题？
A. 很关注，每天都看新闻　B. 偶尔会关注一下
C. 很少关注
15. 如果给你选择，你最想拥有的是？

A. 美貌　　B. 健康　　C. 财富　　D. 智慧

16. 你有明确的人生目标吗？

A. 有，非常明确　　B. 有大致的方向，但不明确

C. 有，但经常替换　　D. 没有，很少考虑

17. 你是怎么丰富自己的精神生活的？

A. 看各种励志书籍　　B. 听音乐

C. 到网上浏览关于心灵方面的内容　　D. 其他

18. 下面三种交友情况你更倾向于哪一种？

A. 朋友越多越好，多个朋友多条路

B. 朋友数量不在多，有几个知心朋友就好

C. 无所谓朋友多少，我一个人也过得挺好

19. 你在交朋友时有什么要求？（多选）

A. 和自己志趣相投的　　B. 家里有背景的，有钱有势的

C. 学习成绩好的　　D. 各方面能力强的

E. 自己觉得有亲切感的，投缘的　　F. 条件和自己差不多的

20. 你平时是如何消费的，有没有对于消费的计划？

A. 不太做计划，只要是合理的需要就可以买，钱不够再另外想办法

B. 量入为出，按计划使用

C. 控制在一定范围内，但是具体消费不在意

21. 你觉得自己现在最需要加强的是？（多选）

A. 专业知识、技能　　B. 具体实战能力

C. 社交能力　　D. 环境适应能力

E. 应急处理能力　　F. 其他

22. 你认为成功的人生就算实现人生理想了吗？

A. 就算不成功，努力了就好

B. 达到自己满意的程度就是成功

C. 不是，成功和理想的领域不同，不能相提并论

D. 理想无论是否成功，理想就是理想

23. 当有外界利益驱动时，你会坚持自己的原则，言行一致吗？

A. 会　　B. 不会　　C. 看情况

24. 你认为生活中的哪些因素对你的人生影响最大？

A. 书本、网络等知识媒介　　B. 个人阅历

C. 社会现实　　D. 家人、朋友、同学的表现及想法

25. 你觉得填写完问卷对你的影响大吗？

A. 非常大　　B. 比较大　　C. 一般　　D. 可有可无

26. 你学习和将来工作的目的是？

A. 养家糊口　　B. 实现理想　　C. 实现人生价值　　D. 随波逐流

资料二

调查报告模板

标题:关于××××的调查报告(宋体3号加粗)

——小标题(宋体小4号加粗)

班级:　　　　　　　　　　　　组长:姓名(学号)　(宋体小4号)

组员:姓名(学号)(标明每位同学负责的项目)　　　(宋体小4号)

【摘要】:(黑体4号)

内容:宋体5号

【关键词】:(黑体4号)

内容:宋体5号

【调查目的和意义】(黑体4号)

内容:宋体5号

【调查过程】(黑体4号)

内容:宋体5号

【基本情况与分析】(黑体4号)

内容:宋体5号

1.

2.

3.

…………

【调查结论】(黑体4号)

内容:宋体5号

【评价建议或对策】(黑体4号)

内容:宋体5号

资料三

调查报告简示(封面、目录略)

关于×××的调查报告

——基于建筑工程系××××级学生

班级:××班　　　　　　　　　组长:×××(学号)

组员:×××(学号)、×××(学号)、×××(学号)、×××(学号)、×××(学号)

【摘要】

【关键词】

【调查目的和意义】

【调查过程】

调查前期：前期工作准备

(1) 了解考察的基本范围(确定调查的大体内容与方向)。

(2) 信息准备(网上搜索参考资料)。

(3) 设计调查问卷(见附录)。

(4) 确定调查方式(问卷调查法、走访调查法、文献查阅法等)。

调查中期：收集信息，进行实地的调查与研究，运用多种调查方式

(1) 问卷调查法(派发问卷，完成相关问卷，记录内容)。

(2) 走访调查法(交流信息，走访人群)。

调查后期：整理信息和资料

(1) 统计与分析调查的有效数据。

(2) 利用收集的数据进行结论分析，撰写调查报告的内容。

(3) 把收集的录像、图片与调查报告归档，并打印文字手稿保存。

【基本情况与分析】

背景知识

面临的问题

×××问题(调查问卷题目 1—3 及统计结果附表、附图如下)

×××问题(调查问卷题目 4、8、10 及统计结果附表、附图如下)

×××问题(调查问卷题目 5—7、9 及统计结果附表、附图如下)

【调查结论】

【评价建议或对策】

【我们的心得体会】

附录：关于×××的调查问卷

实践教学项目推荐

1. 案例讨论——刘伟：用灵魂演奏生命音符
2. 观看视频——《××××年度感动中国人物颁奖盛典》
3. 主题活动——“我是一名志愿者”
4. 课堂辩论——追求人生幸福，应努力创造人生高度还是转换人生角度
5. 影视赏析——经典励志电影(《肖申克的救赎》《天堂电影院》等)
6. 微电影制作——以“大学生幸福观”为主题
7. 模拟实践——特殊拍卖会(模拟竞拍“人生价值”)

附：

思想政治理论课实践教学成绩评定表

__________学年第____学期

__________院(系)__________专业________级______班

<table>
<tr><td>实践时间</td><td colspan="4">年　　月　　日—　　年　　月　　日</td></tr>
<tr><td>实践主题</td><td colspan="4"></td></tr>
<tr><td>实践形式</td><td colspan="4"></td></tr>
<tr><td>实践地点</td><td colspan="4"></td></tr>
<tr><td>实践成果</td><td colspan="4"></td></tr>
<tr><td rowspan="6">小
组
成
员</td><td>姓名</td><td>学号</td><td>姓名</td><td>学号</td></tr>
<tr><td></td><td></td><td></td><td></td></tr>
<tr><td></td><td></td><td></td><td></td></tr>
<tr><td></td><td></td><td></td><td></td></tr>
<tr><td></td><td></td><td></td><td></td></tr>
<tr><td></td><td></td><td></td><td></td></tr>
<tr><td colspan="5">小组分工合作情况：

（备注：以个人形式参加实践教学活动的无须填写本栏）</td></tr>
<tr><td colspan="5">实践活动记录：
活动记录包括小组活动的内容、时间、地点以及撰写实践报告或论文的情况。

备注：此表不够可加页。</td></tr>
</table>

续 表

<table>
<tr><td colspan="2">实践活动总结：
　　实践活动总结的形式以任课教师要求为准。

　　备注：此表不够可加页。</td></tr>
<tr><td>指导教师意见</td><td>　　指导教师(签字)：
　　　　　　　年　　月　　日
　　备注：指导老师对该生的实践表现进行评价，以“优、良、中、合格、不合格”五个等级予以评定，并签名。</td></tr>
</table>

第二章　坚定理想信念

习语

新时代中国青年要树立远大理想。青年的理想信念关乎国家未来。青年理想远大、信念坚定，是一个国家、一个民族无坚不摧的前进动力。青年志存高远，就能激发奋进潜力，青春岁月就不会像无舵之舟漂泊不定。正所谓"立志而圣则圣矣，立志而贤则贤矣"。青年的人生目标会有不同，职业选择也有差异，但只有把自己的小我融入祖国的大我、人民的大我之中，与时代同步伐、与人民共命运，才能更好实现人生价值、升华人生境界。离开了祖国需要、人民利益，任何孤芳自赏都会陷入越走越窄的狭小天地。

新时代中国青年要树立对马克思主义的信仰、对中国特色社会主义的信念、对中华民族伟大复兴中国梦的信心，到人民群众中去，到新时代新天地中去，让理想信念在创业奋斗中升华，让青春在创新创造中闪光！

——习近平在纪念五四运动100周年大会上的讲话

2019年4月30日

实践教学导入

习近平谈理想信念

为什么要坚定理想信念，习近平这样回答

胜利之"钥"

95年来，共产主义远大理想激励了一代又一代共产党人英勇奋斗，成千上万的烈士为了这个理想献出了宝贵生命。"砍头不要紧，只要主义真"，"敌人只能砍下我们的头颅，决不能动摇我们的信仰"，这些视死如归、大义凛然的誓言生动表达了共产党人对远大理想的坚贞。理想之光不灭，信念之光不灭。

——2016年7月1日，习近平在庆祝中国共产党成立95周年大会上的讲话

长征胜利启示我们：心中有信仰，脚下有力量；没有牢不可破的理想信念，没有崇高理想信念的有力支撑，要取得长征胜利是不可想象的。

——2016年10月21日，习近平在纪念红军长征胜利80周年大会上的讲话

精神之“钙”

形象地说，理想信念就是共产党人精神上的“钙”，没有理想信念，理想信念不坚定，精神上就会“缺钙”，就会得“软骨病”。

——2012年11月17日，习近平在十八届中共中央政治局第一次集体学习时的讲话

理想信念是共产党人的精神之“钙”，必须加强思想政治建设，解决好世界观、人生观、价值观这个“总开关”问题。

——2014年1月20日，习近平在党的群众路线教育实践活动第一批总结暨第二批部署会议上强调

对马克思主义、共产主义的信仰，对社会主义的信念，是共产党人精神上的“钙”。没有理想信念，理想信念不坚定，精神上就会得“软骨病”，就会在风雨面前东摇西摆。

——2015年6月12日，习近平在纪念陈云同志诞辰110周年座谈会上的讲话

共产党人的根本

坚定理想信念，坚守共产党人精神追求，始终是共产党人安身立命的根本。对马克思主义的信仰，对社会主义和共产主义的信念，是共产党人的政治灵魂，是共产党人经受住任何考验的精神支柱。

——2012年11月17日，习近平在十八届中共中央政治局第一次集体学习时的讲话

我们共产党人的根本，就是对马克思主义的信仰，对共产主义和社会主义的信念，对党和人民的忠诚。立根固本，就是要坚定这份信仰、坚定这份信念、坚定这份忠诚，只有在立根固本上下足了功夫，才会有强大的免疫力和抵抗力。

——2015年9月11日，习近平在中央政治局第二十六次集体学习时强调

不忘初心，方得始终。对马克思主义的信仰，对社会主义和共产主义的信念，是共产党人的政治灵魂，是共产党人经受住各种考验的精神支柱。只有理想信念坚定的人，才能始终不渝、百折不挠，不论风吹雨打，不怕千难万险，坚定不移为实现既定目标而奋斗。

——2016年11月29日，习近平在纪念朱德同志诞辰130周年座谈会上的讲话

思想的“总开关”

对党员、干部来说，思想上的滑坡是最严重的病变，“总开关”没拧紧，不能正确处理公私关系，缺乏正确的是非观、义利观、权力观、事业观，各种出轨越界、跑冒滴漏就在所难免了。

——2014年10月8日，习近平在党的群众路线教育实践活动总结大会上的讲话

只有理想信念坚定，心中有党、对党忠诚才能有牢固思想基础。理想信念动摇了，那是不可能心中有党的。大家要把学习掌握马克思主义理论作为看家本领，深入学习马克思列宁主义、毛泽东思想，深入学习邓小平理论、“三个代表”重要思想、科学发展观，深入学习十八大以来党的理论创新成果，不断领悟，不断参透，做到学有所得、思有所悟，注重解决好世界观、人生观、价值观这个“总开关”问题，真正做到对马克思主义虔

诚而执着、至信而深厚。

——2015 年 1 月 12 日，习近平同中央党校县委书记研修班学员座谈时强调

“志不立，天下无可成之事。”理想信念动摇是最危险的动摇，理想信念滑坡是最危险的滑坡。一个政党的衰落，往往从理想信念的丧失或缺失开始。我们党是否坚强有力，既要看全党在理想信念上是否坚定不移，更要看每一位党员在理想信念上是否坚定不移。

——2016 年 7 月 1 日，习近平在庆祝中国共产党成立 95 周年大会上的讲话

如何坚定理想信念，习近平这样指导

向榜样学习

兰辉同志始终把党和人民的事业放在心中最高位置，是用生命践行党的群众路线的好干部，是新时期共产党人的楷模。广大党员干部要学习他信念坚定、对党忠诚的政治品质，心系群众、为民尽责的公仆情怀，忘我工作、务实进取的敬业精神，克己奉公、敢于担当的崇高品格，牢固树立宗旨意识，自觉做到为民务实清廉，更好发挥表率作用，不断做出经得起实践、人民、历史检验的实绩。

——2013 年 9 月 23 日，习近平作出重要批示，号召广大党员干部向践行党的群众路线的好干部兰辉同志学习

广大党员干部特别是政法干部要以邹碧华同志为榜样，在全面深化改革、全面依法治国的征程中，坚定理想信念，坚守法治精神，忠诚敬业、锐意进取、勇于创新、乐于奉献，努力作出无愧于时代、无愧于人民、无愧于历史的业绩。

——2015 年 3 月 2 日，习近平对邹碧华同志先进事迹作出重要批示

我们纪念陈云同志，就要学习他坚守信仰的精神。无论处于顺境还是逆境，陈云同志始终坚守对马克思主义、共产主义的信仰不动摇。

——2015 年 6 月 12 日，习近平在纪念陈云同志诞辰 110 周年座谈会上的讲话

希望大家对党绝对忠诚，始终同党中央在思想上政治上行动上保持高度一致，坚定理想信念，坚守共产党人的精神家园，自觉践行社会主义核心价值观，自觉执行党的纪律和规矩，真正做到头脑始终清醒、立场始终坚定。

——2015 年 6 月 30 日，习近平在会见全国优秀县委书记时强调

我们纪念胡耀邦同志，就是要学习他坚守信仰、献身理想的高尚品格。胡耀邦同志从青少年时期起就立志高远，要做新制度的建设者。自从树立共产主义远大理想之后，不论是严酷的战争环境，还是和平建设年代、改革开放时期，他都坚持理想信念，坚韧不拔奋斗、探索、前进。

——2015 年 11 月 20 日，习近平在纪念胡耀邦同志诞辰 100 周年座谈会上的讲话

我们纪念朱德同志，就是要学习他追求真理、不忘初心的坚定信念。朱德同志经历过旧民主主义革命的失败，从切身体验中认识到，旧的道路走不通了，只有马克思主义才是解决中国问题的真理。在确立马克思主义信仰、树立为共产主义事业奋斗的崇高理想后，无论面对什么样的艰难险阻和重大挫折，他始终没有动摇。

——2016 年 11 月 29 日，习近平在纪念朱德同志诞辰 130 周年座谈会上的讲话

我们纪念万里同志，就是要学习他坚定理想、坚守信仰的崇高精神。万里同志从青年时代就志存高远，关心国家和民族前途命运，一心寻求救国救民的真理。经过深入思考和探索，他确立了对马克思主义的信仰，树立起共产主义远大理想，加入了中国共产党。在他革命和战斗的一生中，万里同志坚守马克思主义信仰、坚持共产主义理想信念，对中国特色社会主义充满信心。

——2016 年 12 月 5 日，习近平在纪念万里同志诞辰 100 周年座谈会上的讲话

坚持学而信、学而思、学而行

坚定的理想信念，必须建立在对马克思主义的深刻理解之上，建立在对历史规律的深刻把握之上。全党要深入学习马克思列宁主义、毛泽东思想、邓小平理论、“三个代表”重要思想、科学发展观，深入学习党的十八大以来党中央治国理政新理念新思想新战略，不断提高马克思主义思想觉悟和理论水平，保持对远大理想和奋斗目标的清醒认知和执着追求。

——2016 年 7 月 1 日，习近平在庆祝中国共产党成立 95 周年大会上的讲话

要坚持学而信、学而思、学而行，把学习成果转化为不可撼动的理想信念，转化为正确的世界观、人生观、价值观，用理想之光照亮奋斗之路，用信仰之力开创美好未来。

——2016 年 10 月 21 日，习近平在纪念红军长征胜利 80 周年大会上的讲话

党组织要发挥引导作用

要固本培元，把加强思想政治建设摆在首位，引导党员特别是领导干部筑牢信仰之基、补足精神之钙、把稳思想之舵，坚定中国特色社会主义道路自信、理论自信、制度自信、文化自信，增强党的意识、党员意识、宗旨意识，坚守真理、坚守正道、坚守原则、坚守规矩，做到以信念、人格、实干立身。

——2016 年 6 月 28 日，习近平在中央政治局第三十三次集体学习时强调

理想信念教育要面向全社会开展，习近平这样要求

我国工人阶级要牢固树立中国特色社会主义理想信念，坚定永远跟党走的信念，坚决拥护社会主义制度，坚决拥护改革开放，始终做坚持中国道路的柱石；要自觉践行社会主义核心价值观，发扬我国工人阶级的伟大品格，用先进思想、模范行动影响和带动全社会，不断为中国精神注入新能量，始终做弘扬中国精神的楷模；要坚持以振兴中华为己任，充分发挥伟大创造力量，发扬工人阶级识大体、顾大局的光荣传统，自觉维护安定团结的政治局面，始终做凝聚中国力量的中坚。

——2013 年 4 月 28 日，习近平同全国劳动模范代表座谈并发表重要讲话

广大青年一定要坚定理想信念。“功崇惟志，业广惟勤。”理想指引人生方向，信念决定事业成败。没有理想信念，就会导致精神上“缺钙”。中国梦是全国各族人民的共同理想，也是青年一代应该牢固树立的远大理想。中国特色社会主义是我们党带领人民历经千辛万苦找到的实现中国梦的正确道路，也是广大青年应该牢固确立的人生信念。

——2013 年 5 月 4 日，习近平同各界优秀青年代表座谈时强调

要深入开展中国特色社会主义宣传教育，把全国各族人民团结和凝聚在中国特色

社会主义伟大旗帜之下。要加强社会主义核心价值体系建设，积极培育和践行社会主义核心价值观，全面提高公民道德素质，培育知荣辱、讲正气、作奉献、促和谐的良好风尚。

——2013年8月19日，习近平在全国宣传思想工作会议上强调

延安是革命圣地，你们奔赴延安，追寻革命前辈伟大而艰辛的历史足迹，学习延安精神，坚定理想信念，锤炼意志品质，把激昂的青春梦融入伟大的中国梦，体现了当代中国青年奋发有为的精神风貌。

——2017年8月15日，习近平回信勉励第三届中国"互联网＋"大学生创新创业大赛"青年红色筑梦之旅"的大学生

（资料来源："共产党员"微信公众号）

理论教学内容

1. 理论知识思维导图

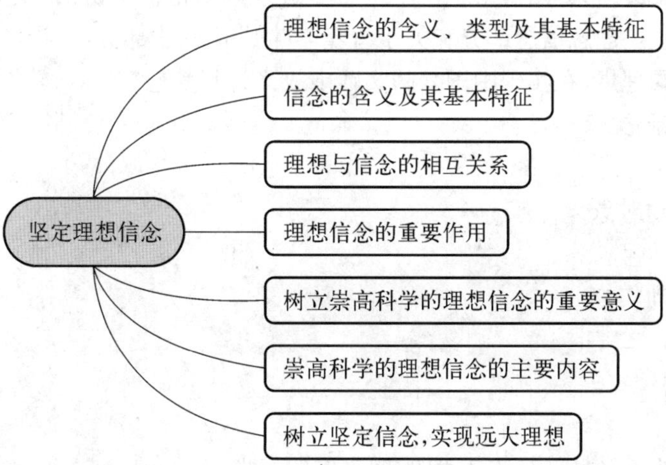

2. 理论教学重难点

（1）帮助新时代大学生深入认识和理解理想、信念的科学内涵，学会辨析不同性质和层次的理想信念，正确认识理想与信念的辩证关系。

（2）深刻认识坚定崇高科学的理想信念的重要性，准确把握马克思主义信仰、中国特色社会主义共同理想、共产主义远大理想的科学内涵和基本特点。

（3）正确认识和处理践行理想信念过程中的重大关系。

实践教学模块

1. 实践教学目标

教育引导新时代大学生深刻领悟理想信念之于大学生成长成才的重要意义，树立

崇高科学的理想信念，把个人理想和社会理想结合起来，立为国奉献之志，立为民服务之志，自觉把个人的理想追求融入为实现中华民族伟大复兴中国梦的奋斗中。

2. 实践教学项目

项目一　经典诵读——今天我是朗读者

项目二　实地参观——传承红色基因，坚定理想信念

项目三　影视鉴赏——励志电影鉴赏

项目四　微视频录制——“无奋斗不青春”主题微视频录制

实践教学项目一

1. 实践活动主题

经典诵读——今天我是朗读者

2. 实践活动目的

组织学生读马克思主义经典著作，引导学生理解马克思主义，确立马克思主义的科学信仰和共产主义远大理想；组织学生学习习近平总书记重要讲话、重要文章等，重点研读习近平论坚定理想信念部分和关于青年学生成长成才部分，引导学生树立中国特色社会主义共同理想，在实现中国梦的实践中放飞青春梦想。

3. 实践活动形式

校内实践

4. 实践活动对象

全体大一学生

5. 实践活动实施

时间：一周

地点：校内

流程：

(1) 任课教师宣布实践活动主题，明确实践要求。

(2) 班长负责将学生进行分组，每组 3—5 人。

(3) 各小组搜集整理朗读相关材料，认真研读文稿，写一篇心得体会，不少于 500 字。

(4) 各小组推选一名成员进行朗读录制，时间控制在 10 分钟内。

(5) 组长填写“今天我是朗读者”分组情况统计表(附后)，将朗读音频、朗读文本和小组心得体会通过邮箱发送给教师，邮件命名为××级××院(系)××专业××班第××小组。

(6) 教师评选出优秀朗读作品，推送至思政教学部微信公众号。

(7) 教师将优秀作品微信链接发送至班级微信群。

(8) 任课教师对本次实践活动进行总结。

附：“今天我是朗读者”分组情况统计表

"今天我是朗读者"分组情况统计表

__________学年第____学期

__________院(系)__________专业________级______班

<table>
<tr><td>实践时间</td><td colspan="2">年　月　日—　年　月　日</td></tr>
<tr><td>朗读文本题目</td><td colspan="2"></td></tr>
<tr><td>音频时长</td><td colspan="2"></td></tr>
<tr><td rowspan="6">小组成员</td><td>姓名</td><td>学号</td></tr>
<tr><td></td><td></td></tr>
<tr><td></td><td></td></tr>
<tr><td></td><td></td></tr>
<tr><td></td><td></td></tr>
<tr><td></td><td></td></tr>
<tr><td colspan="3">小组分工合作情况：</td></tr>
<tr><td colspan="3">指导教师意见：

指导教师(签字)：
年　月　日</td></tr>
</table>

6. **实践活动成果**

朗读音频、朗读文本、小组心得体会。

参考资料

资料一

朗读技巧与方法

什么是朗读。朗读，是把诉诸视觉的文字语言转化为诉诸听觉的有声语言的再创造活动，是一门自成体系的语言艺术。只要是能写成文字的，就是能读的。因此朗读具有广泛的活动领域和很高的实用价值，对于学习普通话，学习演讲和其他口语表达形式，也都有很重要的规范和借鉴意义。

朗读不是一般的照文念字，而是要表情达意。

朗读的准备。朗读必须在有准备的情况下进行。朗读的准备包括分析和理解作品，具体感受作品，了解对象，扫清文字障碍，对文章部分片段注上技巧符号，进行朗读提示。其中分析理解作品、感受作品尤为重要。朗读的准备主要有：

(1) 掌握作品的主题。主题就是作品的中心思想。归纳中心思想，有利于把握作品的精神实质。主题应归纳得明确、具体、有感染力。

(2) 了解作品的背景。包括作品内容的历史背景、作品完成的写作背景和朗读所处的朗读背景，尤以朗读背景为分析和理解的重点。分析时，要紧密联系作品，注意针对性，抓主流，抓本质。

(3) 分析作品结构层次。层次是作品的结构和布局。自然段是作品结构的基本单位。要从朗读出发对自然段做进一步的整理。整理的方法有归并和划分两种。归并是把内在联系比较紧密的段落合为一个层次，或把内在联系比较紧密的层次合为一个部分。划分是把一个自然段里的内容分成几个小层次。层次的整理有利于对作品发展脉络的把握。归并利于把握整体，划分利于体味局部。

(4) 掌握作品的重点。作品中最集中、最典型地表现主题的地方，最得力、最生动地体现目的的地方，最深入、最浓厚地抒发感情的地方，最直接、最恰当地感染听众的地方，都属于重点。

(5) 明确朗读的目的。朗读的目的指朗读一篇作品时在德、智、美三方面所要实现的社会意义和作用。明确、正确、富有感染力的目的，是贯串朗读全过程的一根红线，不可飘忽、失落。

(6) 确定朗读作品的基调。基调是作品总的感情色彩和分量。基调是分析理解的结果，是思想感情与具体作品内容相融汇的结晶。基调是总体稳定和局部变化的统一。基调往往是复合的，如岳飞的《满江红》，是凝重的，也是豪放的。基调也应该是理解与表达的统一。

(7) 具体感受作品。为了使朗读更富有感情，应该通过想象，具体感受作品。朗读感受是把思维引向情感的桥梁。通过它，我们把文字词语还原成了客观事物，把作者的笔下物变成了我们的心中物。

朗读技巧。朗读的基本技巧包括停连、重音、语气、节奏。

(1) 停连。停连是指朗读语流中声音的中断和延续，是停顿和连接的合称。停连是一个过程。这个过程依次是句读——顿歇——停顿——停连。从朗读者和听众来看，停连是传达或接受作品时生理和心理的双重需要，其中心理需要起主导作用。

(2) 重音。朗读时句子中需要强调突出的重要的词或短语，甚至某个音节，叫重音。重音之重为“重要”之重，非“加重”之重。朗读的“重音”是语句重音，而非词重音

(或轻重格式里的重)。词重音等是固定的,语句重音是不固定的。重音与朗读目的有密切的、直接的关系。

(3) 语气。在朗读中,语气贯穿于一句话的始终,在一句话里起作用,有语句的特殊性和具体性;同时,它还既有内在的思想感情,又有外在的声音气息的高低、强弱、快慢、虚实。这三方面构成了语气的基本内容,语气就是在朗读一句话时表现出一定思想感情的色彩和分量的语句的声音气息形式。

(4) 节奏。节奏是由一定的思想感情的波澜起伏所造成的、朗读全篇作品的过程中所显示的抑扬顿挫、轻重缓急的声音形式的回环往复。全篇作品是节奏的活动范围,思想感情的运动状态是节奏的动因,回环往复是节奏的本质。

(资料来源:豆丁网)

资料二

青年在选择职业时的考虑

马克思

自然本身给动物规定了它应该遵循的活动范围,动物也就安分地在这个范围内运动,不试图越出这个范围,甚至不考虑有其他什么范围存在。神也给人指定了共同的目标——使人类和他自己趋于高尚,但是,神要人自己去寻找可以达到这个目标的手段;神让人在社会上选择一个最适合于他、最能使他和社会得到提高的地位。

能这样选择是人比其他生物远为优越的地方,但是这同时也是可能毁灭人的一生、破坏他的一切计划并使他陷于不幸的行为。因此,认真地考虑这种选择——这无疑是开始走上生活道路而又不愿拿自己最重要的事业去碰运气的青年的首要责任。

每个人眼前都有一个目标,这个目标至少他本人看来是伟大的,而且如果最深刻的信念,即内心深处的声音,认为这个目标是伟大的,那他实际上也是伟大的,因为神决不会使世人完全没有引导;神总是轻声而坚定地作启示。

但是,这声音很容易被淹没;我们认为是灵感的东西可能须臾而生,同样可能须臾而逝。也许,我们的幻想油然而生,我们的感情激动起来,我们的眼前浮想联翩,我们狂热地追求我们以为是神本身给我们指出的目标;但是,我们梦寐以求的东西很快就使我们厌恶——于是我们的整个存在也就毁灭了。

因此,我们应当认真考虑:所选择的职业是不是真正使我们受到鼓舞?我们的内心是不是同意?我们受到的鼓舞是不是一种迷误?我们认为是神的召唤的东西是不是一种自欺?但是,不找出鼓舞的来源本身,我们怎么能认清这些呢?

伟大的东西是光辉的,光辉则引起虚荣心,而虚荣心容易给人鼓舞或者一种我们觉得是鼓舞的东西;但是,被名利弄得鬼迷心窍的人,理智已经无法支配他,于是他一头栽进那不可抗拒的欲念驱使他去的地方;他已经不再自己选择他在社会上的地位,而听任偶然机会和幻想去决定它。

我们的使命绝不是求得一个最足以炫耀的职业,因为它不是那种使我们长期从事而始终不会感到厌倦、始终不会松动、始终不会情绪低落的职业,相反,我们很快就会觉得，我们的愿望没有得到满足，我们理想没有实现，我们就将怨天尤人。

但是，不只是虚荣心能够引起对这种或那种职业突然的热情。也许，我们自己也会用幻想把这种职业美化，把它美化成人生所能提供的至高无上的东西。我们没有仔细分析它，没有衡量它的全部分量，即它让我们承担的重大责任；我们只是从远处观察它，而从远处观察是靠不住的。

在这里，我们自己的理智不能给我们充当顾问，因为它既不是依靠经验，也不是依靠深入的观察，而是被感情欺骗，受幻想蒙蔽。然而，我们的目光应该投向哪里呢？在我们丧失理智的地方，谁来支持我们呢？

是我们的父母，他们走过了漫长的生活道路，饱尝了人世的辛酸。——我们的心这样提醒我们。

如果我们通过冷静的研究，认清所选择的职业的全部分量，了解它的困难以后，我们仍然对它充满热情，我们仍然爱它。觉得自己适合它，那时我们就应该选择它，那时我们既不会受热情的欺骗，也不会仓促从事。

但是，我们并不总是能够选择我们自认为适合的职业；我们在社会上的关系，还在我们有能力对它们起决定性影响以前就已经在某种程度上开始确立了。

我们的体质常常威胁我们，可是任何人也不敢藐视它的权利。

诚然，我们能够超越体质的限制，但这么一来，我们也就垮得更快；在这种情况下，我们就是冒险把大厦筑在松软的废墟上，我们的一生也就变成一场精神原则和肉体原则之间的不幸的斗争。但是，一个不能克服自身相互斗争的因素的人，又怎能抗拒生活的猛烈冲击，怎能安静地从事活动呢？然而只有从安静中才能产生出伟大壮丽的事业，安静是唯一生长出成熟果实的土壤。

尽管我们由于体质不适合我们的职业，不能持久地工作，而且工作起来也很少乐趣，但是，为了恪尽职守而牺牲自己幸福的思想激励着我们不顾体弱去努力工作。如果我们选择了能力不能胜任的职业，那么我们决不能把它做好，我们很快就会自愧无能，并对自己说，我们是无用的人，是不能完成自己使命的社会成员。由此产生的必然结果就是妄自菲薄。还有比这更痛苦的感情吗？还有比这更难于靠外界的赐予来补偿的感情吗？妄自菲薄是一条毒蛇，它永远啮噬着我们的心灵，吮吸着其中滋润生命的血液，注入厌世和绝望的毒液。

如果我们错误地估计了自己的能力，以为能够胜任经过周密考虑而选定的职业，那么这种错误将使我们受到惩罚。即使不受到外界指责，我们也会感到比外界指责更为可怕的痛苦。

如果我们把这一切都考虑过了，如果我们生活的条件容许我们选择任何一种职业；那么我们就可以选择一种使我们最有尊严的职业；选择一种建立在我们深信其正确的思想上的职业；选择一种能给我们提供广阔场所来为人类进行活动、接近共同目标（对于这个目标来说，一切职业只不过是手段）即完美境地的职业。

尊严就是最能使人高尚起来、使他的活动和他的一切努力具有崇高品质的东西，就是使他无可非议、受到众人钦佩并高出于众人之上的东西。

但是，能给人以尊严的只有这样的职业，在从事这种职业时我们不是作为奴隶般的工具，而是在自己的领域内独立地进行创造；这种职业不需要有不体面的行动(哪怕只是表面上不体面的行动)，甚至最优秀的人物也会怀着崇高的自豪感去从事它。最合乎这些要求的职业，并不一定是最高的职业，但总是最可取的职业。

但是，正如有失尊严的职业会贬低我们一样，那种建立在我们后来认为是错误的思想上的职业也一定使我们感到压抑。

这里，我们除了自我欺骗，别无解救办法，而以自我欺骗来解救又是多么糟糕！

那些主要不是干预生活本身，而是从事抽象真理的研究的职业，对于还没有坚定的原则和牢固、不可动摇的信念的青年是最危险的。同时，如果这些职业在我们心里深深地扎下了根，如果我们能够为它们的支配思想牺牲生命、竭尽全力，这些职业看来似乎还是最高尚的。

这些职业能够使才能适合的人幸福，但也必定使那些不经考虑、凭一时冲动就仓促从事的人毁灭。

相反，重视作为我们职业的基础的思想，会使我们在社会上占有较高的地位，提高我们本身的尊严，使我们的行为不可动摇。

一个选择了自己所珍视的职业的人，一想到他可能不称职时就会战战兢兢——这种人单是因为他在社会上所居地位是高尚的，他也就会使自己的行为保持高尚。

在选择职业时，我们应该遵循的主要指针是人类的幸福和我们自身的完美。不应认为，这两种利益是敌对的，互相冲突的，一种利益必须消灭另一种的；人类的天性本来就是这样的：人们只有为同时代人的完美、为他们的幸福而工作，才能使自己也达到完美。

如果一个人只为自己劳动，他也许能够成为著名的学者、大哲人、卓越诗人，然而他永远不能成为完美无疵的伟大人物。

历史承认那些为共同目标劳动因而自己变得高尚的人是伟大人物；经验赞美那些为大多数人带来幸福的人是最幸福的人；宗教本身也教诲我们，人人敬仰的理想人物，就曾为人类牺牲了自己——有谁敢否定这类教诲呢？

如果我们选择了最能为人类福利而劳动的职业，那么，重担就不能把我们压倒，因为这是为大家而献身；那时我们所感到的就不是可怜的、有限的、自私的乐趣，我们的幸福将属于千百万人，我们的事业将默默地，但是永恒发挥作用地存在下去，面对我们的骨灰，高尚的人们将洒下热泪。

(资料来源：杨兆山、姚俊《马克思主义经典作家教育文论选讲》，辽宁人民出版社1999年版)

实践教学项目二

1. 实践活动主题

实地参观——传承红色基因，坚定理想信念

2. 实践活动目的

组织学生代表走进红色教育基地，缅怀革命先辈，追寻革命足迹，传承红色基因，切身感受峥嵘革命岁月和老一辈革命家坚定的理想信念。

3. 实践活动形式

社会实践

4. 实践活动对象

大一学生代表

5. 实践活动实施

时间：一周

地点：红色教育基地

流程：

(1) 任课教师宣布实践活动主题，明确实践要求。

(2) 学生通过网络搜集整理红色教育基地相关资料。

(3) 班长汇总参加人员名单(每班 5 人)，确定小组成员名单及基本信息，组建小组微信群。

(4) 思政教学部安排活动时间、活动路线、活动内容，制定活动要求。任课教师转发到小组群。

(5) 按计划进行实地参观。任课教师可根据具体情况进行指导。

(6) 活动结束后，小组撰写一篇实地参观报告。

(7) 组织学生开展分享交流会，选派代表在课上进行发言。

(8) 任课教师对本次实践活动进行总结。

6. 实践活动成果

参观过程中的照片、实地参观报告、发言材料。

参考资料

资料一

实地参观报告模板

标题：××××参观报告(宋体 3 号加粗)

——小标题(宋体小 4 号加粗)

班级：　　　　　　组长：姓名(学号)　　　　　(宋体小 4 号)

组员：姓名(学号)(标明每位同学负责的项目)　　　　　(宋体小 4 号)

【第一部分：基本信息及简要介绍】(黑体 4 号)

内容：宋体 5 号，200 字以内

简要说明实地参观目的，即简要说明实地参观原因、时间、地点、人物等。

【第二部分：图片】(黑体 4 号)

5—10 张，每张图片下附一行文字说明(宋体 5 号)

【第三部分：分析与感想】(黑体 4 号)

详细阐述实地参观过程及感受

内容：宋体 5 号

1.

2.

3.

4.

…………

【第四部分：结语】(黑体 4 号)

内容：宋体 5 号

概括全文，综合说明实地参观感受，深化主题。

【第五部分：引用来源及参考文献】(黑体 4 号)

内容：宋体 5 号

几种常见参考文献格式：

1. 专著

[序号]主要责任者.文献题名[文献类型标识].出版地：出版者，出版年.

2. 期刊文章

[序号]主要责任者.文献题名[J].刊名，年，卷(期).

3. 报纸文章

[序号]主要责任者.文献题名[N].报纸名，出版日期(版次).

4. 电子文献

[序号]主要责任者.电子文献题名[电子文献及载体类型标识].电子文献的出处或可获得地址，引用日期(任选).

【第六部分：附件】(黑体 4 号)

内容：宋体 5 号

对正文报告进行进一步的补充或更详细的说明，包括数据汇总表、原始材料和背景材料等。

资料二

探访冀鲁豫边区革命根据地旧址

踏上清丰县双庙乡单拐村的幽幽小径，革命岁月的风雷便在人们的心头回响。这里蕴藏“古香”——绿树掩映间的青砖黑瓦，保留着清末古村落建筑风貌；这里更闪耀“红色”——抗日战争后期，中共中央北方局、冀鲁豫分局、冀鲁豫军区司令部等驻扎在民居中，邓小平、黄敬、宋任穷等老一辈无产阶级革命家在此指挥作战；冀鲁豫军区第一兵工厂在此崛起，造出了我军兵工史上第一门大炮……

“单拐因此被誉为‘中原红都’。如今，这处革命旧址已成为全国爱国主义教育示范基地，每年都有大批群众专程赶来，瞻仰学习。”11 月 22 日，冀鲁豫边区革命根据地旧址纪念馆馆长姚孝民说。

单拐是如何与“红色”结缘的？

姚孝民介绍，1944 年 8 月底，清丰县全境获得解放；当时，冀鲁豫军区为进一步扩大战果，解放南乐县城、濮阳县城及豫北大部分地区，打通冀南与太行根据地的联系，决定将指挥部前移。“单拐村开明绅士陈笃之与其子、共产党员陈平主动带领族人和村民腾房、捐粮捐款支持冀鲁豫军区建设。出于对当地良好群众基础的信任，冀鲁豫分局、冀鲁豫军区司令部机关迁至单拐。”姚孝民说。

革命之火迅速燎原，随着根据地不断发展壮大——东到津浦、西邻平汉、南跨陇海、北靠德石，人口 2 000 万，单拐也成为我党领导的最大抗日根据地的政治、军事指挥中心。

70 多年后的今天，单拐多处革命旧址依然保存完好，历史痕迹尤为清晰。邓小平旧居中，地砖磨得发亮；宋任穷亲手种下的石榴树，每年仍花开火红；战士们担水浇菜用过的水桶、背过的行军米袋还是旧模样。

在邓小平旧居的胡同口，一对青石状似卧马，村民每天把它们擦得干干净净。村民说，当年，邓小平就是从这里上马，到周边村子调研；离开单拐那天，也是从这里上马，和父老乡亲们依依惜别。

单拐村还有一件“宝物”——一门精准复制的“大炮”。它被漆成绿色，带着“200 公斤重、70 毫米口径、3 500 米射程”的标签。“一匹马可以拉动，拆开后两匹马可以驮走，非常适合游击作战的特点，大炮在鲁西南战役等战斗中发挥了巨大的作用。”姚孝民介绍，这是我军兵工史上第一门大炮——“盖亮式”七十毫米步兵炮。

1945 年 9 月，为适应战争形势对武器装备、后勤供应的迫切需要，冀鲁豫军区决定在单拐成立冀鲁豫军区后勤部、军事工业部，并建立兵工一厂。“没有技术和图纸、设备和原材料，有的只是几盘洪炉、几个风箱、几把老虎钳和一些锤子、锉、钻。一位曾有过军工经验的技师盖亮挑起了大梁。”姚孝民说。

组织群众破坏敌人的铁路、火车获取钢轨、零部件，把缴获的日军九二步兵炮“开膛破肚”画设计草图，用 5 米高的三脚架吊上大锤充当锻造设备……盖亮带领战士们一一克服困难，最终于 1946 年 4 月成功研制出并试射“第一门大炮”。

如今，这门大炮陈列在中国人民革命军事博物馆里，每日与参观者进行着时空的交流。

昔日的“中原红都”，如今宁静而美丽的村庄。光阴淹没了战争烽火留下的创伤与痕迹，但老一辈无产阶级革命家和冀鲁豫边区军民不屈不挠、艰苦抗战的故事被深深铭刻，他们用血肉之躯在广袤的豫北平原上屹立起一座座丰碑，已成为单拐最鲜明的红色印记。

（资料来源：《河南日报》2019 年 11 月 25 日）

实践教学项目三

1. 实践活动主题

影视鉴赏——励志电影鉴赏

2. 实践活动目的

通过观影，帮助学生认清理想与现实的关系，体会只有脚踏实地奋斗才能实现人生理想。同时，引导学生勤学、修德、明辨、笃实，爱国、励志、求真、力行，争当“圆梦新一代”，争做报国新青年。

3. 实践活动形式

课堂实践

4. 实践活动对象

全体大一新生

5. 实践活动实施

时间：2—3 小时

地点：教室

流程：

(1) 任课教师宣布实践活动主题，明确实践要求。

(2) 班长负责将学生进行分组，每组 5—8 人。

(3) 以小组为单位，搜集励志电影或微电影相关资料，确定一部鉴赏影片。

(4) 各小组根据实际情况集体观影。

(5) 每名学生写一份电影观后感。

(6) 任课教师对本次实践活动进行总结。

6. 实践活动成果

电影观后感。

参考资料

资料一

观后感的写作格式

标题：观《××××》有感(宋体 3 号加粗)

——小标题(宋体小 4 号加粗)

班级：　　　　　　　　　　　　姓名(学号) (宋体小 4 号)

(正文：宋体 5 号)

【第一部分：开头】

简明扼要介绍所观看的影片，并用肯定的语气简单表明自己的感受。

【第二部分：感受】

谈具体感受。在观影过程中，感受如何一步步产生，感情要自然真实。在写法上，通常采用夹叙夹议的形式。叙是叙述、简述，要抓住重点，不宜太长，可将感人情节叙述出来。议是抒发感受，要讲求层次，层层递进，最后升华感情。

【第三部分：事例】

联系现实生活、现实事例谈感受。运用对比的形式，找出自己在现实中的所作所为与感人情节、感人事物的差距，并设定目标，明确努力方向。

【第四部分：结尾】

对全文内容进行收尾总结，进一步抒发感想、理想或希望。

资料二

观后感示例
观《当幸福来敲门》有感

这部电影我已经看过不止一遍，每看一次，除了被电影中主角所遭遇的不幸和经历的痛苦触痛到内心以外，更多的还是被他永不停息的脚步和永不放弃的精神所折服。它通常被人们定义为一部励志的电影，的确它带给我们的震撼正是在逆境中勇于奋斗，实现自我的价值，为了生活、为了更好的生活而拼搏！

再次重温经典，有三个词语可以概括我的感想：

第一个词语是“梦想”。人，只有有了梦想，才会有行动。梦想是一切努力的原动力。可能你没有梦想，可能你还不确定你的梦想就是你的梦想，但不管梦想在什么时候突然来临，无论什么时候你突然定义了你的梦想，我觉得都不算晚，即使在最差的情况下，只要我们还有一丝气力去追逐就不应放弃。这部电影对于梦想的定义是非常显而易见的、简单的、直白的。当克里斯为了生计而奔走在路上时，他看见从证券交易所大楼里进出的人脸上挂着幸福的微笑，遇到一个开着昂贵跑车的男人，他想知道幸福是什么，于是他问他：请问你是做什么工作的？你是如何做到的？我认为他所羡慕的也许并不是昂贵的跑车或者非常体面的工作，而是那些来来往往的人们看起来最幸福的笑脸。此后他一切的努力都是为了实现他的价值，他的梦想。

第二个词语是“奔走”。电影中最多的镜头就是克里斯一直在奔走。从家到地铁，从车站到公司，从幼儿园到临时收留所。我想这个镜头应该是符合每一个活在大都市里的推销员的生活场景的。这种镜头在我们身边就有很多很多，但是当他们与我们擦肩而过时，你有没有考虑过他们到底为了什么而奔走？电影中的男主角克里斯很好地诠释了这个词汇。他为了能够卖掉一台机器，为了每一个机会，为了赶得上那一班公交车，为了能够有一个够他和儿子休息一晚的容身之地，为了能够获得一份工作，为了能够养活他的儿子，为了能够付清一个月又一个月的房租……我想这些镜头也许是生活在社会最底层的无奈的人们进行的最艰辛的奔波，然而这些奔波是什么？就是努力，就是付出，就是获得幸福的途径。没有这些奔波幸福怎么会来光顾？当你觉得不幸福时，你问问自己你奔波过吗？你努力过吗？

最后一个词语是“幸福”。总是有些人不停地在问什么才是幸福？究竟什么样的生活才能够称得上是幸福？影片中的男主角克里斯，是一个非常落魄的人，当他独自一人眼神迷茫地站在街道上喃喃自语时，也许我们都会以为这个故事会以悲惨的结局告终。但是出人意料的是，他有着对幸福的信仰，对梦想的渴望，凭借着这种精神他挺过了人生中一次又一次的考验，最终成了一个怀揣着梦想的幸福的人。对于这部电影而言，幸福就是梦想的实现，就是事业的成就，就是有安定的地方可以居住，就是可以和儿子过上幸福的生活，付出再多都无所谓，因为我们心中憧憬幸福。

对于大三、大四的学生而言，我们所面临的是走上社会的多种选择。你可以选择继续学习，考研究生，或出国深造；你可以选择考公务员，司法考试，会计考试；你可以选择就业，接着干你所学的专业，或者去尝试新的领域，或者选择你的兴趣；你可以依靠父母、亲戚的关系，有你自己的前程。但你要知道，你的选择是什么，你内心深处要的是什么，你能干什么。不要看别人考研，你也去考研；别人去应聘，你也去投简历。不遵循内心想法的人，无论以后从事什么都不会激发你的兴趣，忙忙碌碌，平淡无奇，总有一天你会被生活打败。所以趁我们出发之前想清楚你的梦想是什么，想清楚你以后要什么样的生活，命运掌握在我们自己的手中，没有什么可以阻挡我们实现梦想的脚步。首先明确你所要的，接着不断去努力，去拼搏，把它变为现实，幸福就是这样来敲门的。

任何一个怀揣梦想仰望幸福而不停奔走的人，都有着世界上最坚定的信仰。当主人公在天台和儿子打篮球时，他对儿子说的话，也是对他自己说的：不要让别人来告诉你，你不能做什么；只要有梦想就要去追求；那些自己做不到的人总要告诉你你也做不到；你想要什么就要努力去追求。短短的四句话说出了克里斯对人生的感悟，我就是我，世界上不会有任何人会比自己更了解你自己，自己觉得值得的事情就要勇敢地去追求，即使撞得头破血流也比畏缩不前的人要勇敢，想要什么就要去争取，即使争取不到也会有很大的收获。

只要有梦想就会有希望，只要不放弃就会有收获，只要有目标就会去进步，只要有幸福感就不会有任何理由能够让你退缩。

（资料来源：豆丁网）

资料三

励志电影推荐

1. 电影《当幸福来敲门》

影片取材于真实故事，主角是美国黑人投资专家克里斯·加德纳。影片讲述了一位濒临破产、老婆离家的落魄业务员，如何刻苦耐劳地善尽单亲责任，奋发向上成为股市交易员，最后成为知名的金融投资家的励志故事。

克里斯·加德纳（威尔·史密斯饰），生活在旧金山的黑人男青年，靠做推销员养着老婆还有幼子。克里斯从没觉得日子过得很幸福，当然也没有很痛苦，就跟美国千千万普通男人一样过着平淡的生活，直到有一天，一系列突如其来的变故才让克里斯知道，原来平淡的日子有多珍贵。

首先，他丢了工作，公司裁员让他丢了饭碗，妻子因忍受不了长期的贫困生活愤而出走，连六岁大的儿子（杰登・史密斯饰）也一同带走。没过多久，妻子又把儿子还给了克里斯，从此克里斯不仅要面对失业的困境，还要独力抚养儿子克里斯。没过多久，克里斯因长期欠交房租被房东赶出家门，带着儿子流落街头。在接下来的两三年中，这对苦命父子的住所从纸皮箱搬到公共卫生间。克里斯坚强面对困境，时刻打散工赚钱，同时也努力培养孩子乐观面对困境的精神，父子俩日子虽苦，但还是能快乐生活。

一次，克里斯在停车场遇见一个开高级跑车的男人，克里斯问他做什么工作才能过上这样的生活，那男人告诉他自己是做股票经纪人的，克里斯从此就决定要做一个出色的股票经纪人，和儿子过上好日子。完全没有股票知识的克里斯靠着毅力在华尔街一家股票公司当上学徒，头脑灵活的他很快就掌握了股票市场的知识，随后开上了自己的股票经纪公司，最后成为百万富翁。

一路上克里斯经历了不少挫折，但是年幼的儿子每次都能给予他最大的鼓励，两父子相互扶持最终完成了又一个美国梦。

（资料来源：360 百科）

2. 微电影《宋玺：北大女生逐梦之旅》

宋玺，女，北京大学心理与认知科学学院 2018 级硕士生，中共党员，现任学院团委副书记、兼职辅导员、学硕党支部宣传委员、“向心学习”小组导师及军事理论课等课程助教。她于 2016 至 2017 年在海军陆战队服役并作为唯一女兵赴亚丁湾索马里海域护航。退伍返校后，她积极讲述海军励志故事、弘扬社会主义核心价值观特别是报国强军正能量。

2018 年 5 月 2 日，宋玺作为唯一学生代表在北大师生座谈会上发言，向习总书记等中央领导汇报在军营锻造、校园学习中的成长感悟，受到习总书记亲切勉励。她的优秀事迹被新华社、人民日报、中央广播电视总台、解放军报等各大新闻媒体报道，全网阅读量逾亿，获得“国系 90 后”美誉。

她在部队期间曾获优秀义务兵奖章、重大任务勋章等表彰；退伍返校后，获评首批最美退役军人、全国三八红旗手、“时代楷模・北京榜样”、北京市优秀大学生士兵、北京市征兵工作形象大使、北京大学学生年度人物・2018、北京大学共青团标兵、北京大学学生五・四奖章提名奖等。她还曾获第八届世界合唱比赛金奖、全国大学生艺术展演一等奖、北京大学艺术红楼奖等。

军营淬火，海军护航，赞青春无悔

宋玺于 2012 年 9 月考入北京大学，在学院接受了良好的学术训练，提升了思辨能力，并深受爱国进步的北大光荣传统的熏陶和影响，立志挑战自我、追寻梦想。在经历两年多缤纷校园生活的沉淀与积累之后，她鼓起勇气，坚定踏上携笔从戎的追梦之旅。

初入新兵连，宋玺便向往着成为一名两栖“霸王花”，为实现梦想，刻苦训练，积极参加新兵连各项比武、竞赛，取得优异成绩。最终于 2015 年 12 月加入中国人民解放军海军陆战队，成为一名两栖侦察兵，也是北大首位海军陆战队队员。无论是外训考核，还是集体生活，她都时刻牢记初衷，去努力、去拼搏，于 2016 年底被评为优秀士兵，获旅嘉奖。

2016 年 12 月，因表现优异，她被选拔为唯一一名女陆战队队员加入中国海军第二十五批护航编队，赴亚丁湾、索马里执行护航任务。所在护航编队完成 62 艘次中外船舶护航任务，解救被追击船舶 2 艘，发现并驱离疑似海盗活动小艇 82 艘次。2017 年 4 月 9 日，编队成功解救被海盗劫持的外籍商船，并首次抓捕海盗，宋玺和战友们用切身行动保卫祖国，维护地区和平。

除日常军事训练外，她也是编队文艺骨干。护航编队另一重要任务是穿越大洋，代表国家对外进行军事访问，展示中国海军力量，传达和平友好理念。2017 年 5 月至 7 月，她随护航编队执行顺访任务，先后访问马达加斯加、澳大利亚、新西兰、瓦努阿图。出访期间，作为舰员代表参与了舰艇开放日引导、对外文化交流、甲板招待会等活动。干练的作风、浓厚的艺术修养展现了大国海军良好形象。

讲述故事，服务同学，树青年标杆

两年风风雨雨，让宋玺深入了解了一直憧憬的军营，更是经历了不少淬炼、坎坷、挫折与惊喜。部队生活既是挑战，又是机遇，更是她青春梦想的实现。因为心中从军报国的梦想，因为军营奉公正己的严格，宋玺在部队找到了价值，度过了无悔青春。

作为中国海军陆战队退伍军人，也作为北京大学学生，退伍回校继续学业的她受到了广泛的社会关注，在成就梦想之后，她也希望成就更多人，通过参加央视多个节目讲述海军故事，对当代青年起到了较好的正面引导作用。

2017 年 9 月，宋玺退伍复学，在扎实学习的同时，她一方面扎根学生工作，担任学院团委副书记、2017 级本科生班辅导员、“向心学习”小组导师、全校本科生军理课及相关专业课助教，积极配合老师，尽职尽责、用心用情地参与服务同学的工作，陪伴学弟学妹们的成长，获得了师生肯定。另一方面，她还积极参加校内外主题教育活动，宣讲和弘扬社会主义核心价值观，充分发扬青春榜样的示范带动作用。

发挥特长，投身公益，传播正能量

学业之余，宋玺还发挥艺术特长，参加北大学生合唱团并成为骨干成员，积极参与日常训练并随团参加各项比赛，曾荣获第八届世界合唱比赛金奖、全国大学生艺术展演一等奖、北京市大学生艺术展演一等奖等奖项，作为文艺骨干随校交流团进行文化交流。她热爱生活、热爱歌唱，也热爱运动，是校园十佳歌手，也是校园运动达人。2019 年 3 月，宋玺还受邀担任第二届全国青年运动会火炬手。

2017 年 9 月以来，宋玺先后赴多省市参加事迹宣讲活动，应邀到多地大中小学分享成长故事。她还积极运用临床心理学专业所学，参与“鸿雁传心”等志愿服务项目，为社会心理服务体系建设贡献力量。

树立青年标杆的路，是一条需要踏实付出，更能够获得成长的道路。当前，有着北大精神和军队优良传统洗练出碧海丹心的宋玺，正在和同学们一道珍惜时光和机遇，拥抱伟大的新时代，牢记和践行习总书记的谆谆教诲，坚持勤学、修德、明辨、笃实，爱国、励志、求真、力行，争当"圆梦新一代"，争做报国新青年。相信她和新一代北大学子一定能在向心向阳、向上向善的奋进之路上走得更高、更远。

（资料来源：人民网）

3. 电影《我和我的祖国》

影片讲述了新中国成立70年间普通百姓与共和国息息相关的故事。为保障开国大典国旗顺利升起，林治远争分夺秒排除万难，用一个惊心动魄的未眠之夜确保立国大事"万无一失"；为研制中国第一颗原子弹，高远献身国防科技事业，奉献了自己的青春和爱情；为确保五星红旗分秒不差飘扬在香港上空，升旗手朱涛刻苦训练不懈怠、女港警莲姐兢兢业业守平安、外交官安文彬与英国人谈判16轮分秒不让；喜迎奥运之际，出租车司机将自己视若珍宝的开幕式门票送给了远赴京城的汶川地震孤儿。一个个鲜活生动的普通人与祖国共成长的奋斗故事，勾连起一段段难以磨灭的全民记忆。

（资料来源：360百科）

实践教学项目四

1. 实践活动主题

微视频录制——"无奋斗不青春"主题微视频录制

2. 实践活动目的

通过组织学生录制"无奋斗不青春"主题微视频，抒发对党和祖国的热爱之情，表达青年一代励志报国、振兴中华的崇高理想和弘扬正能量、奋斗新时代、勇做追梦人的坚定信念，激励学生做有理想、有本领、有担当的时代新人，用青春奋斗来担当起民族复兴的历史使命和时代责任。

3. 实践活动形式

校内实践

4. 实践活动对象

全体大一新生

5. 实践活动实施

时间：一周

地点：校内

流程：

（1）教师宣布实践活动主题，明确实践目的和要求。

（2）班长负责将学生进行分组，每组5人。

（3）各小组围绕活动主题，搜集素材，对人物、故事等进行深入了解和学习，并录制微视频。

(4) 教师评选出优秀作品，组织学生观看。

作品要求：

(1) 拍摄内容：健康阳光、积极向上、青春洋溢，能体现出当代大学生风采。

(2) 录制作品必须原创，严禁抄袭。

(3) 作品在片头或片尾应标明姓名、班级、联系方式以及相关人员姓名等信息。

(4) 作品主题要明确、内容要丰富，必须含有字幕、片头以及片尾，时长限制在30 s—600 s。

(5) 作品像素尽量高，格式尽量选择 MP4 格式。

(6) 拍摄场地不限。建议使用相关软件辅助制作。

附 1：评分表

微视频录制评分表

评分标准	分值	得分
主题明确	0—2 分	
作品内容有吸引力、感染力	0—2 分	
形式新颖	0—2 分	
片头、字幕及配音使用得当	0—2 分	
镜头转换流畅	0—2 分	
总分	10 分	

附 2：“无奋斗不青春”微视频录制分组情况统计表

“无奋斗不青春”微视频录制分组情况统计表

________学年第____学期

________院(系)________专业________级______班

实践时间	年　月　日—　年　月　日
视频名称	
视频内容简介	(后附剧本)
视频时长	

续 表

	姓名	学号
小组成员		
小组分工合作情况：		
指导教师意见： 指导教师(签字)： 年　　月　　日		

6. 实践活动成果

微视频作品、剧本。

参考资料

资料一

微视频基础知识

什么是微视频

微视频(又称视频分享类短片)是指个体通过PC、手机、摄像头、DV、DC、MP4等多种视频终端摄录、上传互联网进而播放共享的短则30秒,长的一般在20分钟左右,内容广泛,形态多样,涵盖小电影、纪录短片、DV短片、视频剪辑、广告片段等的视频短片的统称。"短、快、精"、大众参与性、随意性是微视频的最大特点。

(资料来源:360百科)

微视频拍摄流程

一、确定类型

确定微视频的相关类型,是录制电脑中的屏幕视频如PPT、软件展示等,还是采用拍摄的手法摄录相应的影片。

二、硬件工具和软件工具的准备

硬件包含拍摄(DV,录屏)、录音(麦克风,外置声卡)、PC等设备。软件包括剪切软件(爱剪辑),录屏软件(超级录屏8.0)等。

三、主题定位

主题是一个片子的灵魂。首先要确定好制作一个什么样的微视频,有一个中心思想,朝着这个主旨不断地努力,制作出理想中的微视频。

四、剧本

方案前期策划,剧本写作,确定最终剧本。

五、演员(配音)

演员(配音)确定,使演员(配音)充分了解相关剧本内容。

六、分镜头脚本

此步骤是为了后期拍摄和剪辑更加有条理,尽量细化,将同场景的镜头分出来,后期拍摄更加省时。

七、日期(场地)安排

前期准备拍摄(录制)前,要做好拍摄(录制)日期(场地)安排拍摄,保证拍摄(录制)过程更加顺畅。实现对取景的地方进行踩点,一切有计划地进行。

八、拍摄进行

按照剧本及分镜头合理安排时间(场地)进行拍摄。

九、后期制作

片子拍摄好后,进行初剪、精剪、配音、配乐、字幕、特效,片头片尾包装等一系列的制作,让整个片子达到理想的效果,并能够带给观众视听结合的感受。

(资料来源:豆丁网)

资料二

微视频作品展示

序号	名称	内容简介
1	《无奋斗不青春》	五四精神,薪火相传。他们信念坚定、脚踏实地、担当作为、求实创新,用汗水浇灌理想,用奋斗致敬青春。

续 表

序号	名称	内容简介
2	《我们的青春该怎样度过》	最美的青春绽放在服务百姓的脚步里，绽放在温暖贴心的话语里，绽放在艰苦劳动的双手里，绽放在默默付出的行动里，绽放在守卫群众的职责里，绽放在党和人民需要的每一次召唤里。
3	《青春之歌》	春节逆行战“疫”一线 90后的他们 这一次要自己做决定 他们是父母放心不下的孩子 却已身披“战”袍挑起大梁 他们用乐观勇敢的心 给患者带来温暖和活力 穿上防护服他们是白衣战士 脱下防护服他们是平凡年轻人 口罩遮不住他们的青春模样 在这场战“疫”中 年轻的他们展现了责任与担当 在4.2万多名驰援湖北的医护人员中 有1.2万多名是“90后” 其中相当大一部分是“95后”和“00后” 习近平总书记3月15日给北京大学援鄂医疗队“90后”党员回信，向他们和奋斗在疫情防控各条战线上的广大青年致以诚挚的问候，勉励广大青年不惧风雨勇挑重担，让青春在党和人民最需要的地方绽放绚丽之花。总书记的深情寄语和殷切嘱托激励着各条战线上的广大青年人为打赢疫情防控阻击战继续奋战，再立新功。
4	《逆行青春》	哭过笑过 爱过痛过奋斗过 这是最美的青春记忆 这是属于他们的青春荣光
5	《奋斗在路上》	是谁在漫天烈火的疆场 热血染就了勋章 有一种信念无人能抵挡 战天地浴血奋斗 要去往的地方 是家国在上 死生铿锵 退一步不让 穿越那幽暗的山谷 将名字耕种进泥土 育初心澎湃继续奋斗 让岁月年轻又幸福 ………… 那些辉煌的成就总被一些闪亮的名字照亮。 微视频《奋斗在路上》配以原创词曲，歌颂以张富清、西安交通大学“西迁人”等为代表的“最美奋斗者”的精神。

续　表

序号	名称	内容简介
6	《青春行囊》	一路同行终别离，来日皆可期 征途漫漫，唯有奋斗 此刻起，道一声珍重 毕业快乐，前程似锦！
7	《用生命照亮生命》	作品以西北工业大学生命学院科普服务队为原型，讲述服务队在疫情期间为陕西镇巴县中小学生讲授防疫科普知识、点亮孩子科学求知心火、增强公众战疫信心的故事，生动展现了西工大学子的责任与担当，并以点见面，彰显了新时代青年在与国家和人民同呼吸、共命运中实现人生价值，书写青春华章的大爱情怀。
8	《燃烈青春》："90后""00后"的青春	2020年，对于每一个中国人来说，都是一场大考。在新冠肺炎疫情蔓延的危难时刻，在洪水汹涌而来的紧急关头……一群又一群"90后""00后"仿佛一夜之间长大成人，从父母眼中的孩子变身为守护人民的战士。关键时刻，他们勇担重任，奋起拼搏，成为新时代的年轻英雄！ 青春是什么？是突然提速的脚步，是逼迫自己成长，是面对艰难的勇气，是必须扛起的责任…… 习近平总书记说，我国青年一代必将大有可为，也必将大有作为。这是"长江后浪推前浪"的历史规律，也是"一代更比一代强"的青春责任。广大青年要勇敢肩负起时代赋予的重任，志存高远，脚踏实地，努力在实现中华民族伟大复兴的中国梦的生动实践中放飞青春梦想。
9	《少年》	我们笃定，热爱会穿越时间，把明天兑换成期待 我们奋进，有一分光发一分热，萤火汇聚成星河 我们无畏，用汗水与青春相配，担当时代重任 我们无悔，用热血服务人民对美好生活的向往 我们出发，到那时，未来已达，星辰生花 ………… 奋斗路上的你，永远是少年。国网北京怀柔供电公司青年员工充分发挥生力军作用，用歌声集结，唱响不畏风雨勇挑重担的昂扬斗志，向青春和成长致敬，争做有理想、有本领、敢担当、正能量的电网青年。

资料三

人物故事
青春信念：越是艰险越向前

在4.2万多名驰援湖北的医护人员中，有1.2万多名是"90后"，其中相当一部分还是"95后"甚至"00后"。

近日，北京大学援鄂医疗队的34名"90后"党员给习近平总书记写信，汇报了在抗疫一线抢救生命的情况，表达了继续发挥党员作用、为打赢疫情防控阻击战贡献力量的决心。

4 批驰援湖北医疗队，3 家附属医院，426 人，这是北京大学驰援湖北的阵容。

这些人中，有刚满 24 岁青春活泼的护士，有推迟婚礼的准新郎，有刚当上父亲的青年医生，有刚刚给孩子断奶的妈妈，覆盖了医院的呼吸内科、重症医学科、感染管理科等科室。

出征前，有母亲一夜没睡，凌晨 3 点就开始蒸馒头为即将上前线的儿子送行；有人自始至终都没告诉父母，母亲从电视上看到新闻，哭着打电话过来；有人向三岁半的儿子解释，自己是去一个叫武汉的地方"打怪兽"……

在抗击疫情的最前线，一大批"90 后"甚至"00 后"，他们初生牛犊不怕虎，越是艰险越向前。

用压舌棒固定舌头、用拭子越过舌根，为了黏膜细胞收集精准，还得用拭子在咽部后壁反复擦拭，这样的操作常常让人感到不适，点点飞沫也会随之喷溅而出……

这是由武汉大学中南医院护士组成的发热门诊咽拭子采样队日常工作的场景，他们是离病毒最近、暴露风险最高的一群医务工作者。

战斗在与病毒较量的最前线，这支队伍的 7 名组员中，5 人是"90 后"，小组累计采样 7 000 余例。

这群年轻的"90 后"男孩、女孩，戴上口罩、护目镜，穿上防护服，向险而行，他们说："对得起职业，对得起患者，我们无悔！"

"我不想哭，哭花了护目镜就不能做事了，对不起……"

一句朴实的话，让全国人民记住了这位大眼睛的姑娘——广东省支援湖北医疗队队员、中山大学附属第三医院内科 ICU 护士朱海秀。

除夕那天，朱海秀收到护士长发来的消息："海秀，你愿意去支援吗？"朱海秀没有犹豫："如果国家需要我的话，我一定会义无反顾，所以当时就报名了。"

在武汉，她要面对的是很多前辈都没经历过的挑战。因为穿着几层防护服，哪怕再渴，朱海秀和同事不喝水、也不吃东西，为的是不想浪费防护服，为的是多些时间和精力照顾患者。

与疫魔的较量，没有硝烟，但生死的考验真真切切。对朱海秀和更多她的同龄人而言，这都是一段刻骨铭心的青春记忆。

"穿上防护服，我就不是个孩子了。"20 岁的刘佳怡随广东医疗队驰援湖北，在武汉客厅方舱医院悉心照料患者。

"没有生而勇敢，只有选择勇敢。"同样才 20 岁的谢佳慧是福建支援湖北医疗队中"最小的娃"，临行前弟弟问她去哪儿，她答道："去救人！"

"90 后""00 后"已经长大，他们听过先辈们奋斗的故事，见证或听闻汶川地震、抗击非典的危急时刻。现在，轮到他们挺身而出，在抗击疫情一线谱写自己的青春之歌。

"战友们，你们在没有硝烟的战场上抗击疫情，守护健康，在灾难面前，挺身而出，你们是新时代最可爱的人！"

96 岁的战斗英雄张富清，近日为奋战在疫情一线的"战士"们送上祝福。笑称自己也是“90后”的老英雄，由衷赞叹青年一代在疫情中的表现。

（资料来源：新华网）

实践教学项目推荐

1. 调查研究——大学生理想信念调查
2. 演讲比赛——青春与祖国同行
3. 课堂辩论——顺境和逆境哪个更有利于大学生成长
4. 案例讨论——有理想，谁都了不起——69岁无腿老人登顶珠峰

第三章　弘扬中国精神

习语

历史深刻表明，爱国主义自古以来就流淌在中华民族血脉之中，去不掉，打不破，灭不了，是中国人民和中华民族维护民族独立和民族尊严的强大精神动力，只要高举爱国主义的伟大旗帜，中国人民和中华民族就能在改造中国、改造世界的拼搏中迸发出排山倒海的历史伟力！

——习近平在纪念五四运动 100 周年大会上的讲话

2019 年 4 月 30 日

实践教学导入

习近平关于爱国主义的论述

爱国，是人世间最深层、最持久的情感，是一个人立德之源、立功之本。

——2018 年 5 月 2 日，习近平在北京大学师生座谈会上的讲话

古往今来，任何一个有作为的民族，都以自己的独特精神著称于世。爱国主义是中华民族民族精神的核心。

——2014 年 9 月 3 日，习近平在纪念中国人民抗日战争暨世界反法西斯战争胜利 69 周年座谈会上的讲话

在中华民族几千年绵延发展的历史长河中，爱国主义始终是激昂的主旋律，始终是激励我国各族人民自强不息的强大力量。不论树的影子有多长，根永远扎在土里；不论留学人员身在何处，都要始终把祖国和人民放在心里。

——2013 年 10 月 21 日，习近平在欧美同学会成立 100 周年庆祝大会上的讲话

一个人不爱国，甚至欺骗祖国、背叛祖国，那在自己的国家、在世界上都是很丢脸的，也是没有立足之地的。对每一个中国人来说，爱国是本分，也是职责，是心之所系、情之所归。……当代中国，爱国主义的本质就是坚持爱国和爱党、爱社会主义高度统一。

——2019 年 4 月 30 日，习近平在纪念五四运动 100 周年大会上的讲话

祖国的命运和党的命运、社会主义的命运是密不可分的。只有坚持爱国和爱党、爱社会主义相统一，爱国主义才是鲜活的、真实的，这是当代中国爱国主义精神最重要的体现。今天我们讲爱国主义，这个道理要经常讲、反复讲。

——2015 年 12 月 30 日，习近平在中共中央政治局第二十九次集体学习时强调

千家万户都好，国家才能好，民族才能好。我们要积极培育和践行社会主义核心价值观，弘扬中华民族传统美德，把爱家和爱国统一起来，把实现个人梦、家庭梦融入国家梦、民族梦之中，用我们 4 亿多家庭、13 亿多人民的智慧和力量，汇聚起夺取新时代中国特色社会主义伟大胜利、实现中华民族伟大复兴中国梦的磅礴力量。

——2018 年 2 月 14 日，习近平在 2018 年春节团拜会上的讲话

只有实现中华民族伟大复兴的中国梦，家庭梦才能梦想成真。中国人历来讲求精忠报国，革命战争年代母亲教儿打东洋、妻子送郎上战场，社会主义建设时期先大家后小家、为大家舍小家，都体现着向上的家庭追求，体现着高尚的家国情怀。

——2016 年 12 月 12 日，习近平在会见第一届全国文明家庭代表时的讲话

对新时代中国青年来说，热爱祖国是立身之本、成才之基。

——2019 年 4 月 30 日，习近平在纪念五四运动 100 周年大会上的讲话

新时代中国青年要听党话、跟党走，胸怀忧国忧民之心、爱国爱民之情，不断奉献祖国、奉献人民，以一生的真情投入、一辈子的顽强奋斗来体现爱国主义情怀，让爱国主义的伟大旗帜始终在心中高高飘扬！

——2019 年 4 月 30 日，习近平在纪念五四运动 100 周年大会上的讲话

天下为公、担当道义，是广大知识分子应有的情怀。我国知识分子历来有浓厚的家国情怀，有强烈的社会责任感。“修身齐家治国平天下”，“为天地立心、为生民立命、为往圣继绝学、为万世开太平”，“先天下之忧而忧，后天下之乐而乐”，这些思想为一代又一代知识分子所尊崇。

——2016 年 4 月 26 日，习近平在知识分子、劳动模范、青年代表座谈会上的讲话

具有强烈的爱国情怀，是对我国科技人员第一位的要求。科学没有国界，科学家有祖国。广大科技人员要牢固树立创新科技、服务国家、造福人民的思想，把科技成果应用在实现国家现代化的伟大事业中，把人生理想融入为实现中华民族伟大复兴的中国梦的奋斗中。

——2013 年 7 月 17 日，习近平在中国科学院考察工作时的讲话

（资料来源：“党建网微平台”公众号）

理论教学内容

1. 理论知识思维导图

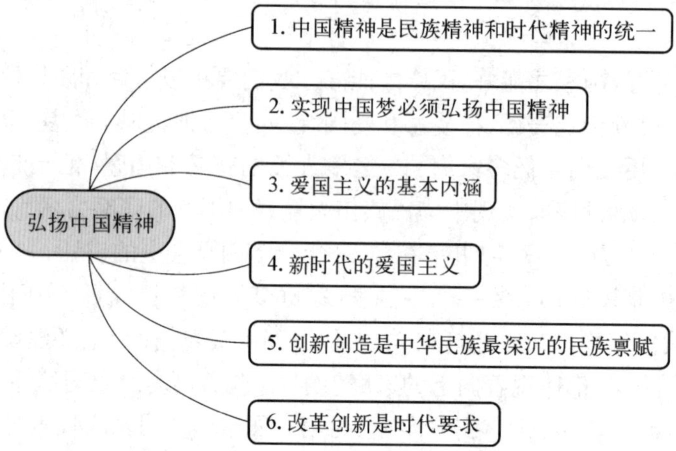

2. 理论教学重难点

(1) 只有始终做到爱国的深厚情感、理性认识和实际行动相一致,与祖国同呼吸、共命运,才是真正的爱国者。

(2) 青年应当以时代使命为己任,勇做改革创新的实践者,将弘扬改革创新精神贯穿于实践中、体现在行动上。

实践教学模块

1. 实践教学目的

理解中国精神的内涵和价值,掌握中国精神的主要内容及其意义。自觉培养民族自尊心和自豪感,促进民族团结和祖国统一,做忠诚的爱国者。了解以改革创新为核心的时代精神,把握弘扬改革创新精神的基本要求,把弘扬时代精神与弘扬民族精神有机结合起来,以实际行动贡献青春力量,展现青春风采。

2. 实践教学项目

项目一　参观"伟大历程,辉煌成就——庆祝中华人民共和国成立 70 周年大型成就展"网上展馆

项目二　参观爱国主义教育基地

项目三　诗歌朗诵会——忆革命先烈　抒爱国热情　燃热血青春

项目四　寻根问祖——我从哪里来?

实践教学项目一

1. 实践活动主题

参观"伟大历程,辉煌成就——庆祝中华人民共和国成立 70 周年大型成就展"网上

展馆

2. 实践活动目的

通过组织学生参观“伟大历程，辉煌成就——庆祝中华人民共和国成立70周年大型成就展”网上展馆活动，加强学生对新中国成立以来经济社会发展各方面的了解，激发学生的民族自信心、荣誉感和自豪感，启发学生思考以爱国主义为核心的民族精神和以改革创新为核心的时代精神在我国经济社会发展过程中所起的重要作用。

3. 实践活动形式

虚拟实践

4. 实践活动对象

大一学生

5. 实践活动实施

(1) 任课教师宣布实践活动主题，明确实践要求。

(2) 任课教师将学生分为若干小组(每组5—8人)，并选定一人为小组组长，负责小组各项工作。

(3) 学生分小组自行参观“伟大历程，辉煌成就——庆祝中华人民共和国成立70周年大型成就展”网上展馆。

(4) 活动结束后，以小组为单位撰写一篇参观心得，特别是要谈谈以爱国主义为核心的民族精神和以改革创新为核心的时代精神在我国经济社会发展过程中所起的重要作用。

(5) 以小组为单位交流参观心得。

6. 实践活动成果

参观过程中的照片、视频以及参观心得。

参考资料

资料一

创新铸就国家名片 交通助力大国腾飞

新中国成立初期，交通运输条件十分落后。全国铁路总里程仅2.2万公里，公路里程仅8.1万公里，没有一条高速公路。民航航线里程1.1万公里，只有12条航线。经过70年发展，我国交通运输行业综合交通网基本形成了点、线、面相衔接，各种运输方式相互配合、各展所长、优势互补的发展格局。在新时代背景下，建设交通强国新征程正在开启。

综合交通网基本形成

大型客机C919是中国首次按照国际适航标准研制的150座级干线客机。2017年5月，C919首飞成功，标志着中国大型客机项目取得重大突破，成为中国民用航空工业发展的里程碑。从1970年我国自主研制的“运十”飞机立项，到2017年C919成功首飞，中国人的“大飞机梦”穿越了近半个世纪。

2008 年 8 月 1 日，具有完全自主知识产权的京津城际铁路以 350 公里的时速通车。京津城际铁路的开通，让我国正式迈入高铁时代。目前，从北京出发，乘高铁半日内可到达全国 54 个城市，高铁网络的覆盖已经深刻改变了国民的生活。

2015 年 10 月 22 日，中国中车与上海先进半导体制造有限公司成功研制出 6 500 伏机车用绝缘栅双极型晶体管（IGBT），实现“高铁之心”国产化。北京交通大学教授林晓言表示，这一技术是能够支撑中国轨道交通装备向高端化、智能化、多元化方向发展的核心推动力，是中国近年来掌握的最前沿、最核心的技术。

2019 年 5 月，设计时速 600 公里的高速磁悬浮试验样车在青岛下线，刷新了人们对“中国速度”的认知。

我国交通运输行业经过 70 年发展，已形成综合交通运输网络体系。专家指出，我国的交通运输体系已从单一化、分散化、机械化向多元化、集成化、智能化方向发展。在新时代背景下，我国将开启建设交通强国新征程。

汽车连续十年产销量全球第一

1953 年，新中国汽车工业起步于长春孟家屯一片荒芜的土地上。仅仅过去三年，1956 年 7 月，“解放”牌 CA10 型载重汽车驶下生产线。这是中国第一批国产汽车，结束了中国不能批量制造汽车的历史。截至 2018 年底，“解放”系列汽车共生产 702.8 万辆。

1958 年 5 月，中国第一辆轿车（“东风”牌）试制成功。同年 8 月，中国第一辆“红旗”牌高级轿车研制成功。

国人都有着深厚的“红旗情怀”。上世纪六七十年代，红旗轿车是中国汽车工业的一面旗帜。据老一辈汽车人回忆，每当红旗轿车驶过北京街头时，很多群众驻足观望，以表达骄傲、喜悦之情。

几经沉浮，中国汽车产业发生了翻天覆地的变化，这个牵动民族情感的品牌，也在复兴的道路上焕发出生机。

一汽红旗官方数据显示，2019 年 8 月，红旗品牌销量突破 1 万辆，逆市增长进入主流豪华汽车品牌阵营。

解放牌载重汽车和红旗轿车的成长过程正是我国汽车产业发展的缩影。

规模方面，我国汽车产销量已连续 10 年位居全球第一。配套方面，我国已拥有世界一流的汽车供应链，汽车零部件产值近 4 万亿元，零部件出口额达 700 亿美元，占全球出口额 10%。企业主体方面，世界 500 强企业 23 家整车企业当中我国占 6 家。

近年来，汽车产业在国民经济中的地位不断增强，为促进国民经济快速发展做出重大贡献。专家认为，我国汽车业发展应紧扣创新、品质、开放等关键词，加速转型升级，向全球汽车中高端产业链不断迈进。

（资料来源：《中国证券报》2019 年 10 月 12 日）

资料二

从“鸿雁传书”到“万物互联”：70 年通信成就斐然

新中国成立 70 年来，我国通信事业发展取得举世瞩目的成就，发生了翻天覆地的变化，从上世纪四五十年代“车马邮件很慢”的温情，到八九十年代“手拿大哥大、腰揣BP机”的热潮，再到新世纪以来移动通信时代“万物互联”，70周年成就展记录了这些变化的轨迹。

从小众到普惠

70年的通信变迁，与每一个人息息相关。新中国成立后很长一段时间内，电话是人们沟通交流的最主要方式，但当时通信发展水平落后，供给能力十分不足。

1949年，我国电话普及率仅0.05部/百人，也就是说，每1万人才拥有5部电话。进入新世纪后，随着移动通信发展，我国电话普及率迅猛提升，到2018年达到125.29部/百人。

70周年成就展中展示了我国第一套全自动长途电话设备。1969年10月，中国自行设计、自行制造的第一套全自动长途电话设备，在北京和天津之间启用，采用了当时具有世界先进水平的全电子化自动记录和计费设备，拉开了全国长途电话自动化的序幕。

2019年华为等手机厂商陆续推出可折叠手机，引发科技爱好者追捧，很多年轻人已难以想象“简陋”的BP机和“大哥大”曾是上世纪80年代年轻人最时髦的“高科技产品”。70周年成就展展示了中国第一个BP机。1984年5月，广东省广州市用150 MHz频段开通了中国第一个数字寻呼系统(BP机)。1987年11月，广州市建立了中国第一个移动电话局。

70年间，我国通信能力持续提升，规模容量成倍扩张。目前，中国已建成全球最大的固定网络和移动网络，我国光缆长度超过4 500万公里，电话用户总规模达17亿户，互联网宽带接入用户达4.4亿户，网民数量达8.54亿，均居世界第一，做到了让所有老百姓“用得上、用得起、用得好”信息通信服务，大大增强了获得感、幸福感。

从跟随到领跑

70周年成就展也展示了我国从3G跟随，到4G并跑，再到5G领跑的跃迁。

2009年1月，中国发放3G牌照，标志着中国正式进入3G时代，形成了中国电信、中国移动、中国联通在固定、移动、宽带等领域全业务营运和竞争的新格局。

2013年12月，中国发放4G牌照，目前中国已经建成全球最大的4G网络，用户规模超12亿户。我国人口约占世界人口的五分之一，但4G基站数占全球4G基站的一半以上，平均每个人享有的信息基础设施水平远远高于世界平均水平。

今年6月，中国向中国电信、中国联通、中国移动、中国广电四家企业发放5G牌照，数据显示，中国企业申请的5G专利数占全球34%，稳居全球第一，中国已经跻身5G技术全球第一阵营。

如今，一个高速宽带、移动泛在、通达全国、连接世界的现代化信息通信网络已经铺就，信息通信不仅仅是人民群众生活不可分割的一部分，也成为推动各行各业转型升级的赋能动力，未来以信息通信为基础的数字经济定将绽放异彩。

（资料来源：《中国证券报》2019年10月12日）

资料三

文化兴,国运兴——从庆祝中华人民共和国成立70周年大型成就展看文化建设成就

金秋十月,天高云淡。北京展览馆门口,来自各地的参观者排起长队,走进“伟大历程辉煌成就——庆祝中华人民共和国成立70周年大型成就展”,感受新中国成立70年走过的光辉历程。

从第一部电影故事片《桥》,到小提琴协奏曲《梁祝》首演、中国古典小说四大名著全部搬上电视屏幕、中国第一部大型室内电视连续剧《渴望》风靡一时……大型成就展中,鲜明的文化印记令大家印象深刻。

“文化兴,国运兴;文化强,民族强。70年来,伴随着经济社会飞速发展,我们在文化建设领域阔步前行。”看完大型成就展,来自湖北的基层文艺工作者王先生充满感慨。

在电影《白毛女》的展板前,来自陕西西安的国企退休职工白慧霞久久回忆着自己的童年。

“《白毛女》已经是我儿时记忆的一部分。小时候,村里要放这部电影,我们一群孩子像过节一样早早开始算日子,提前很久和小伙伴一起,搬上一块砖头去占个好位子。看完电影,内容够我们聊几个月。”白慧霞说,“和过去相比,我们的文化生活得到了极大丰富,祝福祖国越来越好!”

70年来,坚持文化发展为了人民,文化发展成果由人民共享,我国不断满足人民多层次、多样化、多方面的精神文化需求。

1949年,全国公共图书馆仅有55个,文化馆(站)896个,博物馆21个;2018年,全国共有公共图书馆3 176个,文化馆(站)44 464个,博物馆4 918个……大型成就展展示的一系列数字,有力地证明着70年来我国现代公共文化服务体系建设不断加强、文化服务设施覆盖城乡、人民群众基本文化权益获得有效保障。

新时代,中华文化的精华滋养着当代中国人的精神世界,中华文化的丰富智慧提振着当代中国人的精神力量。

2019年7月,良渚古城遗址申遗成功,中华5 000多年文明获得世界认可。大型成就展中,图片和影像资料娓娓诉说着我国考古工作者发现良渚的种种艰辛。

良渚、秦始皇陵及兵马俑坑、“二十四节气”……截至目前,我国已拥有55项世界遗产,40个项目列入联合国教科文组织非遗名录(名册)。在相关展板前,一份份亮眼的“成绩单”,一次次来自全世界的喝彩,唤起参观群众内心深处对中华文化的自信与骄傲、对国家更深沉的热爱。

“在大型成就展上看到良渚遗址的内容,感到特别亲切,也特别骄傲。我将在以后的教学中,为孩子们好好讲述中华文明的故事,在他们心中播撒下文化自信的种子。”来自浙江的中学教师刘先生说。

(资料来源:中国文艺网)

资料四

中国特色强军之路迈出坚定步伐——从庆祝中华人民共和国成立70周年大型成就展看人民军队光辉历程

70年波澜壮阔，70年风雨征程。

正在北京展览馆展出的“伟大历程　辉煌成就——庆祝中华人民共和国成立70周年大型成就展”中，国防和军队建设有关内容，引发参观者广泛关注。

新中国成立70年来，在中国共产党的坚强领导下，英雄的人民军队，伴随着中华人民共和国走向现代化的历史脚步，在战斗中成长，在继承中创新，在建设中发展，实现了历史性飞跃。

步入展厅，通过一幅幅照片、一件件实物，人们穿越70年的时空隧道，全方位回顾和感悟人民军队走过的极不平凡的光辉历程。

新中国成立后，人民军队迎来了从单一军种到合成军队的转变

新中国成立之初，国防和军队建设是在边打边建的历史背景下展开和进行的——在党中央和毛泽东主席领导下，人民军队以摧枯拉朽之势消灭、赶走了国民党残余部队，解放了除台湾等少数沿海岛屿之外的全部国土；

朝鲜战争爆发，党中央和毛主席决定组建中国人民志愿军，抗美援朝、保家卫国，最终把侵略者打到了谈判桌上；

抗美援朝战争结束后，党中央及时提出既当保卫者又当建设者，开始了相对和平条件下的常备军建设。

这一时期，人民军队开始奋起直追，大踏步进行现代化建设——还在新中国成立前夕，毛泽东在中国人民政治协商会议第一届全体会议上的开幕词中就庄严宣告：“我们将不但有一个强大的陆军，而且有一个强大的空军和一个强大的海军。”

之后，人民空军领导机构成立；人民海军领导机构成立；陆军中的炮兵、装甲兵、工程兵、通信兵、防化兵、铁道兵等技术兵种，边建边训边用，很快形成战斗力；1966年，人民军队又组建了战略导弹部队——第二炮兵。

人民军队迎来了从单一军种到合成军队的转变，战斗力大幅提升。

从第一架喷气式歼击机首飞成功到第一个导弹训练试验基地成立，从第一枚近程地地导弹发射成功到第一颗原子弹爆炸成功，从第一次成功发射导弹核武器到第一颗氢弹空爆试验成功……通过展览，人们看到，在这一历史时期，我国在一穷二白的基础上已经基本形成中国特色国防科工体系。特别是“两弹一星”试验成功，打破了霸权主义核讹诈、核垄断，极大提高了社会主义新中国的国际地位和影响力。

这一时期，人民军队正规化建设开启新征程——由中央人民政府设置人民革命军事委员会，改为重新组成中共中央军事委员会；重新划分战区，将全国划分为13个军区；改建和新建了军事院校；大幅度精简整编；《内务条令》《纪律条令》《队列条令》三大条令颁布全军施行；《中国人民解放军薪金、津贴暂行办法》开始实行，通过兵役法、军官服役条例，全军由供给制改为薪金制、军衔制和义务兵役制……

这一时期，人民军队还在边境自卫反击作战、援外作战、剿匪、平叛、海战、空战等一系列作战行动中显示了威武之师、文明之师的光辉形象，为巩固新生人民政权、维护中华民族尊严提供了坚强后盾。

进入改革开放新时期，走中国特色精兵之路

在展馆的时光隧道中，观众能够充分了解到从党的十一届三中全会到党的十八大召开，我们走中国特色精兵之路的历史脉络。

1985 年召开的中央军委扩大会议决定，国防和军队建设指导思想"从立足于早打、大打、打核战争的临战状态转到和平时期建设轨道上来"。在服从国家经济建设大局下，中国开始走精兵之路。

从 1985 年到 2005 年，人民军队规模从 400 万减至 230 万，将 11 个大军区整编为 7 个，军委总部机关人数减少近 50%。

人民军队有步骤地从机械化迈向信息化，加强现代化建设，阔步走上精兵、合成、高效一体化建设的路子。

改革开放后 30 多年，人民军队在一系列重大任务中经受了严峻考验——胜利进行边境自卫还击作战等，保卫了领土主权和海洋权益；举行华北大演习，探索了陆空联合军演；多次举行海上军演，震慑了"台独"势力；人民解放军进驻香港、澳门宣誓国家主权；胜利完成亚丁湾护航等任务；参加大兴安岭森林救火、九八抗洪、汶川抗震救灾行动；履行反恐维稳使命等。

在付出巨大牺牲之后，英雄的人民军队又取得一个个辉煌胜利，为党和人民建立了伟大的历史功勋。

进入新时代，坚定不移走中国特色强军之路

接续历史，传承薪火。成就展的重点是展示党的十八大以来人民军队发生的历史性变革、取得的历史性成就。

这一时期，人民军队在"听党指挥、能打胜仗、作风优良"这一党在新时代的强军目标引领下，坚定不移走中国特色强军之路。

2012 年 11 月，党的十八大成功召开，国防和军队建设站在了新的历史起点上。

1929 年岁末，面临生死存亡的"朱毛"红军，在闽西小镇古田召开大会，确立思想建党、政治建军的原则。

2014 年，人民军队重回古田召开全军政治工作会议，着眼新的历史条件下党从思想上政治上建设军队，郑重提出我军政治工作的时代主题。

前一次会议，是在"出发的源头"，为人民军队"完成政治定型、注入政治灵魂"；后一次会议，则是在党面临"四大考验""四种危险"的历史关头，引领人民军队重整行装再出发。

从古田再出发，人民军队去疴除弊、整肃纲纪，全军上下回归初心、回归传统、回归本色，重塑思想、重塑作风、重塑政治生态，立起了新时代革命军人新标准、人民军队新样子。

从古田再出发，国防和军队改革取得历史性突破，重塑领导指挥体制，构建起中央军委—战区—部队的作战指挥体系和中央军委—军种—部队的领导管理体系；优化规模结构和力量编成，推进军队组织形态现代化，构建中国特色现代军事力量体系；推进军事政策制度改革，深化我军党的建设制度改革、创新军事力量运用政策制度、重塑军事力量建设政策制度、改革军事管理政策制度……人民军队更加精干、更加适应未来作战，战斗力要素的活力竞相迸发。

从古田再出发，人民军队加强练兵备战，有效遂行海上维权、反恐维稳、抢险救灾、国际维和、亚丁湾护航、人道主义救援等重大任务，武器装备建设加快发展，军事斗争准备取得重大进展。

一张张照片彰显的变化、一件件实物承载的历史，无不印证着这样的辉煌成就——人民军队在中国特色强军之路上迈出坚定步伐！

壮丽 70 年，奋进新时代！人民军队正以永不懈怠的精神状态和一往无前的奋斗姿态，朝着实现党在新时代的强军目标、全面建成世界一流军队奋勇前进。

（资料来源：新浪网）

资料五

“伟大历程　辉煌成就——庆祝中华人民共和国成立 70 周年大型成就展”网上展馆参观心得体会

1958 年的一项成就引起了我的兴趣，这个成就是“我国第一台电子管计算机研制成功”。当时《人民日报》上的报道中介绍：“1958 年 8 月，中国第一台通用数字电子计算机- 103 型计算机研制成功，填补了中国计算机技术的空白。”世界第一台计算机 ENIAC 是 1946 年 2 月在美国诞生的。我国计算机技术的起步晚，与世界前沿的技术水平差距很大。但是仅一年之后，104 机就成功问世，运算速度提升到 1 万次/秒。从 30 次到 1 万次，只走过一年多的时间。到了 1965 年，中科院计算所研制成功第一台大型晶体管计算机 109 乙，之后推出 109 丙机，109 丙机在两弹试验中发挥了重要作用。1974 年，清华大学等单位联合设计、研制成功采用集成电路的 DJS－130 小型计算机，运算速度达 100 万次/秒。1983 年，国防科技大学研制成功银河- I 号机，运算速度每秒 1 亿次以上，在 1984 年，“银河- I”模型在天安门前参加了新中国成立 35 周年国庆检阅。“银河”之后有“天河”。2013 年 6 月，“天河二号”摘夺世界超级计算机 500 强桂冠，中国超级计算机研制达到了世界领先水平。超级计算机是计算机中功能最强、运算速度最快、存储容量最大的一类计算机，多用于国家高科技领域和尖端技术研究，是衡量国家科技发展水平和综合国力的重要指标之一。2016 年 6 月，世界首台峰值运算能力超过每秒 10 亿亿次、拥有千万核的超级计算机“神威 · 太湖之光”诞生，此后连续四次雄踞“全球超级计算机 500 强”榜首。今年 6 月 17 日，第 53 届“全球超算 TOP 500 名单”在国际超算大会上发布，“神威 · 太湖之光”和“天河二号”位列第三、四名。从上榜超级计算机的总数来看，中国以 219 台上榜系统数位列第一，美国以 116 台排第二。中国“超算三强”联想、浪潮、曙光分别贡献了 173 台、71 台和 63 台超算。新中国成立 70 年以来，中国的计算机研发与制造不仅实现了从无到有，还达成了跻身世界前列的成就。

（资料来源：吉林广播电视大学组织人事处网站）

实践教学项目二

1. 实践活动主题

参观爱国主义教育基地

2. 实践活动目的

通过参观爱国主义教育基地，学生感受先辈们的爱国情怀，教育学生学习他们的爱国精神，激发学生的爱国心、报国志、强国行。

3. 实践活动形式

社会实践

4. 实践活动对象

大一学生

5. 实践活动实施

(1) 任课教师宣布实践活动主题，明确实践要求。

(2) 任课教师将学生分为若干小组（每组 6—8 人），组内进行明确分工，并指定 1 人为小组组长，负责小组各项工作。

(3) 任课教师在参观前对活动时间、地点、人员等进行确定，与校外研学活动公司保持联系，精心设计活动路线和活动内容，召集学生干部和小组组长开会，就组织、纪律、安全、用餐等方面提出具体要求，要求学生干部和小组组长切实负起责任，认真履行职责，保证活动顺利开展。

(4) 任课教师和学生按照计划开展实践活动。任课教师要做好现场教学。

(5) 活动结束后，以小组为单位完成实践报告。

(6) 对实践报告进行评比，对实践报告完成质量高的小组予以奖励。

6. 实践活动成果

参观过程中的照片、视频及实践报告。

参考资料

资料一

红旗渠

红旗渠始建于 1960 年 2 月，竣工于 1969 年 7 月。那是新中国建立以来最艰辛的一段日子，三年自然灾害，“文革”时期不重视经济发展，而林县又是个土薄石厚、水源奇缺的贫困山区，“水缺贵如油，十年九不收，豪门逼租债，穷人日夜愁”是旧林县的真实写照。所以当时不论是自然条件还是社会条件都是非常恶劣的。1960 年，以杨贵、李贵“二贵”为首的县委县政府领导班子提出“用林县人民勤劳的双手，重新安排林县河山”的誓言，他们决定在太行山开凿一条引水渠，从山西省平顺县把漳河水引入林县，并给这条渠取名为“红旗渠”。修建红旗渠，首先遇到的是经济问题。当时县财政的收入十分微薄，等到形势好转后再修建，会出现什么情况，很难预料。山西认同引水这个机会不可失，错过机遇，林县人民可能永远吃缺水之苦。但是红旗渠的施工期正值三年自然灾害时期和“文革”时期，修渠工程浩大，施工环境恶劣，技术装备简陋，资金和物资短缺，民工每天只有6两粮食掺和着野菜充饥。除了经济问题，恶劣的自然条件也是一项重大的挑战。红旗渠蜿蜒于太行山区崇山峻岭之中的悬崖峭壁上，整个开凿的过程是靠着当地农民的双手完成的，辛苦和危险是常人所不能理解的。当时开凿的群众都是由绳索吊在悬崖上工作的，每天要被吊将近12个小时，而且还有随时被崖壁上掉落的碎石砸到的可能，所以不论是身体还是心理都有很大的挑战。山石难凿，只能用火药炸，而当时炸山石用的火药都是老百姓自家制作的土火药，使用起来随时会有生命的危险。但那是一个热血沸腾的年代，为了这一巨大的工程，为了林县的人民，有81位英雄在此献出了自己宝贵的生命。就是靠着这6两粮食，就是在这恶劣的自然条件下，就是在这危险的工作环境下，20万林县民工克服种种困难在太行山上劈山开石，架起151个渡槽，打通211个隧道，终于修成宽8米，高6米，全长71公里的总干渠。林县人民依靠自己的力量创造了这个奇迹，就算以今天的眼光来看，也堪称人力、人智、人气的绝笔。不要说当时那样的条件，就以现在的科技水平来说，也是相当困难的。盘旋于太行悬崖绝壁上的红旗渠如同“人工天河”，纵贯林县全境。它的建成，结束了林县“水贵如油”的历史，大大改变了林县人民的生产和生活条件，还创造了闻名中外的一大景观，被称为“世界第八大奇迹”。红旗渠给林县带来的变化有目共睹，红旗渠创造了数亿元人民币的产值，是总投资的数倍，共引水数亿立方米，灌溉农田数万亩。在红旗渠建设过程中培养出来的一大批能工巧匠在改革开放后成为建筑行业的生力军，为国家的建设做出了杰出的贡献。更孕育出了“自力更生、艰苦创业、团结协作、无私奉献”的红旗渠精神。

（资料来源：免费范文网）

资料二

岳飞庙

汤阴岳飞庙坐落于汤阴县城内岳庙街，是为了彰显岳飞的精忠报国精神而修建的庙宇，始建于明景泰元年（1450年），现占地面积18 100平方米，分为岳飞庙古建筑区和岳飞纪念馆新馆区域。

岳飞庙古建区域占地面积6 300余平方米，始建于明景泰元年（1450年），后经明弘治、正德等时期陆续扩建，面积不断扩大。殿庑建筑百余间，是一处保存较为完整的明清古建筑群。外廓呈长方形，布局严谨、建筑精湛、殿堂雄伟、亭廊秀丽、古柏参天、碑碣林立，是我们缅怀英雄、抒发爱国情怀的胜地。1995年被批准为“爱国主义教育基地”，2001年被列为全国重点文物保护单位，2006年被公布为国家AAAA级旅游景区，2008年被命名为“安阳市廉政教育基地”，2018年被公布为“全国中小学生研学实践教育基地”，2019被命名为“河南省国防教育基地”。

岳飞纪念馆新馆位于岳飞庙东院内，于 2016 年 7 月 16 日正式对外开放。占地面积 11 800 平方米，分地下一层，地上两层，基本布局分为“序厅”“瞻仰厅”“生平厅”“岳家军厅”“岳魂厅”和“传承厅”六个展厅，运用现代展示技术进行布展，充分展现了英雄的宏伟人生，达到了弘扬岳飞“尽忠报国”精神的建馆宗旨。岳飞纪念馆新馆是目前全国最大的岳飞文化展厅。

（资料来源：汤阴县人民政府网）

资料三

思想政治理论课实践教学成绩评定表

__________学年第____学期

__________院（系）__________专业________级______班

实践时间	年　月　日— 　年　月　日			
实践主题				
实践形式				
实践地点				
实践成果				
小组成员	姓名	学号	姓名	学号
小组分工合作情况： （备注：以个人形式参加实践教学活动的无须填写本栏）				

续 表

实践活动记录： 活动记录包括小组活动的内容、时间、地点以及撰写实践报告或论文的情况。   备注：此表不够可加页。
实践活动总结： 实践活动总结的形式以任课教师要求为准。   备注：此表不够可加页。

续　表

指导教师意见	指导教师(签字)： 年　月　日 备注：指导老师对该生的实践表现进行评价，以“优、良、中、合格、不合格”五个等级予以评定，并签名。

实践教学项目三

1. 实践活动主题

诗歌朗诵会——忆革命先烈　抒爱国热情　燃热血青春

2. 实践活动目的

“诗言志，歌咏言，文以载道。”通过组织学生开展以“忆革命先烈　抒爱国热情　燃热血青春”为主题的诗歌朗诵会，使学生充分领略诗歌的意境和魅力，感受革命先烈坚毅的爱国之志，感受祖国文化的宏大和壮美，激发学生的爱国热情，增强学生继承和弘扬中国精神的兴趣和动力。

3. 实践活动形式

课堂实践

4. 实践活动对象

大一学生

5. 实践活动实施

(1) 任课教师宣布实践活动主题，明确实践要求。

(2) 由任课教师指定3—5人组成诗歌朗诵会筹备小组，负责场地、设备、配乐、流程等方面的工作。

(3) 任课教师做好筹备工作指导和朗诵技巧指导。

(4) 学生围绕朗诵会主题搜集整理诗歌，掌握诗歌表达的意思。

(5) 任课教师对学生搜集的作品进行把关。

(6) 学生练习朗诵，进一步熟悉诗歌，特别是要带有感情进行朗诵。

(7) 按照确定的活动方案，开展诗歌朗诵会。

(8) 任课教师对朗诵会进行点评和总结。

6. 实践活动成果

活动过程中拍的照片、视频等。

参考资料

资料一

祖国颂歌

岁月承载着历史的脚步
大地积淀了文明的精华
走在世纪之初的我
想到祖国,满怀激情
祖国——
在这里
我为您放歌
祖国啊,祖国——
您是千年历史的积淀
文明源泉的汇合
您是黄河壶口的飞瀑
铺满天山的白雪
您凝重而深邃
宽广而博大
滔滔江河是您的鼻息
沸腾海洋是您的血液
您是世界的主题
是我生命的一切
祖国啊,祖国——
您是天安门城楼的一声呐喊
社会主义熊熊燃烧的火焰
您是人民革命的一声号角
乘风破浪的一张风帆
您坚强而自信
进步而前卫
社会主义的宏伟蓝图活跃着您的智慧
东方蒸腾的旭日喷薄着您的活力
您是世界的创作者
社会主义的实践家
祖国啊,祖国——
您是南海之滨的一缕春风
罗湖小村的一抹朝阳
您是青藏高原的一道铁轨
塔里木油田的一组井架
您远见卓识
艺高胆大
小渔村的翻天巨变证明了您的胆识
人民满脸的微笑写的是你的伟大
祖国——
您创造了生活
改造着世界
祖国啊,祖国——
您是世界和平飘扬的旗帜
人类文明进步的使者
您是捍卫真理的勇士
哺育子女的妈妈
您正直而博爱
坚强而慈祥
世界人民叹服您的胸怀
华夏儿女感激您的母爱
祖国——
您抚慰了战火中人类的伤痛
送来了和平的黎明
祖国啊,祖国——
您走过千年历史,跨越了世界文明
您明晰千古,坚定为英特纳雄耐尔生生不息
您仁慈博爱,捍卫着绿色与和平
我们为是您的儿女而自豪
我们为有这样的祖国而骄傲
祖国——
我们与您同心

我们拥您前进
您的儿女们坚信
祖国的明天更美好
世界的明天更美好
人类的明天更美好

资料二

教我如何不想她

刘半农

天上飘着些微云，
地上吹着些微风。
啊！
微风吹动了我的头发，
教我如何不想她？
月光恋爱着海洋，
海洋恋爱着月光。
啊！
这般蜜也似的银夜，
教我如何不想她？
水面落花慢慢流，
水底鱼儿慢慢游。
啊！
燕子你说些什么话？
教我如何不想她？
枯树在冷风里摇，
野火在暮色中烧。
啊！
西天还有些儿残霞，
教我如何不想她？

资料三

写给祖国母亲的歌

金秋的风
送袅袅暗香而来
霜中的菊
献片片芳菲一季
吻夕阳余晖
爱溢出温柔的眼眸
望四野安详
激情飞上诗句
听黄河汩汩
载无数苦难历史
观河沙沉沉
积淀多少回忆
满目疮痍
是你旧时的容颜
儿时的艰辛
留下了不灭的烙印
风霜雪雨
半个世纪的搏击
源远流长
五千年文明的足迹
历史的长河
翻滚着昔日英勇的浪涛
时光的琴弦
弹唱着今日辉煌的旋律
听，那振聋发聩的
不再是受难的哭泣
是万马千军的脚步
正有力地踏进新世纪

看，那满天飞舞的
不再是战火和硝烟
是正在释放的礼花
将奉献给母亲生日的贺礼
祖国——母亲
热血养育儿女
生命换来和平
勤劳带来希冀
饱经沧桑
掩不住娇美的容颜
历尽风雨
今朝用彩虹装饰发髻
欢快唱着的——那是鸟儿
翩翩舞蹈着的——那是白鸽
动情的我只喊出了一句：
我爱你——祖国母亲

资料四

诗歌朗诵技巧

一、重音的读法

(1) 低中见高法：就是把部分字词读得重一些，响一些。这是最常见的方法。
(2) 实中转虚法：虚声指声轻气多的声音。采用重音轻读的形式。
(3) 快中显慢法：把某些字词的读音有意拉长，形成拖腔。
(4) 连中带停法：运用停顿来突出重音，几乎每个主要的重音都离不开它。

二、节奏

节奏是在一定思想感情起伏的支配下，呈现出的抑扬顿挫、轻重缓急的语音形式的循环往复。

基本要领：句首不同起，句尾不同落，句腰不同峰。

例：《最后一课》《卖火柴的小女孩》——沉稳型
《春》《天上的街市》——轻快型
《沁园春·雪》《济南的冬天》——舒缓型

三、语气

语气包括诵读的抑扬（语势及语调）、顿挫（停连）、轻重（重音）、徐疾（节奏）等的变化。

四、停连

1. 停顿

停顿包括文法停顿、语法停顿、逻辑停顿、心理（情感）停顿。

文法停顿：第一种按照行文的标点符号进行停顿，第二种由文章结构决定，这种停顿是为了表示文章的层次，段落、部分等所做的停顿。停顿是有思想，有内容的，并不是空的。

语法停顿：由句子的语法结构造成停顿。① 某些介词前面或后面；② 方位后；③ 动词后；④ 某些连词(因为、如果、和等)前面或后面。

逻辑停顿：一般较短，只相当于顿号所做的停顿。有强调性停顿，并列式停顿，呼应性停顿(有些词具有领属关系，比方说是、想、要、有、像、如等，其后要停顿)，领词、尾词停顿。

心理停顿：由心理情绪决定，常有激发诱导的意味。达到“此时无声胜有声”“虽无言，却有情；虽无声，却意无穷”的效果。

例如：

美丽的梦/和美丽的诗一样，
都是可遇/而不可求的，
常常在/最没能料到的时刻里/出现
——席慕蓉《初相遇》

2. 与停顿相反的一对观念——连贯

朗诵过程中，思想情感一直处于积极的运动状态，在意思延续或激情澎湃的地方，必须一气呵成，这就需要用语流连贯的表达技巧。

例如：

迷惘的我、深思的我、沸腾的我
——舒婷《祖国啊，我亲爱的祖国》

诗歌需在不断的诵读中方能体现其神韵，现代诗歌更是如此。一般来说，朗读现代诗歌要把握好以下几点：

1. 深刻理解诗歌的思想内容，准确把握诗歌的情感基调

如徐志摩的名诗《再别康桥》，写的是离愁别绪，其情感基调定在一个“愁”字上，而且，这愁，不是哀愁，不是浓愁，而是轻淡的柔愁，愁中又带有一丝对康桥美景的沉醉，带有一丝对母校眷恋的深情。

2. 根据情感的需要，掌握朗读的语速。诗歌朗读的语速，有一定的规律可循

如果表现的内容是欢快的、激动的或紧张的，速度要稍快一些；表现的内容是悲痛的、低沉的或抒情的，速度要稍慢一些；表现的内容是平铺直叙的，速度就要力求平稳、不紧不慢。如《我爱这土地》的语速要慢一些。

3. 根据诗歌意境，确定轻读重读及声音的长短

把握好诵读的“轻、重、缓、急”，恰当地分好“音步”，产生鲜明的节奏感，才能将诗歌情感强调出来，才能将诗歌的韵味体现出来。

以《再别康桥》为例：

轻轻地我走了，
正如我轻轻地来；

我轻轻地招手，
作别西天的云彩。

这整节诗比较轻柔，但轻柔之中依然有强调部分。三个“轻轻”虽然属于这节诗中重点强调的部分，但根据诗歌意境来看，不能重读。我们可以这样处理：语速放缓慢，声音稍微拉长。这样，两种强调处理，各有不同，一种重读，一种轻读拉长，“歌”的韵味便出来了。

4. 根据语境，正确处理诗句的停顿

根据语境，正确处理诗句的停顿才能使诗歌节奏鲜明，富有韵律美。一般说来，顿号后的停顿最短，逗号后的停顿长一点，分号和冒号后的停顿再长一点，句号、问号、感叹号和省略号后的停顿更长一些。有时则需根据诗歌内容和语意关系来判断。

总之，现代诗歌诵读，具有很大程度的表演性。需要我们掌握一定的朗读技巧，投入真情，反复吟咏，方能读出诗歌的感染力，用诗歌特有的魅力打动读者。

实践教学项目四

1. 实践活动主题

寻根问祖——我从哪里来？

2. 实践活动目的

通过查阅资料和社会调研，使学生了解中华姓氏文化的博大精深，了解不同姓氏特别是自己姓氏的历史渊源和时代变迁，增加传统文化知识，激发对传统文化的兴趣。通过查阅资料了解与自己同姓的先辈中的杰出人物，发掘其身上所体现的中国精神，提升民族责任意识。

3. 实践活动形式

校内实践

4. 实践活动对象

大一学生

5. 实践活动实施

(1) 任课教师宣布实践活动主题，明确实践要求。

(2) 任课教师将学生分为若干小组，每组学生中要有相同姓氏学生，并指定一人为小组组长，负责有关工作。

(3) 每组学生查阅本小组中包含的成员姓氏的起源、发展、现有人口数量、辈分排列、主要分布、历史名人、《百家姓》中的排序等信息。

(4) 每组推荐1人，代表本小组通过PPT形式(可带背景音乐)介绍本姓氏文化，并介绍本姓氏中的代表性人物，特别是要学习其身上体现的中国精神。

(5) 活动结束后，每位同学选取本姓氏中的一位历史名人写一份名人小传。

6. 实践活动成果

介绍姓氏文化的PPT等。

参考资料

资料一

我从哪里来?

你贵姓?你从哪里来?是人们交往中问到最多的问题。《百家姓》是一部记录姓氏的童蒙读物,它只有568个字。寻根问祖,追根溯源是人的天性,姓氏及其附着的文化内涵就是一张绝佳的名片,是打通古今交流通道的最好载体,它以一种血缘文化的特殊形式记录了中华民族的形成史。百家姓,看似简单的文字排列,却折射了中华文明几千年的历史血脉,给出了我是谁,我从哪里来的历史解答。

一、《百家姓》究竟是一本什么书?

《百家姓》与《三字经》《千字文》并称为三大蒙学读物,合称"三百千"。《百家姓》乃是集中中华姓氏为四言韵语的蒙学识字读本。合辙押韵,朗朗上口。

二、《百家姓》这一类的书在它之前还有吗?为什么就它那么流行?

有。在《百家姓》之前,有关姓氏的文字记载可以上溯至商代甲骨文。战国时有史官编著的《世本》,记载黄帝至春秋时诸侯大夫的姓氏、世系、居邑等等,很珍贵,可惜到宋朝已经逐渐散佚。中华民族历来重姓氏,此后这类书越来越多,有不少一直保存到今天,不过,它们都没有成为蒙学读本,自然不可能像《百家姓》那样流传广、影响大、家喻户晓了。此后有很多改编本,比较有名的有以"朱"姓开头的《皇明百家姓》,以"孔"开头为首句、以"孟"开头为次句的康熙时的《御制百家姓》,都没有我们要讲的这本《百家姓》流行。

三、《百家姓》是什么时候的书?

宋朝的。陆游《秋日郊居》第七首自注曰:"农家十月,乃遣子入学,谓之冬学。所读《杂字》《百家姓》之类,谓之村书。"这是见于《剑南诗稿》卷二十五的明确记载。可见,《百家姓》在陆游生活的时代已经很流行,成了"村书"了。我们认为,《百家姓》宋朝初年就有了,道理后面讲。

四、《百家姓》是谁写的?

不知道。宋人王明清《玉照新志》说:"两浙钱氏有国时小民所著",换句话说,作者是钱氏吴越国的"小民",一位没有什么名气地位的读书人。王明清这么说的理由是:"其首曰赵钱孙李,盖钱氏奉正朔,赵乃本朝国姓,所以钱次之。"吴越国由钱镠创立,在五代十国时期，是相对稳定繁荣的一个割据政权。难得的是，钱镠一再告诫子孙，如遇真正的王者，不要兴兵，而应纳土归顺。到了吴越第五代王钱俶曾为赵宋平定江南效力，宋太宗时更献国归宋，受封王爵。江浙一带的民众因此躲过战乱，一直感念吴越钱王。“孙”则是钱俶正室王妃之姓，可见，作者是吴越国民的可能性确实比较大。而“李”则是与吴越国毗邻的南唐国皇室之姓，吟出《虞美人》“春花秋月何时了，往事知多少。小楼昨夜又东风，故国不堪回首月明中。雕栏玉砌应犹在，只是朱颜改。问君能有几多愁，恰似一江春水向东流”的李煜就是南唐后主。

五、《百家姓》和《三字经》《千字文》有什么不同？

《三字经》《千字文》的字句编排都是有教诲意义的，而《百家姓》则不是。虽说《百家姓》也是四字一句，格式整齐，合辙押韵，但是只不过把几百个姓罗列在一起而已，不考虑姓之大小、古新，并无规律可言，更没有蕴含什么微言大义。

六、既然如此，为什么《百家姓》会被选作蒙学读本呢？

仅仅要识字，可选的书多了。但是，《百家姓》汇聚的不是一般的汉字，而是作为姓的汉字，这就不一样了。以家族为中心、视血缘区别亲疏，乃是中国传统的核心价值之一，是全民族最重要的信仰。

说到这里，大家也许就明白了，《百家姓》固然是童蒙“村书”，但是绝对不能小看。

在中华民族的大家庭里，有些兄弟民族是不用姓的，但是，绝大多数还是使用姓的。姓氏对于我们中华民族来讲，实在是极其重要的了。我们有一句很重的话：“别忘了自己姓什么！”“你还记得自己姓什么吗？”强调的就是归属感、认同感和清晰的自我定位。可是，我们对中国的姓氏文化又有多少了解呢？

其实，这是一个非常复杂的学术问题，长久以来，是一个重要的研究课题，在很多方面，意见也并不统一。

中华姓氏的起源可以追溯到史前时期，那时候还没有文字记载，所以，我们只能从各种各样的神话传说里去摸索了。凡事都有个起源。中华姓氏文化的起源离不开三皇五帝，中华子孙一般都认为，三皇五帝是共同的祖先和首领。问题是，三皇五帝不仅在形象上人神混杂，而且连到底是哪几位，都说法不一。

先说“三皇”，就有如下几位，似乎都具备被称为“三皇”的资格：有巢氏（构木而居）、燧人氏（钻木取火）、伏羲氏（捕鱼狩猎）、神农氏（播种五谷）、女娲氏（补天造人）。这些都是对文明的起始、人群的生存和发展做出过根本性贡献的先民。请注意，他们都称“氏”。

再说“五帝”，也是说法不一，他们大致处于父系氏族部落联盟的历史阶段。《史记》有《五帝本纪》，大家比较认可《史记》的说法：黄帝（姬姓，号轩辕氏）、颛顼（号高阳氏）、帝喾（号高辛氏）、帝尧（号陶唐氏，名放勋）、虞舜（号有虞氏，名重华）。在“五帝”中，黄帝的影响首屈一指。但是，“炎黄子孙”之“炎黄”里的炎帝（姜姓，号烈山氏、厉山氏）并不在其列。大约同时代的比较有影响的还有太皞(风姓,一说就是伏羲氏)、少皞(号金天氏,名挚)。当然,这些都是传说,只不过我们都接受和认同。

中华姓氏,特别是比较古老的姓氏,往往都可以追溯到“三皇五帝”。除此之外,还经常可以追溯到禹(姒姓,名文命)、皋陶(偃姓)、契(子姓)、伯益(嬴姓)、后稷(姬姓)。

从上面可以看出,上古的姓氏情况非常复杂,不是今天我们只有“姓”那么简单。我们今天讲的“姓氏笔画”其实是“姓”的笔画,而早就不讲“氏”了。上古则有姓有氏,那么姓和氏有什么区别呢?

最早的时候是有姓有氏的。姓是族号,表示的是血统。较早的来自部落图腾。什么是图腾呢?图腾(totem)是原始人群体的亲属、祖先、保护神的标志和象征,是人类历史上最早的一种文化现象。社会生产力的低下和原始民族对自然的无知是图腾产生的基础。图腾就是原始人迷信某种动物或自然物同氏族有血缘关系,因而用来做本氏族的徽号或标志。所以,有以动植物为姓的,如熊、虎、瓠、华。后来进入母系氏族社会,姓就往往会有女字旁,如姬、姒、姚。

那么,什么又是氏呢?后来,同一个姓的子孙繁衍了,分出很多支系,逐渐迁徙到别的地方,就用氏来分别支系了,所谓“姓者统其祖考之所自出,氏者别其子孙之所自分”。这种说法当然比较后出,但是有道理。可见,姓在先,氏在后。所以,我们说“姓氏”,没有说“氏姓”的。

周代的宗法制度很严密,只有贵族可以有姓氏,平民无姓无氏。贵族女子用姓,因为这样可以“别婚姻”。同姓则同血缘,不能通婚。过去有“同姓不婚”的规矩,现在当然不那么严格。比如张、王、刘、赵、李这样的大姓,同姓通婚的并不少见。周代女子地位已经不高了,于是,就算是贵族女子,也是姓比名重要。待嫁的女子在姓前加伯、仲、叔、季表示排行,如伯姬、仲子等等,就可以了。出嫁以后,则在自己姓前加上自己家族或者配偶的封地名等来区别,比如齐姜、秦姬,也就可以了。按照传统,女子的名字只有自己的父母尊长和配偶才知道,往往连子女也不知道的。今天当然不一样了,子女不仅知道母亲的名字,随母姓的也不少,将父母的姓拼起来起个新姓也可以。

贵族男子则称氏,因为氏可以“别贵贱”,可以看出出自哪一支哪一系,是嫡出还是庶出,祖上有什么功勋身份等等。这里的情况就相当复杂了。诸侯以封国为氏:郑文公郑捷,郑是氏,捷是名;齐灵公齐环,齐是氏,环是名。卿大夫一般以封邑和居住地为氏:屈完封地在屈,解狐封地在解;东门襄仲住在东门,南宫敬叔住在南宫。还有以官名为氏的:司马、司寇;以祖先的字为氏的:孔、叔孙、仲孙;以祖上谥号为氏的:庄姓,楚庄王之后;以专业技能为姓的:巫、陶。

战国以后大家开始以氏为姓,大概到了汉魏时期,姓氏才合一,不再区分,而平民百姓才普遍开始用姓了。

资料二

洪洞大槐树移民的历史背景

中国历史上规模最大，范围最广，影响最为久远的人口大迁移，就是明朝时期的山西洪洞大槐树移民。元末明初是历史上各种自然灾害较多的一个时期，加上战乱频繁，老百姓生活悲惨。当时移民的背景可以前溯及元朝：

一、连年的战祸

元朝建立以后，实行等级和奴隶制度。统治者不仅把农民当作奴隶，还把农田变成了牧场。

农耕文明与游牧文化的尖锐冲突之下，反元的声势日渐加剧。在中原一带，江淮大地上出现了很多的起义军，蒙古贵族对于起义军的镇压是很残酷的，采用了一种“拔其地，屠其城”的政策，当时的百姓十个就有七八个被杀。

直到朱元璋起义，获得胜利，明朝建立以后，战火渐熄。朱元璋当时清楚地意识到中原乃国之根本，得中原者得天下，失中原者失天下。

二、遍地灾荒

这个时期的水灾、旱灾、地质灾害、瘟疫、虫灾等各种灾害，是历史记载中最为严重的。在各种灾害的侵袭下，中原人口大量减少，加上几十年的战祸，中原一带田地荒芜、满目疮痍。

三、山西风调雨顺，人口稠密

此时的山西，不仅没有战火，大部分地区也无涝无旱。山西的地势易守难攻，东有巍巍太行山，西有茫茫吕梁山，北有绵绵万里长城，南有滔滔黄河水。每到战乱时期，山西往往成为政治中心，也成为大批难民的庇护所，从而出现了经济相当繁荣的一个阶段。灾年过去了，一部分逃荒者返回故土，同时也有一部分人留了下来，从此定居，这种反反复复的迁徙一直延续到近代。

元朝末年，中原地区的战火接踵而来，而山西土地肥沃，风调雨顺，于是大批的难民涌入了山西，人口数量暴增，此时山西的人口密度达到河南的将近 3 倍，人口比河北和河南两个省的总和还多 25 万人。山西人多地少的矛盾也就日益凸显出来了。

位于山西南部的平阳府人口数量居首位，而洪洞又是平阳府的人口大县，移民自然从洪洞开始。

资料三

庚子年黄帝故里拜祖大典在郑州新郑黄帝故里举行

轩辕黄帝是中华民族的文明始祖，五千年不断裂中华文明的缔造者。三月三拜轩辕，是中华民族的传统，肇始春秋，绵延至今。每到三月三，人们对轩辕黄帝的敬仰，不仅是对历史的回顾，更是立足现实，阔步走向未来的一种文化自信和坚定。

3月26日，农历三月初三，庚子年黄帝故里拜祖大典在郑州新郑黄帝故里举行。

庚子年黄帝故里拜祖大典仍以“同根同祖同源，和平和睦和谐”为主题，以现场简约而庄严的仪式、网上拜祖、电视连线播出世界华人拜祖画面、主持人和专家访谈等形式精彩呈现。

为保证黄帝故里拜祖大典作为国家非物质文化遗产的传承性和庄严性，现场继续保留大典的九项仪程。九项仪程分别为：盛世礼炮、敬献花篮、净手上香、行施拜礼、恭读拜文、高唱颂歌、众志成城、祈福中华、天地人和。

拜祖大典于3月26日上午9:30通过中央广播电视总台中文国际频道现场直播；于9:19通过凤凰卫视、河南广播电视台、郑州广播电视台现场直播，河南省其他17个省辖市广播电视台同步转播；在海外及国内多个平台进行网络直播。

今年是特殊的一年，新冠肺炎疫情牵动着全球人民的心。今年大典全新推出“庚子年黄帝故里网上拜祖祈福平台”hd.huangdinet.cn，支持海内外中华儿女以“长江黄河共战‘疫’，轩辕黄帝佑中华”为主旨的网上拜祖，凝聚全球华人力量，夺取抗击疫情的胜利。同时，美国、法国、英国、澳大利亚、赞比亚等国家的海外华人和中国香港、澳门、台湾同胞在不违反当地有关防疫规定情况下，通过网络平台拜祖或以个人、家庭等为单位开展非聚会、分散性拜祖活动，表达他们对文明始祖黄帝的敬拜，共同祈福祖国繁荣昌盛，祝愿世界和平安康。

（资料来源：《河南日报》2020年3月26日）

资料四

中华姓氏广场

黄帝故里景区门前广场原名轩辕广场，2008年根据专家建议，将轩辕广场更名为中华姓氏广场，将景区内鼎坛移至百家姓广场，鼎坛高9米，底座为35米×35米，坛面为21米×21米，共分三层15层台阶，鼎坛周围广场地板上刻满中华4 600多个姓氏，并有抽象的祥云纹路散布广场之中，意喻“踩祥云之上，观百家姓，唱和谐歌，畅想民族腾飞之未来”。

大典时，百家姓方阵群众将身着姓氏标志的服装参拜祖先。位于广场中心的中华第一鼎——黄帝宝鼎高6.99米，鼎口直径4.7米，腹深2.8米，耳高1.5米，足高2.8米，重24吨，鼎足为熊足，取意轩辕黄帝系有熊氏；鼎腹饰九龙，首顶艳阳火球，口倾水纹，祈风调雨顺，象征祖国统一安定。造型庄严、凝重、大气，被誉为“天下第一鼎”。

中华姓氏广场周围种植了水杉，共计960棵，正好象征了中国960万平方公里的土地。

实践活动推荐选题

1. 课堂讨论——大学生怎样以实际行动做到理性爱国？

2. 主题演讲——青春与祖国同行
3. 课堂辩论——如何看待传统节日和洋节
4. 社会调查——回乡创业的青年大学生
5. 问卷调查——当代大学生的爱国意识
6. 影视赏析——《我和我的祖国》《厉害了，我的国》

第四章 践行社会主义核心价值观

习语

每个时代都有每个时代的精神，每个时代都有每个时代的价值观念。国有四维，礼义廉耻，“四维不张，国乃灭亡”。这是中国先人对当时核心价值观的认识。在当代中国，我们的民族、我们的国家应该坚守什么样的核心价值观？这个问题，是一个理论问题，也是一个实践问题。经过反复征求意见，综合各方面认识，我们提出要倡导富强、民主、文明、和谐，倡导自由、平等、公正、法治，倡导爱国、敬业、诚信、友善，积极培育和践行社会主义核心价值观。富强、民主、文明、和谐是国家层面的价值要求，自由、平等、公正、法治是社会层面的价值要求，爱国、敬业、诚信、友善是公民层面的价值要求。这个概括，实际上回答了我们要建设什么样的国家、建设什么样的社会、培育什么样的公民的重大问题。

——习近平在北京大学师生座谈会上的讲话

2014 年 5 月 4 日

实践教学导入

习近平：青年要自觉践行社会主义核心价值观

——在北京大学师生座谈会上的讲话

（2014 年 5 月 4 日）

各位同学，各位老师，同志们：

今天是五四青年节，很高兴来到北京大学同大家见面，共同纪念五四运动 95 周年。首先，我代表党中央，向北京大学全体师生员工，向全国各族青年，致以节日的问候！向全国广大教育工作者和青年工作者，致以崇高的敬意！

刚才，朱善璐同志汇报了学校工作情况，几位同学、青年教师分别作了发言，大家讲得都很好，听后很受启发。这是我到中央工作以后第五次到北大，每次来都有新的体会。在洋溢着青春活力的校园里一路走来，触景生情，颇多感慨。我感到，当代大学生是可爱、可信、可贵、可为的。

五四运动形成了爱国、进步、民主、科学的五四精神，拉开了中国新民主主义革命的序幕，促进了马克思主义在中国的传播，推动了中国共产党的建立。五四运动以来，在中国共产党领导下，一代又一代有志青年“以青春之我，创建青春之家庭，青春之国家，青春之民族，青春之人类，青春之地球，青春之宇宙”，在救亡图存、振兴中华的历史洪流中谱写了一曲曲感天动地的青春乐章。

北京大学是新文化运动的中心和五四运动的策源地，是这段光荣历史的见证者。长期以来，北京大学广大师生始终与祖国和人民共命运、与时代和社会同前进，在各条战线上为我国革命、建设、改革事业作出了重要贡献。

党的十八大提出了“两个一百年”奋斗目标。我说过，现在，我们比历史上任何时期都更接近实现中华民族伟大复兴的目标，比历史上任何时期都更有信心、更有能力实现这个目标。

行百里者半九十。距离实现中华民族伟大复兴的目标越近，我们越不能懈怠、越要加倍努力，越要动员广大青年为之奋斗。

光阴荏苒，物换星移。时间之河川流不息，每一代青年都有自己的际遇和机缘，都要在自己所处的时代条件下谋划人生、创造历史。青年是标志时代的最灵敏的晴雨表，时代的责任赋予青年，时代的光荣属于青年。

广大青年对五四运动的最好纪念，就是在党的领导下，勇做走在时代前列的奋进者、开拓者、奉献者，以执着的信念、优良的品德、丰富的知识、过硬的本领，同全国各族人民一道，担负起历史重任，让五四精神放射出更加夺目的时代光芒。

同学们、老师们！

大学是一个研究学问、探索真理的地方，借此机会，我想就社会主义核心价值观问题，同各位同学和老师交流交流想法。

我想讲这个问题，是从弘扬五四精神联想到的。五四精神体现了中国人民和中华民族近代以来追求的先进价值观。爱国、进步、民主、科学，都是我们今天依然应该坚守和践行的核心价值，不仅广大青年要坚守和践行，全社会都要坚守和践行。

人类社会发展的历史表明，对一个民族、一个国家来说，最持久、最深层的力量是全社会共同认可的核心价值观。核心价值观，承载着一个民族、一个国家的精神追求，体现着一个社会评判是非曲直的价值标准。

古人说：“大学之道，在明明德，在亲民，在止于至善。”核心价值观，其实就是一种德，既是个人的德，也是一种大德，就是国家的德、社会的德。国无德不兴，人无德不立。如果一个民族、一个国家没有共同的核心价值观，莫衷一是，行无依归，那这个民族、这个国家就无法前进。这样的情形，在我国历史上，在当今世界上，都屡见不鲜。

我国是一个有着 13 亿多人口、56 个民族的大国，确立反映全国各族人民共同认同的价值观“最大公约数”，使全体人民同心同德、团结奋进，关乎国家前途命运，关乎人民幸福安康。

每个时代都有每个时代的精神，每个时代都有每个时代的价值观念。国有四维，礼义廉耻，“四维不张，国乃灭亡”。这是中国先人对当时核心价值观的认识。在当代中国，我们的民族、我们的国家应该坚守什么样的核心价值观？这个问题，是一个理论问题，也是一个实践问题。经过反复征求意见，综合各方面认识，我们提出要倡导富强、民主、文明、和谐，倡导自由、平等、公正、法治，倡导爱国、敬业、诚信、友善，积极培育和践行社会主义核心价值观。富强、民主、文明、和谐是国家层面的价值要求，自由、平等、公正、法治是社会层面的价值要求，爱国、敬业、诚信、友善是公民层面的价值要求。这个概括，实际上回答了我们要建设什么样的国家、建设什么样的社会、培育什么样的公民的重大问题。

中国古代历来讲格物致知、诚意正心、修身齐家、治国平天下。从某种角度看，格物致知、诚意正心、修身是个人层面的要求，齐家是社会层面的要求，治国平天下是国家层面的要求。我们提出的社会主义核心价值观，把涉及国家、社会、公民的价值要求融为一体，既体现了社会主义本质要求，继承了中华优秀传统文化，也吸收了世界文明有益成果，体现了时代精神。

富强、民主、文明、和谐，自由、平等、公正、法治，爱国、敬业、诚信、友善，传承着中国优秀传统文化的基因，寄托着近代以来中国人民上下求索、历经千辛万苦确立的理想和信念，也承载着我们每个人的美好愿景。我们要在全社会牢固树立社会主义核心价值观，全体人民一起努力，通过持之以恒的奋斗，把我们的国家建设得更加富强、更加民主、更加文明、更加和谐、更加美丽，让中华民族以更加自信、更加自强的姿态屹立于世界民族之林。

建设富强民主文明和谐的社会主义现代化国家，实现中华民族伟大复兴，是鸦片战争以来中国人民最伟大的梦想，是中华民族的最高利益和根本利益。今天，我们 13 亿多人的一切奋斗归根到底都是为了实现这一伟大目标。中国曾经是世界上的经济强国，后来在世界工业革命如火如荼、人类社会发生深刻变革的时期，中国丧失了与世界同进步的历史机遇，落到了被动挨打的境地。尤其是鸦片战争之后，中华民族更是陷入积贫积弱、任人宰割的悲惨状况。这段历史悲剧决不能重演！建设富强民主文明和谐的社会主义现代化国家，是我们的目标，也是我们的责任，是我们对中华民族的责任，对前人的责任，对后人的责任。我们要保持战略定力和坚定信念，坚定不移走自己的路，朝着自己的目标前进。

中国已经发展起来了，我们不认可“国强必霸”的逻辑，坚持走和平发展道路，但中华民族被外族任意欺凌的时代已经一去不复返了！为什么我们现在有这样的底气？就是因为我们的国家发展起来了。现在，中国的国际地位不断提高、国际影响力不断扩大，这是中国人民用自己的百年奋斗赢得的尊敬。想想近代以来中国丧权辱国、外国人在中国横行霸道的悲惨历史，真是形成了鲜明对照！

中华文明绵延数千年，有其独特的价值体系。中华优秀传统文化已经成为中华民族的基因，植根在中国人内心，潜移默化影响着中国人的思想方式和行为方式。今天，我们提倡和弘扬社会主义核心价值观，必须从中汲取丰富营养，否则就不会有生命力和影响力。比如，中华文化强调“民惟邦本”“天人合一”“和而不同”，强调“天行健，君子以自强不息”“大道之行也，天下为公”；强调“天下兴亡，匹夫有责”，主张以德治国、以文化人；强调“君子喻于义”“君子坦荡荡”“君子义以为质”；强调“言必信，行必果”“人而无信，不知其可也”；强调“德不孤，必有邻”“仁者爱人”“与人为善”“己所不欲，勿施于人”“出入相友，守望相助”“老吾老以及人之老，幼吾幼以及人之幼”“扶贫济困”“不患寡而患不均”，等等。像这样的思想和理念，不论过去还是现在，都有其鲜明的民族特色，都有其永不褪色的时代价值。这些思想和理念，既随着时间推移和时代变迁而不断与时俱进，又有其自身的连续性和稳定性。我们生而为中国人，最根本的是我们有中国人的独特精神世界，有百姓日用而不觉的价值观。我们提倡的社会主义核心价值观，就充分体现了对中华优秀传统文化的传承和升华。

价值观是人类在认识、改造自然和社会的过程中产生与发挥作用的。不同民族、不同国家由于其自然条件和发展历程不同，产生和形成的核心价值观也各有特点。一个民族、一个国家的核心价值观必须同这个民族、这个国家的历史文化相契合，同这个民族、这个国家的人民正在进行的奋斗相结合，同这个民族、这个国家需要解决的时代问题相适应。世界上没有两片完全相同的树叶。一个民族、一个国家，必须知道自己是谁，是从哪里来的，要到哪里去，想明白了、想对了，就要坚定不移朝着目标前进。

去年12月26日，我在纪念毛泽东同志诞辰120周年座谈会上讲话时说：站立在960万平方公里的广袤土地上，吸吮着中华民族漫长奋斗积累的文化养分，拥有13亿中国人民聚合的磅礴之力，我们走自己的路，具有无比广阔的舞台，具有无比深厚的历史底蕴，具有无比强大的前进定力。中国人民应该有这个信心，每一个中国人都应该有这个信心。我们要虚心学习借鉴人类社会创造的一切文明成果，但我们不能数典忘祖，不能照抄照搬别国的发展模式，也绝不会接受任何外国颐指气使的说教。

我说这话的意思是，实现我们的发展目标，实现中国梦，必须增强道路自信、理论自信、制度自信，“千磨万击还坚劲，任尔东南西北风”。而这“三个自信”需要我们对核心价值观的认定作支撑。

我为什么要对青年讲讲社会主义核心价值观这个问题？是因为青年的价值取向决定了未来整个社会的价值取向，而青年又处在价值观形成和确立的时期，抓好这一时期的价值观养成十分重要。这就像穿衣服扣扣子一样，如果第一粒扣子扣错了，剩余的扣子都会扣错。人生的扣子从一开始就要扣好。“凿井者，起于三寸之坎，以就万仞之深。”青年要从现在做起、从自己做起，使社会主义核心价值观成为自己的基本遵循，并身体力行大力将其推广到全社会去。

广大青年树立和培育社会主义核心价值观，要在以下几点上下功夫。

一是要勤学，下得苦功夫，求得真学问。知识是树立核心价值观的重要基础。古希腊哲学家说，知识即美德。我国古人说：“非学无以广才，非志无以成学”大学的青春时光，人生只有一次，应该好好珍惜。为学之要贵在勤奋、贵在钻研、贵在有恒。鲁迅先生说过：“哪里有天才，我是把别人喝咖啡的工夫都用在工作上的。”大学阶段，“恰同学少年，风华正茂”，有老师指点，有同学切磋，有浩瀚的书籍引路，可以心无旁骛求知问学。此时不努力，更待何时？要勤于学习、敏于求知，注重把所学知识内化于心，形成自己的见解，既要专攻博览，又要关心国家、关心人民、关心世界，学会担当社会责任。

二是要修德，加强道德修养，注重道德实践。“德者，本也。”蔡元培先生说过：“若无德，则虽体魄智力发达，适足助其为恶。”道德之于个人、之于社会，都具有基础性意义，做人做事第一位的是崇德修身。这就是我们的用人标准为什么是德才兼备、以德为先，因为德是首要、是方向，一个人只有明大德、守公德、严私德，其才方能用得其所。修德，既要立意高远，又要立足平实。要立志报效祖国、服务人民，这是大德，养大德者方可成大业。同时，还得从做好小事、管好小节开始起步，“见善则迁，有过则改”，踏踏实实修好公德、私德，学会劳动、学会勤俭，学会感恩、学会助人，学会谦让、学会宽容，学会自省、学会自律。

三是要明辨，善于明辨是非，善于决断选择。“学而不思则罔，思而不学则殆。”是非明，方向清，路子正，人们付出的辛劳才能结出果实。面对世界的深刻复杂变化，面对信息时代各种思潮的相互激荡，面对纷繁多变、鱼龙混杂、泥沙俱下的社会现象，面对学业、情感、职业选择等多方面的考量，一时有些疑惑、彷徨、失落，是正常的人生经历。关键是要学会思考、善于分析、正确抉择，做到稳重自持、从容自信、坚定自励。要树立正确的世界观、人生观、价值观，掌握了这把总钥匙，再来看看社会万象、人生历程，一切是非、正误、主次，一切真假、善恶、美丑，自然就洞若观火、清澈明了，自然就能作出正确判断、作出正确选择。正所谓“千淘万漉虽辛苦，吹尽狂沙始到金”。

四是要笃实，扎扎实实干事，踏踏实实做人。道不可坐论，德不能空谈。于实处用力，从知行合一上下功夫，核心价值观才能内化为人们的精神追求，外化为人们的自觉行动。《礼记》中说：“博学之，审问之，慎思之，明辨之，笃行之。”有人说：“圣人是肯做工夫的庸人，庸人是不肯做工夫的圣人。”青年有着大好机遇，关键是要迈稳步子、夯实根基、久久为功。心浮气躁，朝三暮四，学一门丢一门，干一行弃一行，无论为学还是创业，都是最忌讳的。“天下难事，必作于易；天下大事，必作于细。”成功的背后，永远是艰辛努力。青年要把艰苦环境作为磨炼自己的机遇，把小事当作大事干，一步一个脚印往前走。滴水可以穿石。只要坚韧不拔、百折不挠，成功就一定在前方等你。

核心价值观的养成绝非一日之功，要坚持由易到难、由近及远，努力把核心价值观的要求变成日常的行为准则，进而形成自觉奉行的信念理念。不要顺利的时候，看山是山、看水是水，一遇挫折，就怀疑动摇，看山不是山、看水不是水了。无论什么时候，我们都要坚守在中国大地上形成和发展起来的社会主义核心价值观，在时代大潮中建功立业，成就自己的宝贵人生。

同学们、老师们！

党中央作出了建设世界一流大学的战略决策，我们要朝着这个目标坚定不移前进。办好中国的世界一流大学，必须有中国特色。没有特色，跟在他人后面亦步亦趋，依样画葫芦，是不可能办成功的。这里可以套用一句话，越是民族的越是世界的。世界上不会有第二个哈佛、牛津、斯坦福、麻省理工、剑桥，但会有第一个北大、清华、浙大、复旦、南大等中国著名学府。我们要认真吸收世界上先进的办学治学经验，更要遵循教育规律，扎根中国大地办大学。

鲁迅先生说：“北大是常为新的，改进的运动的先锋，要使中国向着好的，往上的道路走。”党的十八届三中全会吹响了全面深化改革的号角，也对深化我国高等教育改革提出了明确要求。现在,关键是把蓝图一步步变为现实。全国高等院校要走在教育改革前列,紧紧围绕立德树人的根本任务,加快构建充满活力、富有效率、更加开放、有利于学校科学发展的体制机制,当好教育改革排头兵。我也希望北京大学通过埋头苦干和改革创新,早日实现几代北大人创建世界一流大学的梦想。

教师承担着最庄严、最神圣的使命。梅贻琦先生说:“所谓大学者,非谓有大楼之谓也,有大师之谓也。”我体会,这样的大师,既是学问之师,又是品行之师。教师要时刻铭记教书育人的使命,甘当人梯,甘当铺路石,以人格魅力引导学生心灵,以学术造诣开启学生的智慧之门。

各级党委和政府要高度重视高校工作,始终关心和爱护学生成长,为他们放飞青春梦想、实现人生出彩搭建舞台。要全面深化改革,营造公平公正的社会环境,促进社会流动,不断激发广大青年的活力和创造力。要强化就业创业服务体系建设,支持帮助学生们迈好走向社会的第一步。各级领导干部要经常到学生们中去、同他们交朋友,听取他们的意见和建议。

现在在高校学习的大学生都是20岁左右,到2020年全面建成小康社会时,很多人还不到30岁;到本世纪中叶基本实现现代化时,很多人还不到60岁。也就是说,实现“两个一百年”奋斗目标,你们和千千万万青年将全过程参与。有信念、有梦想、有奋斗、有奉献的人生,才是有意义的人生。当代青年建功立业的舞台空前广阔、梦想成真的前景空前光明,希望大家努力在实现中国梦的伟大实践中创造自己的精彩人生。

我相信,当代中国青年一定能够担当起党和人民赋予的历史重任,在激扬青春、开拓人生、奉献社会的进程中书写无愧于时代的壮丽篇章!

（资料来源:新华网）

理论教学内容

1. 理论知识思维导图

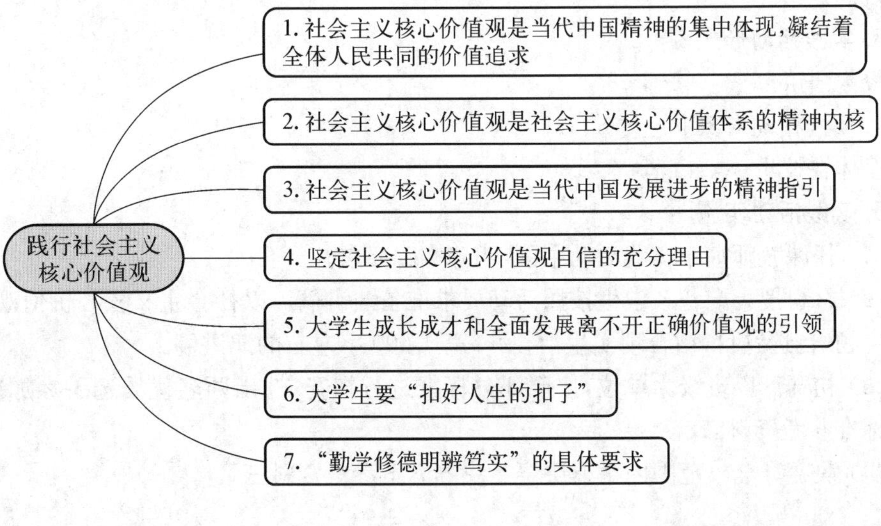

2. 理论教学重难点

(1) 社会主义核心价值观是当代中国发展进步的精神指引，大学生成长成才和全面发展离不开正确价值观的引领。

(2) 大学生要“扣好人生的扣子”，做到“勤学修德明辨笃实”。

实践教学模块

1. 实践教学目的

深入体会社会主义核心价值观的基本内容，深刻领会社会主义核心价值观的重要意义和核心内涵，坚定社会主义核心价值观自信，使之内化于心外化于行，自觉践行社会主义核心价值观，努力成为培育和弘扬社会主义核心价值观最积极、最活跃、最充分的青年先进代表。

2. 实践教学项目

项目一　演讲比赛——社会主义核心价值观主题演讲比赛

项目二　人物访谈——社会主义核心价值观的优秀践行者

项目三　微电影制作大赛——社会主义核心价值观主题微电影大赛

项目四　社会调查——大学生诚信情况调查

实践教学项目一

1. 实践活动主题

演讲比赛——社会主义核心价值观主题演讲比赛

2. 实践活动目的

通过社会主义核心价值观主题演讲比赛，使学生更加深入理解社会主义核心价值观的主要内容，发现生活中社会主义核心价值观的践行者，激发学生践行社会主义核心价值观的热情。

3. 实践活动形式

校内演讲

4. 实践活动对象

全体在校生

5. 实践活动实施

(1) 任课教师宣布实践活动主题，明确实践要求。

(2) 材料搜集准备。学生按照活动要求准备演讲稿。以社会主义核心价值观的内容为主题，自选题目，结合现实生活，写一篇 1 000 字左右的演讲稿。

(3) 初赛。以班级为单位，按照评分标准进行初赛，选出两名优秀选手参加决赛。评分标准参考资料二。

(4) 决赛。全校范围内举行决赛。决赛方案参考资料三。

(5) 活动总结。由任课教师对本次活动做整体总结,对好的方面要给予充分肯定,对于不足的方面也要明确指出,以使学生重视并不断提高活动的质量。

(6) 活动结束后,每位学生撰写一篇能够体现社会主义核心价值观的人物故事。

6. 实践活动成果

演讲过程中的照片、视频以及演讲稿

参考资料

资料一

演讲稿的写作方法

一、演讲稿的含义

演讲稿是进行演讲的依据,是对演讲内容和形式的规范和提示,它体现着演讲的目的和手段。演讲稿是人们在工作和社会生活中经常使用的一种文体。它可以用来交流思想、感情,表达主张、见解;也可以用来介绍自己的学习、工作情况和经验等等;演讲稿具有宣传、鼓动、教育和欣赏等作用,它可以把演讲者的观点、主张与思想感情传达给听众以及读者,使他们信服并在思想感情上产生共鸣。

二、演讲稿的特性

第一,针对性。演讲是一种社会活动,是用于公众场合的宣传形式。它以思想、感情、事例和理论来启发听众,打动听众,"征服"群众,必须要有现实的针对性。所谓针对性,首先是作者提出的问题是听众所关心的问题,评论和论辩要有雄辩的逻辑力量,要能为听众所接受并心悦诚服,这样,才能起到应有的社会效果;其次是要懂得听众有不同的对象和不同的层次,而公众场合也有不同的类型,如党团集会、专业性会议、服务性俱乐部、学校、社会团体、宗教团体、各类竞赛场合,写作时要根据不同场合和不同对象,为听众设计不同的演讲内容。

第二,可讲性。演讲的本质在于"讲",而不在于"演",它以"讲"为主、以"演"为辅。由于演讲要诉诸口头,拟稿时必须以易说能讲为前提。如果说有些文章和作品主要通过阅读欣赏,领略其中意义和情味,那么,演讲稿的要求则是"上口入耳"。一篇好的演讲稿对演讲者来说要可讲;对听讲者来说应好听。因此,演讲稿写成之后,作者最好能通过试讲或默念加以检查,凡是讲不顺口或听不清楚之处(如句子过长),均应修改与调整。

第三,鼓动性。演讲是一门艺术。好的演讲自有一种激发听众情绪、赢得好感的鼓动性。要做到这一点,首先要依靠演讲稿思想内容的丰富、深刻,见解精辟,有独到之处,发人深思,语言表达形象、生动,富有感染力。

演讲稿的结构分开头、主体、结尾三个部分,其结构原则与一般文章的结构原则大致一样。但是,由于演讲是具有时间性和空间性的活动,因而演讲稿的结构还具有其自身的特点，尤其是它的开头和结尾有特殊的要求。

三、演讲稿的写作技巧

第一，演讲稿的内容、风格要根据对象、场合，甚至演讲者本人的一些特定情况而定。用美国演讲专家多利斯・莎劳夫的话讲，即演讲稿既要适合你，又要适合他，同时，还要适合当时的场合以及规定的时间。

所谓适合你，是说演讲稿正好适合演讲人的年龄、身份、气质以及特长等。否则，不仅会影响演讲效果，有时甚至还会弄得人啼笑皆非。比如你是一个学生，却偏偏要去演讲一篇带有严重教训口吻的演说词，是不合适的；再比如你是一个饱经沧桑、成熟老练的长者，那么，你去对一群天真活泼的青年做一次情绪激昂，甚至不合自己身份的演说，也是不合适的；所以说，演讲稿一般来讲要适合演讲人。

所谓适合他，适合场合，也是写演讲稿时必须考虑的。比如你对一批山区的老农演讲，却不断地使用"是可忍，孰不可忍"之类的文言句子，那么，你的拳头握得再紧，声音提得再高，听众的表情恐怕也只能是一片茫然。所以，演讲稿的写作，一定要注意它的适合性。只有适合"你"的，才能易于表达，表达得更好；只有适合"他"的，才容易被人接受，取得应有的、更好的效果。

第二，演讲稿一定要有充沛的感情，有较强的说服力。当然，二者在一篇演讲稿中有时允许有所偏重。如果是一篇呼吁性的演讲稿，考虑到它的煽动性，可以偏重于充沛的激情；如果是一篇辩论性的或是劝导性的演讲稿，由于要以理服人，可以偏重逻辑性、论证性。不过，如果能将二者统一在一篇演讲稿中，则更好。

第三，演讲稿的开头要先声夺人，富有吸引力。演讲稿的开头，也叫开场白，它犹如戏剧开头的"镇场"，在全篇中占据重要的地位。开头的方式主要有如下几种：

(1) 开门见山，亮出主旨。这种开头不绕弯子，直奔主题，开宗明义地提出自己的观点。如 1941 年李卜克内西《在德国国会上反对军事拨款的声明》开头就说："我投票反对这项提案，理由如下"。

(2) 叙述事实，交代背景。开头向听众报告一些新发生的事实，比较容易引起人们的注意，吸引听众倾听。如 1941 年 7 月 3 日斯大林《广播演说》的开头："希特勒德国从 6 月 22 日向我们祖国发动的背信弃义的军事进攻，正在继续着。虽然红军进行了英勇的抵抗，虽然敌人的精锐师团和他们的精锐空军部队已被击溃，被埋葬在战场上，但是敌人又从前线调来了生力军，继续向前闯进。……我们的祖国面临着严重的危险。"

(3) 提出问题，发人深思。通过提问，引导听众思考一个问题，并由此造成一个悬念，引起听众欲知答案的期待。如曲啸的《人生・理想・追求》就是这样开头的："一个人应该怎样对待自己青春的时光呢？我想在这里同大家谈谈我的情况。"

(4) 引用警句，引出下文。引用内涵深刻、发人深省的警句，引出下面的内容来。如一个大学生的演讲稿，标题叫《我的思考与奋起》，开头就很精彩："一个人如果一辈子都不曾混乱过，那么他从来就没有思考过。"

第四，演讲稿的主体部分要层层展开，步步推向高潮。所谓高潮，即演讲中最精彩、最激动人心的段落。在主体部分的行文上，要在理论上一步步说服听众，在内容上一步步吸引听众，在感情上一步步感染听众。要精心安排结构层次，层层深入，环环相扣，水到渠成地推向高潮。主体部分展开的方式有以下三种：

(1) 并列式。并列式就是围绕演讲稿的中心论点，从不同角度、不同侧面进行表现，其结构形态呈放射状四面展开，宛若车轮之轴与其辐条。而每一侧面都直接面向中心论点，证明中心论点。

(2) 递进式。即从表面、浅层入手，采取步步深入、层层推进的方法，最终揭示深刻的主题，犹如层层剥笋。用这种方法来安排演讲稿的结构层次，能使事物得到由表及里的深入阐述和证明。

(3) 并列递进结合式。这种结构，或是在并列中包含递进，或是在递进中包含并列。一些纵横捭阖、气势雄伟的演讲稿常采用这种方式。

第五，演讲稿的结尾要干脆利落，简洁有力。演讲稿的结尾，是主体内容发展的必然结果。结尾或归纳，或升华，或希望，或号召，方式很多。好的结尾应收拢全篇，卒章显志，干脆利落，简洁有力，切忌画蛇添足，节外生枝。

资料二

社会主义核心价值观主题演讲比赛
比赛规则和评分标准

一、比赛规则

(1) 各参赛选手以抽签方式确定出场顺序；

(2) 每位参赛选手的演讲时间为 5 分钟，演讲满 5 分钟时由计时员提示，选手中止演讲；

(3) 选手可以自带 PPT 及背景音乐，以增强演讲效果；

(4) 比赛由评委现场打分，但不当场亮分，选手演讲结束后，由计分人员统计选手的得分，在下一位选手演讲结束后进行公布；

(5) 评委必须坚持准确、客观、公正的原则，按照评分标准进行打分；

(6) 比赛采取 100 分制，选手演讲结束后，由评委按照评分标准打分，计分人员去掉一个最高分和一个最低分后，统计出的平均分(保留小数点后 2 位)，即为该选手的最后得分；

(7) 决赛设一等奖、二等奖、三等奖和优秀奖，所有获奖选手均颁发荣誉证书和奖品。决赛前设初赛。

二、评分标准

评分项目	评分要点
演讲内容(40 分)	思想内容要紧紧围绕主题，观点正确、鲜明，内容充实、具体、感人。(20 分)
	材料真实、典型、新颖，事迹感人，实例生动，体现时代精神。(10 分)
	演讲结构严谨，文字简练流畅，构思巧妙，引人入胜。(10 分)

续　表

评分项目	评分要点
语言表达(35分)	用普通话,语言规范,吐字清晰,声音洪亮圆润。(15分)
	演讲表达清楚、流畅、自然。(10分)
	语言技术处理得当,语速恰当,语气、语调、音量、节奏有张有弛。(10分)
形象风度(15分)	精神饱满,会运用姿态、动作、手势、表情等表达演讲主题。(15分)
综合效果(10分)	着装、举止自然、得体,端庄大方,有风度,富有感染力。(5分)
	与听众共鸣,演讲效果良好,时间在5分钟左右。(5分)

资料三

社会主义核心价值观主题演讲比赛(决赛)方案

一、决赛时间

11月28日下午

二、决赛地点

第一学术报告厅

三、场地布置

学生志愿者6人

四、决赛人员分配

评委7名;主持人2名;记分员2名;传递员2名;幻灯片播放人员1名;话筒调节人员1名;礼仪人员2名

五、需要准备的详细物品清单表

六、决赛详细流程

1. 赛前

(1) 14:00—14:10选手抽签,登记演讲顺序,话筒、音响调试。

(2) 14:10—14:20选手与主持人、幻灯片控制人员再次核对演讲题目,观众入场。

(3) 14:20——14:30领导、评委、工作人员、选手、观众全部就位入座。(播放音乐:《我和我的祖国》)

2. 赛中

(1) 14:30主持人致开场白,介绍到场领导、宣布比赛规则及赛场秩序。

(2) 领导致辞。

(3) 主持人宣布选手按抽签次序进行演讲。

(4) 评分及宣布得分:记分传递员迅速收集评委评分表,并传递给记分员,算得结果后,填写计分表,由传递员递给主持人,主持人当场宣布。

3. 赛后

(1) 由主持人宣布比赛结果。

(2) 颁奖：领导为一等奖选手颁奖，一名礼仪人员引导领导上台，一名礼仪人员负责证书，领导与获奖选手合影；领导为二等奖、三等奖选手颁奖（流程同一等奖颁奖）。全体参赛人员和所有评委老师合影。

七、主持人宣布比赛结束

资料四

为时代发声

熊浩（《我是演说家》第三季冠军）

我们今天已经听了很多特别严肃的演讲了，让我用一个颇为轻松的对话来开始好吗？你们每个人大概都有手机，你还记得最近在你手机里头那个引发关注的新闻标题或者热门词是什么吗？

大概是有的艺人离婚或者结婚，或者“我们先定一个小目标吧，先挣一个亿”。那再那个之前呢？再那个之前是“友谊的小船呐，说翻就翻”，是“我只想安安静静做一个美男子”，是“你那么牛，你咋不上天呢”。再之前，再之前是“No Zuo No Die”，是“且行且珍惜”，是“宝宝心里慌，宝宝不哭”；再之前呢？再之前，大概是“挖掘机技术哪家强”了。

大家笑了，但是我不知道你有没有意识到，当我们给大家回放这些舆论的关键词的时候，有很多其实你已经忘记。你只记得一件事，那就是，它们曾经居然那么流行。

我们在一个信息每天迎面扑来的时代，所谓繁花似锦，所谓热火烹油，我们每一天就这样进去、出来、进去、出来，我们赶集似的往前走，生怕错过一点点什么，我们显得不那么时尚。而作为结果，当我们沉下心回头去看，我们发现，什么东西我们都不记得。

子曰：“群居终日，言不及义，好行小慧，难矣哉。”孔子是在说，大家别刷朋友圈了，你以为那是真实的世界吗？不，那是一个小小的固化的圈子把你给围拢住。我们在里面说什么？说的是日常的饮食，说的是旅游的照片，渐渐地、渐渐地，我们的心思从自己内心灵魂的成长挪到外面的那些琐碎去，然后相互点点赞、相互发发言。“好行小慧”，我不是说这样错了，我是说，如果你所有的生命格局都是奠定在这样的琐碎之上，“难矣哉”，要有自我的成长和灵魂的抱负，这便不大可能。

我们进去出来，进去出来，我们像赶集似的生怕任何一个落下，我们一直就这样赶路，有的时候竟忘了自己为什么要出发。刷微信、刷微博，如果每一条资讯是一百个字，如果你每天能够读一百条，这并不算多，但这意味着你一个月的时间可以积累三十万字的阅读量。这是什么概念，各位，老子的《道德经》五千个字，卡夫卡的《变形记》三万个字，那些最晦涩的书比如黑格尔的《小逻辑》三十万字。你拼命地阅读，拼命地让自己的肢体展开去接受各种资讯，但最后一想，竟然什么都没留下。

我们在这种碎片化的时代中获得信息，它影响的绝不仅仅是资讯的营养，而是你内心的那种定力。你每天都看，但我问你，在座的各位，当你展开一本厚厚的书，放松自己的身心想要读的时候，你还有那种耐心吗？你每天都接受各种各样的资讯，天南地北汹涌而来，你似乎什么都知道，但是有一个真正关乎你成长和命运的大问题若是放在你的面前,你能真正地回答它吗?

我们说,为时代发声。但我想说,“为时代发声”是有前提和基础的。如果每一个人都只是奔涌而上去参加一些狂欢,而没有自我的定力、灵魂的成熟和独立的声音,这怎么会是为时代发声?这不过是一次又一次的盲从。

我们说,为时代发声,绝不仅仅是那些对伟大的歌咏、对成功的铭记、对不朽的惦念。其中恐怕还得有一些人,他不是那么讨巧的,要指着你的鼻子,包括我自己,告诉大家说,我们都病了。这个时代让我们蜷缩在这种碎片化的尘埃当中,我们都病了。我们必须重新捡拾起阅读的习惯,我们必须重新恢复起那种求学的兴致,因为只有这样,你才可能真正成熟、健朗,最后精神成人。

慢一点、静一点、定一点,给的不是手机,而是自己的心一点时间。我真的不知道,在这个如此喧嚣的时代,真的还有别的时代声音比这个忠告更重要吗?

实践教学项目二

1. 实践活动主题

人物访谈——社会主义核心价值观的优秀践行者

2. 实践活动目的

通过对社会主义核心价值观的优秀践行者资料的搜集整理和采访,使学生感受其人格魅力,激发学生学习楷模、积极践行社会主义核心价值观的热情和决心,帮助学生成为社会主义核心价值观的坚定信仰者、积极传播者、模范践行者,提高学生搜集、阅读、分析资料和处理、解决问题的能力;提高学生与人交流沟通的能力。

3. 实践活动形式

访谈

4. 实践活动对象

大一学生

5. 实践活动实施

实践活动前的准备工作:

(1) 任课教师根据理论教学内容进行调查研究,结合学生实际确定实践活动主题。

(2) 任课教师指导学生进行班内分组,6—8 人一组,选出小组组长和副组长,由组长和副组长负责组织开展本次实践活动。

(3) 任课教师指导学生制定人物访谈方案,对学生进行必要的培训。主要包括:

第一,拟定访谈对象,确定访谈的可行性。确定可行性时主要考虑两个方面:一方面是拟定的访谈对象是否接受访谈。访谈者与访谈对象的关系、访谈对象的性格、访谈的话题、访谈的时间和地点等因素均会影响到访谈对象是否接受访谈。另一方面是访谈者自己能否进行访谈。访谈者是否具备访谈的知识、经验、技巧,访谈者是否具备访谈时间,均会影响到访谈者能否进行访谈。如访谈者不具备单独开展访谈的能力,任课教师需对访谈者进行相关培训。

第二,准备详细的访谈提纲。要根据访谈的目的和理论假设,准备详细的访谈提纲,并将其具体化为一个个访谈问题。访谈的问题既要能涵盖本次访谈主题所涉及的范畴,又要有层次性,提问的方式、用词的选择、问题的范围要适合被访者的知识水平和习惯,简单明了,通俗易懂。

第三,了解被访者。访谈前尽可能收集被访者的有关资料,要对其经历、个性、地位、职业、专长、兴趣等有所了解,了解得越清楚,访谈时就越有针对性;要分析被访者能否提供有价值的材料;要考虑如何取得被访者的信任和合作。

第四,确定访谈的方式与进程。为了使访谈规范,并能获得实效,须事先安排访谈行程,将访谈人员、被访者、访问日期及时间做适当的安排。访谈时间最好是被访者工作、学习不太繁忙,并且心情比较舒畅的时候。访谈的地点和场合的选择要从被访者方便的角度考虑,要有利于被访者准确地回答问题,要有利于形成畅所欲言的访谈气氛。

(4) 各组成员准备访谈所需的材料与工具。访谈前要对访谈内容所涉及领域的相关知识有充分的了解,对有关材料做充分的准备,如访谈记录表、各种证明材料、证件、录音机、录音笔、摄像机等。

实践活动过程:

(1) 实施访谈。访谈者在接近被访者时,首先要做自我介绍,必要时可出示身份证明,然后说明来访的目的及为什么进行这次访谈,进而强调本次访谈的重要性,请求对方的支持与合作。取得被访者同意后,就可以开始访谈了。访谈过程中,要做好访谈记录。

(2) 访谈结束。结束访谈是访谈的一个十分重要的阶段和步骤,绝不是无足轻重的。因此,需做充分准备,要提前进行考虑和设计,并能视具体情况做出灵活调整。

实践活动资料整理分析和撰写报告:

(1) 访谈结果处理。即对访谈记录进行整理,以便对访谈记录进行分析。对于访谈录音记录的整理,应按照时间顺序将声音信号变为文字信号进行记录,应严格按照访谈时的原话进行整理,而不能任意省略。整理访谈录音记录时,对于访谈双方同时出现的语句、访谈对象语气的变化、节奏的变化、访谈对象的动作、访谈对象的表情等,均应以括号或其他形式加以标注。对于访谈手头记录的整理,应根据访谈时记录的要点回忆当时的情境、当时的对话,根据回忆最大限度补齐记录。由于人的记忆会随着时间的流逝而急剧衰减,所以访谈手头记录的整理是访谈之后最重要的事情。

(2) 访谈结果分析。对访谈的结果进行分析,主要是为了解决以下问题:第一,访谈对象的表述有哪些是可信的,有哪些是不可信的,理由是什么;第二,访谈对象的陈述哪些方面可以证明访谈之前的理论假设,哪些方面不能证明这些理论假设,哪些方面可以否定这些理论假设;第三,访谈所得到的结论可以在多大范围内适用,理由是什么。

(3) 撰写访谈报告。在对访谈结果进行分析并得出结论之后,就需要撰写访谈报告,以便使更多的人了解访谈的结论。访谈报告需要回答以下问题:第一,对于访谈计划的回顾;第二,对于访谈过程的描述;第三,对于访谈结果的分析和陈述。

6. 实践活动成果

访谈过程中的资料收集;访谈报告。

参考资料

资料一

思想政治理论课实践教学成绩评定表

___________学年第________学期

___________院(系)___________专业_______级_______班

<table>
<tr><td>实践时间</td><td colspan="4">年　月　日—　年　月　日</td></tr>
<tr><td>实践主题</td><td colspan="4"></td></tr>
<tr><td>实践形式</td><td colspan="4"></td></tr>
<tr><td>实践地点</td><td colspan="4"></td></tr>
<tr><td>实践成果</td><td colspan="4"></td></tr>
<tr><td rowspan="6">小
组
成
员</td><td>姓名</td><td>学号</td><td>姓名</td><td>学号</td></tr>
<tr><td></td><td></td><td></td><td></td></tr>
<tr><td></td><td></td><td></td><td></td></tr>
<tr><td></td><td></td><td></td><td></td></tr>
<tr><td></td><td></td><td></td><td></td></tr>
<tr><td></td><td></td><td></td><td></td></tr>
<tr><td colspan="5">小组分工合作情况：

（备注：以个人形式参加实践教学活动的无须填写本栏）</td></tr>
</table>

续　表

<table>
<tr><td colspan="2">实践活动记录：
活动记录包括小组活动的内容、时间、地点以及撰写实践报告或论文的情况。

备注：此表不够可加页。</td></tr>
<tr><td colspan="2">实践活动总结：
实践活动总结的形式以任课教师要求为准。

备注：此表不够可加页。</td></tr>
<tr><td>指导教师意见</td><td>指导教师(签字)：
年　月　日
备注：指导老师对该生的实践表现进行评价，以“优、良、中、合格、不合格”五个等级予以评定，并签名。</td></tr>
</table>

资料二

访谈中技巧的应用和应注意的事项

一、访谈中技巧的应用

在访谈过程中，有效地进行提问、追问、倾听和回应，合理运用辅助手段，对于访谈的成功具有重要的作用。

（一）提问、追问、倾听和回应的技巧

提问是访谈中的关键环节。访谈问题多种多样，一般分为三类，即开放型和封闭型、具体型和抽象型、清晰型和含混型。开放型问题，没有固定的答案，允许被访谈者自由做出回答，提问常出现“什么”“如何”“为什么”等词语；封闭型问题，对回答方式和内容有严格限制，往往只需回答“是”或“否”。具体型问题，就是询问一些具体事件或细节；抽象型问题，是指对一个事件进行比较笼统的、整体的陈述。清晰型问题，结构简单明确，容易被理解；含混型问题，语句构成复杂，包含多重意义和提问者个人倾向。

思想政治理论课实践教学一般采用开放型、具体型和清晰型的问题。

追问，就是访谈者针对访谈对象前面说的某件事、观点、概念进一步询问。追问也需要技巧，应当合理地把握追问的时机和分寸。一般来讲，不要在访谈开始就频繁追问，而是应尽量给对方自由表达的空间，通过他们所讲的内容结合访谈目的，再逐步追问。追问的分寸要掌握好，在一些敏感话题上采取迂回的策略。有的问题可以先记录下来，等双方形成信任、融洽的关系时，再详细追问。在追问的过程中，访谈者要对对方的话语保持高度的敏感性，随时捕捉对方有意或无意抛出的话语信息，不断调整自己预先设计好的问题。

倾听，是访谈中的一项重要的无形的工作，对于访谈者来说，在倾听时要遵守一定的原则：一是不轻易打断对方的谈话；二是要能容忍沉默。总之，访谈者要注意倾听对方谈话，更要关注和思考对方说话的动机，耐心地感知对方的内心世界。当对方沉默不语时，访谈者不要急于打破这种状态，而是要具体问题具体分析。

回应，包括言语回应和非言语回应。回应在很大程度上影响着被访谈者谈话的内容和范围，对整个访谈的开展起到引导和限定的作用。当访谈者已经听到了对方的谈话并希望其继续说下去时，采用“认可”式的回应方式，如“噢”“对”“是吗”“很好”，或是点头、微笑、鼓励的目光和肢体语言等，与之产生共鸣。但是，不要过多回应，以防打断对方的思路。对被访谈者所说的话进行重组和总结，也是一种回应的方式。这样可以帮助对方厘清思路，引导对方继续进行相关陈述。

（二）合理地采用辅助手段

访谈过程中，借助一定的辅助手段，可以在一定程度上提高访谈的实效。使用录音、录像和拍照等来辅助访谈的记录工作之外，还可以使用视频绘画和分类卡片等辅助手段，它们可以刺激被访谈者的感觉器官，帮助他们从各种角度看待正在谈论的问题。

视频可以调动对方多种感官的积极性；照片可以唤起对方的记忆，产生联想；绘画可以给对方以视觉感受，激发其情感反应；分类卡片可以帮助对方对某些概念进行命名和分类，厘清思路等。

二、访谈过程中应注意的事项

（一）营造访谈氛围的注意事项

(1) 选择一个能令受访者感到安全的环境进行访谈。

(2) 访谈时不要迟到。

(3) 自我介绍。

(4) 感谢受访者能抽空接受访谈，简明扼要地向受访者说明访谈的目的及所花时间。

(5) 事先告知受访者在访谈过程中会做记录，并说明记录这些数据信息的目的。

(6) 如有必要，可向受访者重申访谈内容会严格保密。

（二）交谈时的注意事项

(1) 注意力要集中，表示对受访者的尊敬。

(2) 要让受访者有交谈的意愿，不要咄咄逼人。

(3) 要多为受访者考虑。

(4) 要保持适当的眼神接触。

(5) 灵活应对，不完全拘泥于访谈提纲，在适当的时候也可完全抛弃访谈提纲。

(6) 要注意把握时间，可视情况选择提纲中的问题。

（三）探究问题时的注意事项

(1) 尽可能少说，鼓励对方提供更多信息。

(2) 通过点头或中性词语表达自己的态度。

(3) 明确要陈述真实的案例或具体的事件。

(4) 逐字重复，检验理解是否正确。

(5) 保证对一个问题进行充分讨论后再转入下一个问题。

（四）聆听时的注意事项

(1) 用心聆听并用关键词总结听到的信息，要广泛地联想。

(2) 细心聆听，从长篇大论中收集有价值的信息。

(3) 要注意受访者的潜台词，或找出没有用语言表达出来的信息。

(4) 不断地总结、归纳并及时与受访者核实。

（五）应对特殊情况时的注意事项

(1) 受访者紧张焦虑。

① 解释此次访谈的目的及受访者将获得的益处，打消其顾虑。

② 要与受访者建立相互信任的关系。

(2) 受访者滔滔不绝。

① 避免提开放式问题，将其分解成具体的小问题。

② 尽可能提一些具体明确的问题。

③ 提醒受访者时间有限。

(3) 受访者态度不好,充满敌意。

① 与其建立相互信任的关系,找出共同语言及共同经历。

② 避免提封闭式问题,利用开放式问题引导思路。

③ 对受访者提出认可,予以肯定,鼓励对方交谈。

(六) 结束访谈时的注意事项

(1) 访谈结束时,应及时总结要点。

(2) 提出最后一个开放式问题:"有没有什么没有谈到的问题是您想补充的?"

(3) 为今后进一步采访留有余地。

(4) 谢谢受访者,表示此次的访谈很有意义。

(5) 访谈结束后,要立即整理访谈纪要。

资料三

大学生人物访谈案例

访谈提纲

一、访谈目的

通过采访新一辈的创业者,我们可以发现创业在不同的时代,在不同的环境下具有不一样的意义。创业是一条艰辛而且充满挑战的道路,跟随他们在创业之路上的脚步,学习他们在困境中的拼搏与奋斗,感悟最后成功的意义,让我们对以后的人生道路,有了更加深刻的认识。

二、采访人物

王××,1989 年 9 月 20 日出生,创业 7 年,现为某市一家广告设计与制作公司的经理。

三、访谈问题

(1) 简单说说您创业前的人生经历。

(2) 是什么让您选择了创业这条路?

(3) 在创业之前您都做了哪些前期的准备与计划?

(4) 您在创业的过程中有没有遇到一些困难,可以就一些印象深刻的跟我们说一说吗?

(5) 就像您刚才说的,创业路上有那么多的困难,您是怎么解决并坚持下来的呢?

(6) 您对现在的生活与工作感觉满意吗,对以后有没有什么计划?

(7) 谢谢您,最后一个问题,您对现在的大学生创业有哪些看法?

四、访谈预期

了解王先生的创业动机，以及创业初期的准备，记录王先生创业过程中所遇到的种种问题，以及对于困境的解决办法，谈一谈现在对于创业的感受，以及未来的发展。

五、访谈时间及地点

时间：2019 年 1 月 2 日　地点：广告设计工作室

六、总结与分析

对谈话内容进行总结，结合课程分析创业路上所要注意的事项以及应对办法，并结合自身情况对现代大学生创业提出自己的看法，完成一份访谈报告。

访谈内容

时间：2019 年 1 月 2 日上午 9:30

地点：广告设计工作室

以下是采访过程：

问：您好，首先能简单地做个自我介绍吗？

答：我叫王××，1989 年生，就是咱们本地的，大学毕业后跟几个朋友进入了这个行业，转眼也都六七年了。

问：那当初是什么让您选择了创业这条路？

答：我们那会儿就跟你们现在似的，大学生多啊，好多毕了业都没有找到工作，我上大学那会儿成绩其实也就一般，自己是学广告设计的，毕了业了，想着就跟几个朋友合伙开个小公司，没想到就一直到了现在。

问：在创业之前您都做了哪些前期的准备与计划？

答：刚刚开始的时候其实还是有一些犹豫的，毕竟也是刚毕业，关于创业根本没有什么思路，几个朋友那会儿也是没事在一起吃个饭，大家也都挺支持挺信服我的，于是就坚定了创业的信心。开始的时候我也是找了好多书看，又跟亲戚朋友打听了打听，我自己也是简单规划了一下，总的来说，首先你得有钱吧，那会儿我们一共六个人，每个人拿了一万多块钱，我又从亲戚朋友那里借了两万多，总共加起来我记得好像是九万块钱左右，然后几个人做了几次市场的调研，主要就是打听打听门路，在学校的时候还发了几次问卷，又到了几家店里聊了聊，最后感觉还行。我们刚开始做肯定也是低成本的，设计、制作、财务我们都有相应的朋友，就差注册、设备、场地等，之后几个人陆续把电脑、喷绘机、写真机等必需的设备买了回来。

问：那您在创业的过程中有没有遇到一些困难，可以就一些印象深刻的跟我们说一说吗？

答：刚开始做，肯定压力特别大啊，我们是个小店，而且刚开张，根本就拉不来客户，一般的老客户都是找一些大的公司去做了，也看不上你这种新店，你说是不是。

问:遇到这个问题后您是怎么解决的呢?

答:我们开始之前也想到这个问题了,毕竟都是从这一步过来的,那会儿也靠不了别人,只能是我们几个自己努力,记得我们去大街上发过传单,进行网上宣传,价格也是一降再降,也搞了几次活动,基本上是费用花费了一大半。

问:那有没有什么效果呢?

答:效果肯定是有的,要不我现在也不会坐在你面前了,做了这么多活动,也开始有一些客户了,我们为了留住这些客户,也是尽可能把东西做好,加班加点地干,价格也基本上只是成本价,现在他们也都是我们的老客户了。

问:就像您刚才说的,创业路上有那么多的困难,您是怎么坚持下来的呢?

答:主要是一方面我们不做的话,之前花的钱可就都打水漂了,费了很大劲,搞了那么多次活动,最后钱也花得差不多了,如果要停手,岂不是全赔进去了?另一方面就是几个朋友也是挺知心的,一直相互鼓励着,觉得还是得拼一把。

问:那您是靠着这股拼劲坚持到了现在?

答:不全对,创业,拼劲是肯定得有的,但我觉得主要的还是得有眼光,面对每件事你得从好多角度分析问题,该下手的时候要能在正确的时间下手,一些场面的应酬也要拿捏适度,这里边的学问可大了。

问:您对现在的生活与工作感觉满意吗,对以后有没有什么计划?

答:现在生活挺好,工作也都恢复正轨了,趁着我还年轻,现在也在筹划,看能不能把公司再抬升一步。

问:之前跟您一起创业的朋友现在怎么样了?

答:都已经成家了,现在我们都有所收获,也会继续坚持下去。

问:您认为现在成功了吗?

答:成功不敢说,要看是哪个方面的,对我来讲家庭工作都幸福就可以了,至于成功,因人而异吧。

问:谢谢您,最后一个问题,您对现在的大学生创业有哪些看法?

答:我觉得大学生还是得拼拼,现在敢于创业的人越来越少了,我觉得跟社会也是有一定关系的,如果能够认清自己,创业也是可以的。

采访到此结束。

总结与分析

一、访谈分析

经过了对王先生的这次采访,我回去后也想了很多,之前我一直认为创业是离我很遥远的话题,或者说我没有勇气创业,最后王先生说“如果能够认清自己,创业也是可以的”。“认清自己”让我想了好久,我真的认清自己了吗?或许我自己都不敢回答,还记得上“创业创新的九种人事困境”一课时,老师让我们做了一次测验,主要的问题就是我们能否认清自己。我记得我当时写了满满的一篇,现在想想当初自己写的在创业面前是那么的稚嫩。目前，大学生毕业人数越来越多，就业压力越来越大。很多人找不到合适的工作，也有一部分人觉得去公司上班薪水太低，还有人觉得需要挑战自己。林林总总的原因导致了很多大学生选择了自主创业的道路。

（一）大学生创业的好处

创业有助于大学生对书本知识的消化吸收。认识来源于实践，实践检验认识。我们要把白纸上的黑字变成自己的，不只要读读背背，还要把读过背过的知识放到社会中去实践，从而更深刻地理解它们，而我们具体的实践也将成为理论知识新鲜血液的来源。从某种意义上说，创业将赋予大学生积累工作经验的机会。大学生就业难早已不是新闻。古时学而优则仕，今日是学而优则食，为了吃饭，我们必须尽早考虑就业的问题。创业会让我们早日接触社会，认识社会。我们一直读书而不是读社会，且不论中小学校园的封闭性，就算如今开放的大学也只是半个社会而已。校园里人际关系的简单和书卷香的浪漫文饰了现实的残酷，以致我们一走出校园就会被社会的复杂和现实吓一跳，并且很难在短时间内适应这种反差。

（二）大学生创业存在的问题

缺乏经验是目前大学生创业中普遍存在的问题，不少大学生创业者不习惯对其产品或项目做市场调查，而是进行理想化的推断，例如："如果有 3 亿人需要我们的产品，每件售价 100 元，我们就有 300 亿元的销售市场。"这种推断方法是站不住脚的，而且常常起着误导作用。大学生在创业初期一定要做好市场调研，一些可行性研究也可委托专业机构进行，在了解市场的基础上创业，才能长久。在强调团队合作的今天，创业者靠单打独斗获得成功的概率正大大降低。团队精神已成为不可或缺的创业素质，风险投资商在投资时更看重有合作能力的创业团队。如今大学生普遍缺乏职业规划培养，创业意识淡薄。创业意识支配着创业者对创业活动的态度和行为，是创业素质的重要组成部分。由于自主创业的难度较大，限于大学生年龄、经济条件等各方面的制约，大多数同学并没有创业意识。尽管现在的大学生独立意识较强，但缺乏真正的自主意识，对自己的优势和劣势认识不清，往往不能发现自己的创业潜质或者说商业潜质。

二、自我总结

我不知道最后我是否会选择创业，但我应该在大学期间有限的时间里去锻炼自己，找到自己真正的优势，真正去认清自己，这样才会使我以后要走的道路更加清晰，使我不会在人生的十字路口上感到迷茫。

实践教学项目三

1. 实践活动主题

微电影制作大赛——社会主义核心价值观主题微电影大赛

2. 实践活动目的

通过制作社会主义核心价值观主题微电影，使学生深入观察社会，感受社会现象，以更直接、更生动、更深刻的方式了解和认识社会主义核心价值观，不仅从感性上，更从理性上正确理解社会主义核心价值观的时代价值，从实践上自觉践行社会主义核心价值观。

3. 实践活动形式

微电影制作

4. 实践活动对象

大一学生

5. 实践活动实施

(1) 任课教师宣布实践活动主题，明确实践活动要求。

(2) 学生结合脱贫攻坚、全面建成小康社会、抗击新冠病毒肺炎疫情等重大事件及普通群众践行社会主义核心价值观的行为，确定主题，选好角度，录制一段微电影。

(3) 对学生提交的微电影进行整理和初选，选出较为优秀的微电影进行下一轮评选。

(4) 选定评委老师和学生代表集中观看并评选出优秀微电影作品，评出一二三等奖若干名。

(5) 举行颁奖典礼，为优秀微电影作品颁发奖状，同时对优秀作品进行评价，对大赛做出总结。

(6) 安排学生观看优秀微电影作品，要求每个学生撰写一篇观后感，谈谈践行社会主义核心价值观如何从自身做起。

6. 实践活动成果

微电影作品展示。

参考资料

资料一

微电影拍摄技巧

一、折叠拍摄方法

在大多数情况下，拍摄视频要以平摄为主。但是一部片子一律使用平摄，会使观看的人感到平淡乏味。偶尔变换一下拍摄的角度，就会使影片增色不少。拍摄角度大致分为三种：平摄（水平方向拍摄）、仰摄（由下往上拍摄）、俯摄（由上往下拍摄）。

1. 水平方向拍摄

大多数画面应该在摄像机保持水平方向时拍摄，这样比较符合人们的视觉习惯，画面效果显得比较平和稳定。

如果被拍摄的主角的高度跟摄像者的身高相当，那么摄像者的身体站直，把摄像机放在胸部到头部之间的高度拍摄，是最正确的做法。

如果拍摄高于或低于这个高度的人或物，那么，摄像者就应该根据人或物的高度随时调整摄像机高度和身体姿势。比如拍摄坐在沙发上的主角或在地板上玩耍的小孩时，就应该采用跪姿甚至趴在地上拍摄，使摄像机与被摄者始终处于同一水平线上。

2. 由下往上拍摄

不同的角度拍摄的画面传达的信息不同。同一种事物，因为观看的角度不同就会产生不同的心理感受。仰望一个目标，观看者会觉得这个目标好像显得特别高大，不管这个目标是人还是景物。如果想使被摄者的形象显得高大一些，就可以降低摄像机的拍摄角度倾斜向上去拍摄。用这种方法去拍摄，可以使主体地位得到强化，被摄者显得更雄伟高大。

拍摄人物的近距离特写画面时，拍摄角度的不同，可以给这些人物的神情带来重大的变化。如果用低方位向上拍摄，可以显示此人威武、高大的形象。会使主角的地位更好地突显出来。如果把摄像机架得够低，镜头更为朝上，会使此人更具威慑力，说的话也会更有分量。观众看到这样的画面，就会有压迫感，特别是近距离镜头，表现得尤为强烈，人物再稍微低头，甚至有些威胁感。

在由下往上拍摄时要注意，这种角度所拍出来的效果通常并不理想，因为面部表情会过于夸张，时常会出现明显的变形，在不合适的场合使用这种视角可能会扭曲丑化主体。这种效果切记不要滥用，偶尔的运用，可以渲染气氛，增强影片的视觉效果；如果运用过多过滥，效果会适得其反。但有时拍摄者就是利用这种变形夸张手法，从而达到不凡的视觉效果。

3. 从上往下拍摄

摄像机所处的位置高于被摄体，镜头偏向下方拍摄。超高角度通常配合超远画面，用来显示某个场景。可以用于拍摄大场面，如街景、球赛等。以全景和中镜头拍摄，容易表现画面的层次感、纵深感。

如果从较高的地方向下俯摄，就可以完整地展现从近景到远景的所有画面，给人以辽阔宽广的感觉。采用高机位，大俯视角度拍摄就可以增强画面的立体感，有时可以使画面中的主体具有戏剧性。

同仰摄的效果相反，从高角度拍摄人物特写，会削弱人物的气势，使观众对画面中的人物产生居高临下的优越感。画面中的人物看起来会显得矮一点，也会看起来比实际更胖。

如果从比被摄人物的视线略高一点的地方拍摄近距离特写，有时会带点藐视的味道，这一点要注意；如果你从上方拍摄，并在画面人物的四周留下很多空间，这个人物就会显得孤单。

二、折叠拍摄准备

1. 三脚架

三脚架是初级拍摄中重要的工具，在很多场合它都能起到稳定的作用，从而使你拍摄出稳定的画面。市面上的三脚架林林总总，价格从几千到十数万不等，可根据经济实力选择。

2. 使用手动对焦功能

自动对焦是数码摄像机的一个很实用的功能，适合初学摄像的朋友们使用。对于专业的微电影拍摄来讲，必须使用手动对焦，这是专业摄像的前提；很多时候还需要手动对焦确定前景、后景的景深位置与效果。

3. 遮光罩

镜头遮光罩在逆光、侧光拍摄时，能防止非成像光的进入，避免雾霭；在顺光和侧光摄影时，可以避免周围的散射光进入镜头；在灯光摄影或夜间摄影时，可以避免周围的干扰光进入镜头。使用遮光罩可减轻光线经过镜头折射后在CCD影像感应器上所产生的光斑，可以更好地表现拍摄主体，减少杂光对主体的干扰，使夜景拍摄的画面显得比较纯净。

4. 白平衡的调节

摄像机的感光元件CCD没有办法像人眼一样自动修正光线的改变，所以我们要重视白平衡的调节。选择不同的白平衡，将直接影响到影片的色调以及所表达的意境。一般来说不要选择自动白平衡，这样会影响到灯光固有的颜色，使之失去特有的色温感觉。

5. 防抖功能

开启防抖功能可以有效地减少拍摄画面的抖动和脱尾。

三、折叠拍摄要领

平：指运动过程中始终保持摄影机的水平。如果画面没有保持水平，画面中固定状态的水平线和垂直线的被摄体如房屋、电线杆、人物等将歪歪斜斜，不仅给人的视觉效果不舒服，而且给人造成心理上不稳定、动荡不安的感觉。用三角架拍摄时应调好水平仪，手持或肩扛拍摄时应随时调整寻像器，保持水平状态。

准：指运动摄影过程中的画面起幅和落幅的焦点要准确、构图要准确，拍摄时注意跟焦点的技巧。摇画面时要按照落幅站好位置，再从起幅开始摇，这样既可以保证摇摄的速度均匀，又可以兼顾拍摄过程中画面构图的准确性。

稳：指运动摄影过程中的画面要保持稳定，不能摇晃，否则会给人一种头晕目眩的感受，从而造成心理的不安情绪。手持拍摄时应尽量在一个镜头中屏住呼吸或者让身体找一个依靠点和支撑点，尽量运用短焦距摄影镜头拍摄可减少摄影机的晃动。要做到这点是很难的，也是基本功。

匀：指运动摄影过程中摄影机的运动速度要均匀，不可忽快忽慢。用三角架拍摄时应调整好三角架的阻尼，手持拍摄时掌握好拍摄要领，运动的起步和停止要有加力和减力过程。

四、折叠镜头组接

（1）主体物在进出微电影画面时，需要注意拍摄的总方向，从轴线一侧拍，否则两个画面接在一起主体物就要“撞车”。在拍摄的时候，如果摄影机的位置始终在主体运动轴线的同一侧，那么构成画面的运动方向、放置方向都是一致的，否则应是“跳轴”了，跳轴的画面除了特殊的需要以外是无法组接的。

（2）拍摄一个场面的时候，“景”的发展不宜过分剧烈，否则就不容易连接起来。相反，“景”的变化不大，拍摄角度变换亦不大，拍出的镜头也不容易组接。由于以上的原因，我们在拍摄的时候“景”的发展变化需要采取循序渐进的方法。

（3）镜头组接的时间长度的把握非常重要。每个镜头的停止时间长短不一，首先是根据要表达的内容、观众的接受能力决定，其次还要考虑到画面构图等因素，远景、中景等镜头大的画面包含的内容较多，观众需要看清楚演员的内心活动，所需要的时间就相对长些。近景、特写等镜头小的画面，所包含的内容较少，观众无须很长的时间来看，所以需要的时间要短。

（4）镜头组接的节奏是很难控制的，电影节奏除了通过演员精彩到位的表演，镜头恰到好处的转换和运动，音乐的配合，场景的时间空间变化等因素体现外，组接手段的运用是非常重要的，因此应该严格掌握镜头的尺寸和数量，调整镜头顺序，去除冗杂的枝节。

五、制作要点

1. 要重视剧本创作

剧本应叙事干净利落，语言通畅明白，词句短小简洁，语言力求口语化、形象化。人物性格、腔调、语气都要为作品表述服务。

2. 要注意表现细节

电影所记录的人和事，只有通过栩栩如生的人物形象、色彩鲜明的画面、生动感人的生活场景才能达到表现情、蕴含理的效果，细节是表现人物、事件、社会环境和自然景物的最小单位，典型的细节能以少胜多，以小见大，起到画龙点睛的作用，从而给观众留下深刻的印象。

3. 要注意表现背景

背景，又称为环境，是电影的基本构成因素，也是专题片所反映的人物的性格、命运和事件赖以发生、发展和变化的根据和基础。

4. 要注意构思

微电影的构思一要完整，二要新颖，三要科学，这是最基本的要求。只有构思精巧、制作精良，才能制作出内容、形式俱佳的微电影。才能为大众所接受。

资料二

微电影剧本——最美逆行者

故事梗概：

故事讲述的是2020年春节前夕，全国爆发新冠肺炎疫情，“武汉封城”，全国紧急启动一级响应，男主人公谢国忠舍生忘死、留下家书、隐瞒父母，主动请缨奔赴武汉疫情一线，由于武汉疫情蔓延严重，社会各界人士筹集物资驰援武汉，甘肃特产静宁苹果也被送往武汉援鄂医疗队和病人手中，同时女主人公李娟文作为第二批业务骨干被派往武汉。谢国忠由于持续作战，过度劳累，心脏病复发，经过医院全力抢救，谢国忠转危为安，在寂静的夜晚，夫妻诉说真情。经过半年的努力国内疫情全面结束，援鄂医疗队全部撤离，中华又是一片繁荣昌盛的景象。

演员造型参考：

父　亲：70岁左右，白发老人，失去语言功能，坐轮椅。

母　亲：泼辣，善于表达情感、敢于直言，65岁左右，有些许白发。

谢国忠：（男主人公）善良耿直，倔强，忍辱负重，中年男子、感染科主任，40岁左右，援鄂医疗队队员。

李娟文：（女主人公）识大体、耿直善良，中年妇女，35岁左右，援鄂医疗队队员。

谢佳佳：（女儿）懂事，听话，二年级学生，8岁左右。

贾　成：前线指挥部巡视员，男，中央正部级领导，50岁左右。

省卫健委的相关领导及随员：5人

武汉中心医院副院长：正气，有领导范，50岁左右

市医院院长：有领导范、45岁左右

段大夫：男，30岁左右，性情中人

护士长：女，30岁左右，成熟稳重

中年男人：40岁左右，男，有沧桑感

老夫妻：70岁左右的老人，2位

特约演员医生：6名（男）

特约演员护士：6名（女）

片头市区日外

（片头音乐，片头字幕，市区封城画面）

【旁白：2020年全国爆发新型冠状病毒肺炎疫情，由武汉扩散至全国，为切断病毒的传播途径，1月23日，武汉宣布封城，这在中华人民共和国历史上尚属首次，全国各地启动重大突发公共卫生事件一级响应，部分地区暂停公共交通和娱乐活动，封路封村】

出片名：纪录电影《最美逆行者》

第一场：市区家里

谢国忠：爸、妈，如今全国爆发新冠肺炎疫情，武汉今天都封城了，听说我们医院感染科要去支援武汉，我作为科室主任，必须得带头去，你们照顾好自己，佳佳就交给你们了，娟文在上夜班，我回头跟她说一下。（父母在看电视、女儿在写作业）

母　亲：说完了？谢国忠，我告诉你，武汉不许去！你爸啥样你不清楚吗？还有你没看见电视里说的啊！这肺炎是会人传人的，死人嘞！（国家卫健委高级别专家组于20日接受记者采访时表示，新型冠状病毒传染已确认存在人传人现象）

谢国忠父亲转眼看了一下儿子，眼睛睁得老大，直勾勾地看着老伴。

谢国忠:妈,作为科室主任我不去,这也说不过去,如今正是国家危难之际,我哪能退后啊!

母　亲:不要给我说有的没的,稍不注意,你爸不行了,谁能送医院去!咱们家情况你不知道吗!如果你非要去!那就先把我和你爸埋了!你爱上哪上哪!

谢国忠:好,听您的,我给领导解释,武汉,我不去了!

父亲看了一眼儿子,毕竟是男人,国家兴亡,匹夫有责。父亲给儿子点了一个大大的赞。儿子也明白,父亲的意思。

第二场:市医院会议室

(院领导出席、医疗队员参加、摄影师现场拍照)

市医院院长:同志们,为打赢全国疫情防控阻击战,我院党委按照党中央、省委统一工作部署,第一时间组建了首批援鄂医疗队,我们医院将抽调12人奔赴武汉黄陂区抗击疫情、开展救治工作,本批救援医疗队由感染科主任谢国忠担任队长兼临时党支部书记,你们是经过院党委层层选拔,最终光荣入选的全国首批援鄂医疗队。

同志们,看到你们早已按下手印的请战书,你们这种舍小家为大家的精神,是对"不忘初心、牢记使命"主题教育的生动诠释。到了疫情一线以后,大家要保重身体,科学防控,团结协作,同舟共济、共战疫情,坚决圆满完成支援任务,平安回家,向全国人民展现出新时代的医护风采。回家后给家人解释清楚、解释明白,不要让家人担心,有啥困难及时说明,我们医院就是大家的坚实后盾。

第三场:家里

谢国忠:爸、妈,过年了,我敬你们一杯,祝你们身体健康。今天也是咱们家人最全的时候,提前给爸过一个60岁的生日,平时我和娟文工作太忙,你们照顾佳佳辛苦啦。(腊月三十的饭桌,热气腾腾的饭菜,阖家欢乐的氛围)

李娟文:佳佳,那我们全家人祝爷爷生日快乐。

佳　佳:(佳佳放下筷子端起橙汁)祝爷爷生日快乐,祝奶奶身体健康,干杯。(全家人开开心心干杯)

奶　奶:我们佳佳最懂事了,给佳佳奖励一块肉吃!(说着奶奶夹了一块肉放在佳佳碗里,全家人有说有笑)

第四场:家里夜内

谢国忠:娟文,我们明天早上就出发了,家里的一切就交给你了,辛苦你了。(夫妻两个准备睡,在床上靠着)

李娟文:跟我还说这些干吗,老夫老妻了都。

谢国忠:娟文,你也知道,咱们家虽然有些困难,咱爸年龄有些大了,有时候就没意识了,需要我这个儿子在身边。可是武汉疫情这么严重,如果我们医护人员都讲困难,都不去,那谁去上前线!况且作为队长,我就得冲到最前面。

李娟文:国忠,我明白,我也知道,我理解你,你就放心去吧,家里有我呢。

谢国忠:谢谢你,娟文,为了不让爸妈担心,明天开始我就说感染科不让回家了,让住在医院,如果你回家了,你就给我带盒饭,让他们觉得我没有去武汉,免得让他们担心。

李娟文：看来你都有办法了，哎，只能这样了，赶紧睡吧，明天还得坐飞机。

谢国忠关灯后，躺下了，可是脑海里一直在思考，半夜时分，谢国忠看了眼熟睡的妻子，慢慢起身下床，生怕妻子醒来。他背手踱步，走进女儿的房间，为女儿盖上了被踢开的被子……

【旁白：此行谢国忠可以说是去武汉，上战场。武汉已经出现医护人员感染、死亡病例，他不能保证自己一定会回来，想起年迈的父母，天真的女儿，默默持家的妻子，哪一个不是他生命中重要的部分……】

想到这里，他拿起女儿的笔和纸，写下了这份沉甸甸的家书！

（画面铺设，以特写为主，包括里面的字眼、背影、眼神）

第五场：市区道路日外

救护车开道，谢国忠等医护人员被车队送往机场方向，路面上只有这个车队，谢国忠看着窗外。

在春节万家团圆的时刻，面对突如其来的疫情，广大医务工作者在祖国最需要的时候站出来、冲上去，舍小家为大家。

【旁白：由 138 名队员组成的第一批援助湖北医疗队正式出征。他们不计报酬、不计生死，带着初心和使命向湖北武汉"逆行"进发。他们主动成为逆行者，在没有硝烟的战场上与病毒展开激烈斗争】

第六场：武汉中心医院

医院素材，主要体现真实的武汉情况。

第七场：市区家里

李娟文：妈，把您剩下的饺子，装在饭盒里，我给国忠带去，他好几天没有回家了，肯定想吃您包的饺子。（边穿衣服，边收拾东西）

母　亲：他啊，打小就喜欢吃我包的韭菜馅饺子，你带去，还不把他高兴死了，你问，只要他想吃，我就天天给他包。你说这隔离就隔离么，咋还不让送饭，这医院真是的！医院大食堂，国忠能吃得好吗？

李娟文：妈，这次情况特殊，我也是好几天都没见他了，这次都不知道能不能送到他那去？我走了妈，你慢慢洗锅吧。

第八场：武汉中心医院日内

谢国忠和同事们一起抢救病人的场面，所有医护人员穿防护服，特写谢国忠满脸大汗。素材：×××××公司驰援武汉：为武汉捐苹果、社会各界人士捐款捐物。

第九场：家里日内

李娟文：爸、妈，我们医院又要派第二批医护人员去支援武汉，作为业务骨干我也得去，我们家里的确有困难，老的太老，小的太小，但是国忠也不让给组织反应，不让我拖后腿。国忠看来一时半会也出不来，那就委屈一下妈了，您又得照顾我爸，又得照看佳佳。

母　亲：哎，你看电视里演的，武汉有一家全家人都得病了，只有一个小姑娘在家。

我们起码都好好的,你就放心去吧,去了可千万要注意啊!哎,这疫情太严重了!

李娟文:妈,菜我待会下去再买一些,米面都多着呢,你们就尽量不要下楼了。

父亲听完,从口袋里掏出一沓100元,示意给儿媳妇,让她去武汉买吃的。

李娟文:爸,我有钱,你的钱留着,给你们买吃的。

母　亲:娟文,你爸给你了你就拿上,我要都不给我呢,千万不要嫌少,去武汉了得花钱。

李娟文:(眼泪打转,强忍着没有落下)谢谢爸,那我就拿上了。

第十场:家里女儿卧室

李娟文:妈妈跟佳佳商量个事,你能做到吗?

谢佳佳:妈妈你说吧,啥事啊?

李娟文:佳佳如今都八岁了,都成小大人了,如今爸爸在医院隔离室出不来,妈妈又得去支援武汉,爷爷奶奶老了行动不便,你是不是就成咱们家的顶梁柱啦。

谢佳佳:对啊,妈妈我就是咱们家的小大人!

李娟文:好,那就交给咱们家小大人一个任务,如果完成了有重金奖励哦!

谢佳佳:一言为定!

李娟文:好,奖励是你期待已久的!去三亚旅游!哈哈

谢佳佳:妈妈这次说话可要算数!拉钩一百年不许变!

李娟文:好,拉钩,一百年不许变,变了就是小狗!

谢佳佳:妈妈说吧,到底啥事啊?

李娟文:佳佳爷爷奶奶年纪大了,我走了你不能惹他们生气,要照顾好爷爷奶奶,你做完作业要帮助奶奶做家务,有啥事一定要提前告诉我,微信打字、语音都可以,我只要忙完看到就会回复你,不许你给我打视频,晚上下班了我一旦有时间就会给你打过来,还有不许哭不许闹,能做到吗?

谢佳佳:妈妈,那你啥时候才能回来啊!

李娟文:只要你乖乖听话,妈妈打败病毒很快就回来了,等我回来一定给你带好吃的!

谢佳佳:一言为定!

李文娟:好啦,佳佳早点休息吧!

第十一场:市医院领导送别

第二批援鄂医疗队6人,相互拥抱祝安好。

第十二场:武汉中心医院玻璃门口

夫妻二人隔着玻璃问好,用手比画,眼里都是彼此!妻子最后掏出手机示意让丈夫看手机。里面是父母和女儿的视频,妻子拿出手机,发了句语音:

李娟文:国忠你就放心吧,家里一切都很好。

谢国忠:一定要注意防护,我们这边已经有医生被传染了,你要注意千万不要被传染!

李娟文:国忠你一定要照顾好自己!(几度哽咽)

谢国忠:娟文我们一起加油!好了我去忙了,你也去忙吧。

第十三场:武汉中心医院

武汉中心医院副院长:今天上午接到市新冠肺炎疫情防控应急指挥部通知,要转送五例危重症病人来我们病区。由谢国忠担任组长,尽快实施手术,必要时请求连线钟南山院士、李兰娟院士团队线上指导,要不惜一切代价抢救这五例危重症患者。("穿着打扮"——N95 口罩、隔离衣、手套、防护服、防护眼镜)

中午,病人到达了病区,医护人员马上各自忙碌起来。护士为病人测生命体征,送入病房;医生在询问病情,书写病历,处理医嘱。

(谢国忠与同事紧张的手术过程)

王医生:谢组长,这位 70 多岁的病人,肺部 CT 提示双肺有大面积的高密度影,呼吸功能衰竭,需要尽快手术。您看一下吧。

老　人:谢谢你们啦,欲言又止,激动地说不出话来。

谢国忠:马上准备手术。(经过治疗,病人的血氧分压得到改善)

第十四场:武汉中心医院

下午 14 时,前线指挥部的贾成巡视员与省卫健委的相关同志来驻地看望大家,带来了关怀和慰问。

前线指挥部巡视员贾成:同志们,你们连续作战十几天辛苦了,今天我来看望一下大家,大家来武汉吃住还好吗?还习惯不?

众　人:都很好,谢谢领导关心。

前线指挥部巡视员贾成:谢组长,你们是第一批到我们武汉支援的医疗队伍,连续工作这么长时间,你们辛苦了,如今部队已经全面接管火神山医院了,以后危重症病人就送到火神山医院,你们也安排大家调休一下。

谢国忠:谢谢贾部长关心。

前线指挥部巡视员贾成:大家一定要注意防护,别的医院已经有医护人员出现感染情况了。我们一定要保护好我们的医护人员,这是治病救人的前提。还有,谁有困难,一定要说出来,我给咱们医护人员搞好后勤,好让你们安心、专心工作!

(突然,一位护士感到不适,险些晕倒,同事们连忙扶住、坐下)

第十五场:武汉中心医院

谢国忠:田护士长,那位护士怎么样了?

护士长:谢组长,这位护士是由于饥渴诱发低血糖。我们的医护人员凌晨 5 时多起床赶往医院,每个人工作 8 个多小时,穿着防护服中间尽可能不去卫生间,因此,进病房前尽量少吃不喝的,时间久了会导致低血糖、虚脱、晕厥等。

谢国忠:今天我再次强调一下,我们的医护人员一定要做好自身防护,保证身体健康,这才是做好工作的资本!工作中你们有任何不舒服及时跟我和田护士长沟通,不要硬撑!你们要对自己和家人负责!我们一定要做到零感染,一定要把你们一个不落地带回去!大家辛苦了!(说到这里,谢国忠有些激动,言辞犀利)

第十六场:武汉中心医院病房

谢国忠及其他医护人员去病区查房,在院病人有19例,其中大部分是老年病人,是“80后”与“90后”,他们虽然年龄大,却表现出积极向上的劲头,除了关心自己的病情是否好转外,配合治疗、热情的话语、对家人的思念、对未来的向往等,给所有的医护人员留下了深刻的印象。

谢国忠等医护人员进入病房时,1位40多岁的中年男病人,正在房间里运动,他看见谢国忠进来查房非常激动,颤抖着握着谢国忠的手,眼里含着泪花。

中年男人:谢谢你们,我想给你们一个拥抱,你们对我太好了,你们大老远来到武汉支援,你们辛苦了,等我好了以后,请你们到我家吃饭,感谢你们救了我!

谢国忠:大哥,看到你状态这么好,真是给我们医护人员巨大的信心。

中年男人:这次多亏你们来武汉救治我们,感谢你们医护人员!感谢你们为武汉做贡献!(病人的话语再次感动了医疗队,对武汉人民的敬佩之情油然而生)

第十七场:武汉中心医院办公室

谢国忠:同志们,把大家紧急叫来,是要再次强调一下医护人员的防护问题。今天下午,武汉市中心医院再次传来噩耗,咱们的眼科医生因新冠肺炎不幸以身殉职,这是咱们所在医院第三位因公殉职的医护人员。我们的医护人员在这场没有硝烟的战“疫”中付出太多太多,有人甚至付出了生命!我不希望、也绝不允许我们医护人员出现感染!

第十八场:武汉中心医院手机视频

谢佳佳:妈妈,爸爸最近怎么不出来视频了,我想爸爸了。

李娟文:佳佳,也许你爸爸最近太忙了吧,我也好几天没有联系了!等疫情结束了,我们就回家了。

谢佳佳:妈妈,疫情什么时候结束啊?我们小区现在可以出去了,我刚陪奶奶买菜去了。

李娟文:佳佳,你和奶奶出去一定要带好口罩,好好在家写作业。

谢佳佳:妈妈,我作业早都写完了,我现在每天都给爷爷和奶奶讲故事了。

李娟文:佳佳,妈妈这会又要忙了,先挂了啊,你在家好好听话啊!

谢佳佳:妈妈,怎么又挂了!

第十九场:武汉中心医院病房(背景音乐铺垫)

医院里住着一对新冠肺炎确诊的老夫妻,不过两位老人并没有住在同一间病房。虽然老爷爷已经77岁的高龄了,且还被感染了,但是依然念念不忘住在隔壁病房76岁的妻子。老爷爷每天高举着自己的吊瓶去老伴的病房照顾。老爷爷的病情比老奶奶的轻点,两人现都属于病情稳定的状态。

护士们喂老奶奶吃饭的时候,她都转脸不吃,可能由于生分。所以老爷爷每天都会主动去喂老伴吃饭,老奶奶就会配合着吃。

第二十场:武汉中心医院一般病房

段大夫:娟文,经过这几天的观察,咱们谢组长算是挺过来了,手术很成功,恢复得很好。你好好的，进去千万不要激动，陪他聊聊天吧！

李娟文：你们为啥不早告诉我！（哭泣中，一直在抽泣）

段大夫：娟文，这都是谢组长的意思！怕你担心，影响你的工作！你不要哭了，你这样，谢组长看到更伤心，他还以为他的病情严重了！

李娟文：嗯嗯，我不哭，不哭了！

李娟文靠着墙擦干眼泪，慢慢地推开门，轻轻地走了进去。看到病床上躺着一个插满管子的人，已经看不清是自己的丈夫。到床边，李娟文坐了下来，重新审视着面前的这个男人！

【原声旁白：国忠，你曾是一个主动请缨出征的英雄！救死扶伤的医生！更是全家人的主心骨！你怎么也躺下了！】

李娟文：（李娟文拉起谢国忠的手贴在自己脸上，谢国忠慢慢地转过脸看了看）国忠、国忠，我来看你了。

谢国忠：娟文，你，你，咳咳，那么忙，你怎么来了，我觉得我快不行了，呵呵，没想到又活过来了！

李娟文：（掩饰不了自己的泪水）国忠，会好起来的，医生说你手术很成功，再不要乱说了！

谢国忠：娟文，做手术那会我知道我的病严重了，这辈子我，我对不起你，都有些连累你了！

李娟文：（哭得更加严重）国忠，不是你说的这样，你很优秀，这辈子能嫁给你我很知足！

谢国忠：娟文，你能这样说，我很高兴，不过真的有些委屈你了。话说，我来的时候写了一份遗书在女儿书架上，我怕真有个三长两短，连跟家里人说话的机会都没有了！

李娟文：写遗书！不要瞎说！回去我就给你撕了！你要是真的觉得委屈我了，那你就好好的，以后好好补偿我。国忠，这苹果盒子这么漂亮啊，还是病人好，一发就是一盒，我们科室每人每天才发一个，我给你削个苹果吧！

谢国忠：段大夫说前两天医院发甘肃捐来的苹果，觉得我口干，特意申请了一盒，让我多吃水果。说啥"每天一苹果，医生不登门"，人家静宁苹果就是好啊！吃起来真甜。

李娟文：黄土高原上晒得能不甜吗！吃一口吧

谢国忠：比护士削的更甜。哎，我的工作还没有做完！可是我翻不起身了！我没办法了！娟文，这几天咱们全国新增确诊病例降到了多少？

李娟文：今天全国新增确诊病例仅 20 例，武汉所有的方舱医院已全部关停了！

谢国忠：这是个好消息！即使我死了！也值了！娟文，我要唱《我和我的祖国》，你也一起吧！（夫妻两人哭唱）歌声起，镜头转出摇起。

第二十一场：武汉中心医院

今天队员们怀着喜悦和兴奋的心情谈论着一个话题——武汉的春天来了，胜利在望了。

护士：哎，大家快看，习近平总书记来武汉慰问了。（视频播放：央视新闻）

今天下午，习总书记在武汉会议中心发表了重要讲话，代表党中央向湖北和武汉广大党员、干部、群众致以诚挚的问候，向奋战在疫情防控第一线的广大医务工作者、人民解放军指战员、社区工作者、公安干警、基层干部、下沉干部、志愿者以及各个方面的同志们表示崇高的敬意，向正在同病魔做斗争的病人及其家属、因公殉职人员家属、病亡者家属表示诚挚的慰问，向在这场疫情中不幸罹难的同胞、牺牲的一线工作人员表示深切的哀悼。

武汉加油、湖北加油、中国加油！武汉必胜、湖北必胜、中国必胜！

所有的人相互拥抱，喜极而泣！相互加油！

第二十二场：医疗队返回，欢送

素材展现。

第二十三场：镜头快闪

疫情全面结束，中华又是一片繁荣昌盛的景象！

第二十四场：市区家里女儿卧室

（李娟文走进女儿书房，慢慢地坐在床边，环视了一下书架，看到那个盒子赫然映入眼帘。她迫不及待地打开盒子翻开信件）

【旁白：娟文，想不到是以这种方式和你说话，我担心我去武汉后会感染新冠肺炎，真的回不来了！当你打开这封家书的时候，我可能已经到了另一个世界！

娟文，如今父母年事已高，女儿还小，我就离开了你，今生我对不起你，但愿有来生，我再补偿你。我离开后，趁你年轻，你考虑再找个伴吧，未来的路还很长，毕竟你一个人也太累、太孤单了。我的父母也就交给你了，妈还能帮你做一些家务，替你分担一下，愿你能照顾他们终老！我们的女儿一定要供她好好读书，可以的话，让她继续学医，将来可以为国家、为社会继续做贡献。女儿生性忠厚，以后待女儿谈婚论嫁之时你要给女儿找个好丈夫，我这辈子也就没啥遗憾了！爸、妈，儿子不孝，没办法为你们养老送终！娟文，万分抱歉，没办法伴你左右！佳佳，是爸爸不好，没办法陪你长大！你长大后一定要照顾好咱们家，替我照顾好你的妈妈！来生我再报答你们！】此刻的李娟文泣不成声……

实践教学项目四

1. 实践活动主题

社会调查——大学生诚信情况调查

2. 实践活动目的

通过调查大学生诚信度的现状，了解大学生在诚信方面存在的问题，探究其深层次的原因。借此实践，能让大学生对诚信度给予更多的关注，从而引导他们更好地做到诚实守信，并自觉地宣传诚信，为更好地继承发扬中华民族传统美德而努力。

3. 实践活动形式

问卷调查或访谈

4. 实践活动对象

全体在校生

5. 实践活动实施

(1) 任课教师宣布实践活动主题,明确实践要求。

(2) 材料搜集准备。具体包括以下几方面:

第一,调查的准备:讨论确定调查流程,并初步拟定调查的形式,如网上调查等,并配合调查问卷的各个环节对小组成员进行分组,明确划分各个成员的任务。

第二,确定调查的对象:在讨论中,组员经过对调查研究项目的主题进行探讨和琢磨,最后确定以在校大学生(本校+别校)为主要研究对象,进行网上问卷调查,尽量争取扩大调查范围。

第三,问卷调查的设计:经过讨论确定调查问卷的内容,包括两大部分,即以前是否做过不诚信的事,对当前大学生诚信度的现状的认识,主要以与大学生学习、生活息息相关的事情为问题,如作弊现象。

第四,调查问卷的小组分工:通过小组的分工,各小组立即各司其职,全身心投入调查中,迅速地完成这一环节。

第五,问卷统计与分析:把问卷调查表发布到网上,将链接发给不同学校的在校大学生,并让他们相互传递。

(3) 调查结果分析。最后将数据结果导出,展开讨论,全组成员一起对统计结果进行分析和总结。调查报告可以采用文字和图表的形式进行。

6. 实践活动成果

调查问卷收集,相关资料整理和问卷调查结果分析。

参考资料

资料一

大学生诚信调查问卷样例

亲爱的同学们:

我是××××的学生,因为课程的需要,现邀请大家填写调查问卷。我们大学生是国家未来的建设者和接班人,是建设和谐社会的主力,希望通过调查,你能更加了解自己在诚信方面的情况,同时也让我做出一份比较科学的调查报告,呈现出一份有参考价值的材料,谢谢你们的支持!

1. 请问你的性别是?

A. 男　B. 女

2. 请问你所在的年级?

A. 大一　B. 大二　C. 大三　D. 大四

3. 在大学期间,大多数老师都会布置写论文或者调查报告,那你通常如何完成自己的作业？

A. 独立思考，努力完成

B. 大部分自己完成，引用少量资料

C. 通过拼凑资料的观点完成

D. 完全抄袭资料，应付完成

4. 在校园里，看到有个钱包在校道上，你会怎么做？

A. 装作没看见，直接路过

B. 捡起来看里面有多少钱，如果里面没钱或者只有 10 元左右，就丢回原处

C. 捡起来据为己有

D. 捡起来交给保安或者检查钱包内是否有信息可以找回失主

5. 有些人因为个人的娱乐活动而夜归，却在夜归登记表中填写出于工作的原因，你有什么看法？

A. 事不关己，别人怎么做随他

B. 非常鄙视那些同学，自己也不会这么做

C. 可以理解，因为自己也有同样的经历

D. 虽然可以理解，但自己却不会这么做

6. 有些同学为了顺利通过考试，在考场上作弊，作弊手段也越来越多，你怎么评价这种现象？

A. 应该对作弊的同学严厉处罚

B. 表示可以理解，因为学生压力大

C. 自己曾经也有作弊的冲动，觉得不被老师抓到就可以了

D. 无所谓，都可以

7. 社会上出现权钱交易，有些地区的腐败现象严重，对此你有何看法？

A. 没有损害到你的切身利益就不去管太多

B. 即使损害到自己的利益，但是由于自己没权没势，只好忍气吞声

C. 虽然没有损害到自己的利益，但是也想尽自己的努力去消除这种不良风气

D. 可以理解，社会的风气也不是一朝一夕形成的，处于官场迟早都会染上陋习

8. 社会上，商家间的斗争无处不在，有些商家为了赢取更多的顾客对自己商品的信赖，故意诋毁其他商家，污蔑其他商家的商品有这样或那样的问题，你对此有何看法？

A. 不能接受，鄙视那些弄虚作假的商家，自己不会去光顾那些商店

B. 可以理解，商家间的斗争都是如此

C. 虽然可以理解商家间的斗争，但不能接受卑劣的手段

D. 无所谓，不是很在意。

9. 你认为大学生诚信缺失有哪些方面的原因？（多选）

A. 自制力差，容易受外界的影响

B. 家庭教育的缺乏，家长把社会上的不良风气带到家里，影响到孩子的价值观

C. 学校教育的漏洞，学校专注于学生的学业，忽略了学生的人生观培养

D. 社会上拜金主义、钱权交易等风气严重

E. 政府对大学生诚信观教育重视不够

10. 当代大学生总体的诚信状况是良好的，但是近年来，大学生诚信缺失现象越来越突出，你认为可以从哪些方面提高大学生的诚信度？（多选）

A. 政府提高重视程度，营造讲诚信、重诚信的社会氛围

B. 学校加强诚信方面的教育，培养学生良好的人生观

C. 家长要为孩子提供一个温馨、和谐的家庭环境，让孩子有良好的价值观

D. 大学生提高自己的自律能力，有明辨是非的能力，树立正确的世界观

E. 其他

资料二

问卷调查结果分析

关于大学生诚信的调查问卷

1. 你认为当今社会诚信理念是主导的理念吗？

A. 是　　B. 不是　　C. 不清楚　　D. 依情况而定

2. 你在考试中有过作弊行为么？

A. 有　　B. 没有　　C. 想过没做过　　D. 鄙视这种行为

3. 你认为学校对于作弊惩罚是否过于严重？

A. 很严重　　B. 一般　　C. 比较轻　　D. 不清楚

4. 你认为当前社会上最为常见的失信现象是：

A. 农贸市场缺斤少两　　B. 假冒伪劣商品盛行

C. 虚假广告盛行　　D. 垄断行业收费不透明

5. 在如今网购发展迅速的时代，你相信网购吗？

A. 相信　　B. 比较相信　　C. 不太相信　　D. 不相信

6. 你觉得作为一名网络商人，诚信在网购中占什么样的位置？

A. 相当重要　　B. 比较重要　　C. 一般重要　　D. 金钱至上

7. 你会被那些拾金不昧的故事感动么？

A. 会　　B. 不会　　C. 没有感觉　　D. 依情况而定

8. 你认为有些人诚信理念缺失的原因是什么？

A. 社会风气影响　　B. 个人道德意识欠佳

C. 教育的缺失　　D. 没考虑过这个问题

9. 大学生应该建立全面的诚信档案吗？

A. 应该　　B. 不应该　　C. 无所谓　　D. 没考虑过

问卷调查结果分析

这份问卷一共有 9 个关于诚信的问题，大体按照学习、经济、求职这三大方面设置。内容都是与当今大学生的生活息息相关的问题，具有一定的代表性。

学习方面：问卷第 2、3 题主要针对的是学习方面。

在我们的这份问卷中，关于学习方面的调查主要在作弊这个层面。问卷中对于考试中是否有作弊行为的调查，40%的同学选择的是A，38%的同学选择的是B，20%的同学选择的是C，而只有2%的同学选择了“D鄙视这种行为”；关于作弊惩罚是否过重的调查，28%的同学选择的是A，62%的同学选择的是B，10%的同学选择的是C，选择D的为0。

经济方面：问卷第4、5、6题主要针对的是经济方面。

问卷中关于经济方面的调查占了我们总调查的三分之一，因为随着市场经济的发展，作为未来主角的我们可能在经济方面会接触到与诚信有关的问题，所以把经济调查作为了重点。而从调查的结果来看，最常见的诚信缺失现象，44%的同学选择的是虚假广告盛行，34%的同学选择的是假冒伪劣商品盛行，选择垄断行业收费不透明的同学最少，只有4%；网购作为一种新式的经济行为，参与其中的人，在诚信方面的要求也有所出入，作为参与者，20%的同学认为可以相信，15%的同学不太相信，绝大多数（占60%）同学比较相信。而站在网络商人的角度，认为诚信相当重要的同学有60%，只有2%的同学认为“金钱至上”，说明对于经济方面的诚信问题，同学们总体持“诚信至上”的态度。

求职方面：问卷第9题针对的是求职方面。

求职方面的调查我们选择的是最近两年讨论得比较多的关于建立大学生诚信档案的问题。从调查结果可以看出，大多数同学选择的是应该建立诚信档案，只有极少数同学选择了不应该。由此可以看出同学们对诚信档案的建立总体来说是持肯定态度的。

道德层面：问卷的第1、7、8题针对的是道德层面。

关于道德层面诚信的问题，我们主要采用的是传统的问题调查方式。调查结果显示：50%的同学认为当今社会的主导理念是“诚信”。34%的同学会因为拾金不昧这样的事而感动，但是也有36%的同学不会为此感动。在对诚信理念缺失原因的调查中，48%的同学认为是社会风气的影响，40%的同学认为是个人道德意识欠佳，10%的同学认为是教育的缺失。

总结：通过这一次的调研实践活动，我们对大学生诚信度现状有了了解，大学生对诚信认识较清醒，能够正确地看待诚信的内涵，并且基本上能做到诚实守信。但仍有少部分人没有认真看待诚实守信，甚至觉得它不适应现代社会的发展。从中我们也间接地了解到了当今大学生对诚信及其相关问题的态度，如教育、社会风气，大家普遍认为诚信是中华民族的传统美德，赞成大学生的诚信度与教育和社会风气有关。

资料三

大学生培养诚信品质的重要性

一、诚信的含义

在中国古代，“诚”和“信”本来是两个意义相近的词，常用于互相训释。但仔细研究古籍可知,"诚"和"信"二字的意义并不完全相同。"诚"本义是真实真切,引申为人的道德情感和社会行为时则有诚实真挚的含义;而"信"的本义是求真守诚,引申为人的道德情感和社会行为时则有追求真理、信守承诺的含义。然而即便如此,"诚"与"信"仍是紧密相连的。许慎的《说文解字》亦云:"信,诚也,从人从言。""信"最基本的含义就是诚心实意,就是言行一致,说话算数;"诚"是一种真实无妄、表里如一的品格。诚信之德在于言必行,行必果,言行一致,表里如一,讲究信用,遵守诺言。

在当代中国的社会背景下,诚信被赋予了新的内涵。

首先,因为诚信的根本精神是真实无妄,信守诺言,所以它要求人们尊重客观规律,树立求实精神。在诚信这把精神标尺前,一切的虚情假意和欺瞒诈骗都将无所遁形,遭到无情的揭露与批判。其次,作为一种价值观念,诚信具有公正不偏的特性。他要求社会建立公正合理的制度,要求每个社会成员树立起公平的处世态度以及大公无私的道德观念。最后,诚信所内含的人文精神,要求人们自觉守法,真诚守信,树立起适应市场经济体制和法治社会的价值观和道德观。

二、诚信是中华民族的传统美德

诚实守信是中华民族的传统美德。在我国的道德传统中,诚实守信被看作"立身之本""举政之本""进德修业之本"。孔子贵信,把言而有信看作人们立身处世的基点和最基本的道德要求,他认为"人而无信,不知其可也"。《吕氏春秋》有《贵信》一篇,将"信"当作人立身处世的根本,主张人生以信为贵,认为人际关系缺少了"信",势必导致紧张和冲突,甚至是人人自危的状态。尽管世事更替,时代变迁,中华民族讲究诚信的精神始终延续不断。

我国的《公民道德建设实施纲要》,不仅在公民基本道德规范中提出诚信,而且在职业道德要求中,也再次强调诚实守信的重要性。公民道德建设以诚实守信为重点,既是对中华民族传统美德的弘扬,又是对当代中国道德建设实践的正确反映。而作为祖国未来的希望,当代大学生的诚信意识、诚信行为、诚信品质,关系良好社会风尚的形成,关系社会主义和谐社会的构建,在一定意义上关系中华民族的未来。

三、诚实的意义

"诚者天之道也;诚之者,人之道也。"知荣辱者,首先以诚信为荣、诚信为本。诚信作为一种人生境界,是一个高品位的人终生最珍贵的精神财富。拥有万贯资财不足以炫耀,而缺乏了诚信一切都黯然失色,拥有诚信者,走遍天下无所顾忌,幸福和成功随时随地会降临。以诚信为荣,祛除私欲,奉公守法,方能行得正、坐得稳。缺少诚信,就会缺失崇高和壮美,就无法摆脱平庸和无聊、欺诈和虚假。

海阔凭鱼跃,天高任鸟飞。诚信者的前景永远是壮阔的,时空永远是绚丽的。不诚信者的道路则是短暂的,前景是渺茫的。诚信缺失,不论是做人、经商,都是注定要失败的,古今中外,概莫能外。只有诚实守信,才会永远立于不败之地。静夜细思量,诚实守信与缺失诚信,哪个更利于国家、社会、人民和自己,做一番比较不是多余的。古今有大德、成大器、建大功、立大业者，无一不是德高才厚、诚信立身的。因此当代大学生一定要懂得诚信，学会诚信做人，诚信做事。因为一个诚信的社会，才是和谐的社会；一个诚信的民族，才是一个有希望的民族；一个诚信的国家，才是值得信赖的国家。而对于个人，只有扬荣弃耻诚信做人，才是一生的立身之本。

当代大学生，在接受着系统的道德教育的同时，也面临着社会巨大的变迁，经受着各种文化和价值观念的冲击。大学生诚信亦面临危机。现在的大学生，诚信缺失现象越来越普遍。是否诚实守信，反映着一个人的思想品质和道德觉悟，反映着一个团体的信用程度。一个表里不一、言而无信的人，可能蒙混乃至得势一时，但绝不会长久，到头来还是让虚伪害了自己。诚信和做人永远是形影不离的。

诚信需要一种自觉，而最应该具有此种自觉诚信观的就是校园中的大学生，因为大学生群体是未来社会主义市场经济的重要参与者。我们是时代最敏感的一分子，同时也是感知时代要求最强烈的精英，我们不但应该树立和形成自身的诚信，也应该成为诚信最有力的宣传者。只要我们坚持诚信原则，弘扬诚信精神，勇于面对并努力克服存在的诚信问题，充分发挥大学生的先锋带头作用，在不久的将来一定能够形成诚实守信的良好社会风尚。由诚信守护的生命，会更美丽而生机勃勃，爱它吧，让诚信在你的心底发芽吧。

实践教学项目推荐

1. 自省课堂——我的价值观探索之旅
2. 志愿服务——我为文明城市建设做贡献
3. 微影微观——我是时代的先锋
4. 诚信自觉——我为大学生活许承诺

第五章　明大德　守公德　严私德

习语

精神的力量是无穷的，道德的力量也是无穷的。中华文明源远流长，蕴育了中华民族的宝贵精神品格，培育了中国人民的崇高价值追求。自强不息、厚德载物的思想，支撑着中华民族生生不息、薪火相传，今天依然是我们推进改革开放和社会主义现代化建设的强大精神力量。

——习近平在会见第四届全国道德模范及提名奖获得者时的讲话

2013 年 9 月 26 日

实践教学导入

新时期党员干部要明大德、守公德、严私德

2018 年 3 月 10 日上午，习近平总书记在参加十三届全国人大一次会议重庆代表团审议时强调，领导干部要讲政德。政德是整个社会道德建设的风向标。立政德，就要明大德、守公德、严私德。在中国优秀传统文化中，“政德”始终是重要的为官标准。俗话说“人无德不立，官无德不为”，作为党员干部要加强政德建设，将其内化于心、外化于行，才能赢得民心。

立政德，明大德，要坚定理想信念。习近平同志在党的十九大报告中把坚定理想信念作为党的思想建设的首要任务，强调“必须坚持马克思主义，牢固树立共产主义远大理想和中国特色社会主义共同理想，培育和践行社会主义核心价值观”。理想信念是一个人的精神灵魂，是力量之源，是前进之灯。回顾九十多年的历史，中国共产党之所以能够取得革命和建设的成功，带领全中国人民从胜利走向新的胜利，走向幸福，走向更加美好的未来，就是因为中国共产党人在马克思主义理论指导下，明确了实现共产主义的伟大目标，确立了使中华民族繁荣昌盛、人民共同富裕的伟大理想和信念。作为党员干部，必须坚定理想信念，增强党性修养，增强为党和人民事业不懈奋斗的自觉性和坚定性，不忘初心、牢记使命，真正为百姓办好事、办实事。杨善洲、钟扬、杨汉军等一系列优秀的党员干部，之所以能让人民缅怀铭记，正是因为他们有着坚定的理想信念，忠于

党和人民，在自己的工作岗位上不辞辛苦、兢兢业业，为国家贡献力量。

立政德，守公德，要扮好人民公仆。邓小平同志曾说过，“领导就是服务”，我们党的宗旨是全心全意为人民服务，人民群众是党的根基，是国家的主人，广大党员干部要严格按照“权为民所用、情为民所系、利为民所谋”的要求，想群众之所想，急群众之所急，切实维护好群众利益。共产党员张思德同志，在一次战斗中，右腿先后两次负伤，但他强忍剧痛，冲入敌阵，缴获了敌人两挺机枪；在长征途中，他曾三次穿过人迹罕至的雪山草地；在中央军委警卫营通讯班当班长时，为保证信件准确及时地送达，他常常每天步行六七个小时。在张思德同志的追悼大会上，毛泽东同志迈着沉重的步伐，缓缓走上土台子，满怀悲痛地做了《为人民服务》的著名讲演。张思德是为人民服务的典范，在新的历史时期，面对新形势、新任务，每个共产党员都应该向张思德同志学习，时刻牢记党的宗旨并自觉实践党的宗旨，以全心全意为人民服务的实际行动，做出自己积极的贡献。

立政德，严私德，要常怀律己之心。习近平总书记说过，严以律己，就是要心存敬畏、手握戒尺，慎独慎微、勤于自省，遵守党纪国法，做到为政清廉。曾子教育我们“吾日三省吾身”，作为党员干部，要不断增强自律意识，严格约束自己，牢固道德防线，树立正确的世界观、人生观、价值观，要守得住清贫、稳得住心神、经得住诱惑。党员干部杨汉军，作为组织部长，严守初心，身居高位，但时刻紧绷律己之弦，秉持敬畏之道，把官做淡、把事做精、把人做大是他的精神追求，并以实际行动践行着。作为党员干部，就要向杨汉军同志学习，时刻保持清醒的头脑，规范自身的行为。打铁还需自身硬，只有常怀律己之心，堂堂正正做人，老老实实做事，才能做到一尘不染、一身正气，才能赢得广大人民群众的理解、尊重和支持。

政德是整个社会道德建设的风向标，是我们党构建清明政治生态、提高执政能力、树立良好形象的保障。作为党员干部，要将立政德作为一项必修课，内化于心，外化于行，坚定理想信念，强化宗旨意识，提高自身修养，做新时期忠于党和人民的好干部。

（资料来源：宣讲家网）

理论教学内容

1. 理论知识思维导图

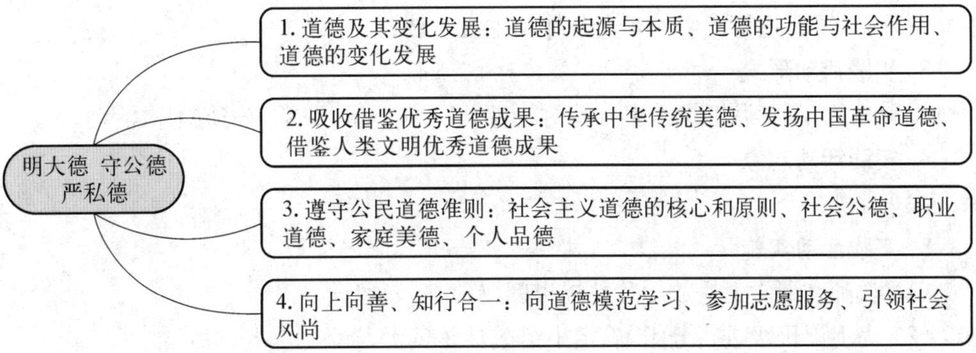

2. 理论教学重难点

(1) 继承和弘扬中华传统美德和中国革命道德。

(2) 社会主义道德建设的核心和原则。

(3) 积极投身崇德向善的道德实践。

实践教学模块

1. 实践教学目的

深入体会社会主义核心价值观的基本内容,深刻领会社会主义核心价值观的重要意义和核心内涵,坚定社会主义核心价值观自信,使之内化于心外化于行,自觉践行社会主义核心价值观,努力成为培育和弘扬社会主义核心价值观最积极、最活跃、最充分的青年先进代表。

2. 实践教学项目

项目一　道德及其变化发展系列主题实践活动

项目二　吸收借鉴优秀道德成果系列主题实践活动

项目三　遵守公民道德准则系列主题实践活动

项目四　“向上向善、知行合一”系列主题实践活动

实践教学项目一

道德及其变化发展系列主题实践活动

(一) 知识拓展层面

A-1

1. 实践教学项目主题

课内观读——道德的起源

2. 实践活动目的

通过观看短片《道德从哪里来》的实践活动,使学生能够对道德的起源有所了解,理解天意神启论、先天人性论、情感欲望论和动物本能论的不科学之处,对科学的道德起源有所理解,了解道德产生的客观条件和主观条件。

3. 实践活动形式

观看短片,观看后组织学生分组讨论,7—10 人一组,课堂内完成本次活动。

4. 实践活动对象

大一学生

5. 实践活动实施

(1) 教师在课堂上播放短片并提出问题。

(2) 为上课班级进行分组,确定小组成员及负责人。

(3) 各组自行开展讨论活动，针对各个问题给出讨论结果。

(4) 课堂上由各组对讨论结果进行汇报总结，教师对各个小组讨论活动进行点评。

A-2

1. 实践教学项目主题

课外研读——道德的本质

2. 实践活动目的

通过本次研读《道德本质论》的实践活动，使学生能够对道德的本质有更深刻的认识，理解道德是反映社会经济关系的特殊意识形态，是社会利益关系的特殊调节形式，更是一种实践精神。

3. 实践活动形式

研读《道德本质论》，对上课班级进行分组，7—10 人一组，利用课下时间组织活动。

4. 实践活动对象

大一学生

5. 实践活动实施

(1) 教师在课堂上进行《道德本质论》专著的整体介绍，对研读任务进行分解和引导。

(2) 给上课班级进行分组，确定小组成员及负责人。

(3) 每个小组确认研读章节和核心问题。

(4) 分组自行开展研读活动，要求每个同学都要领读其中部分章节，讨论提出自己的理解、体会或疑惑。

(5) 以照片和文字相结合的形式对研读活动进行详细记录。

(6) 撰写个人研读心得体会。

(7) 课堂上由各组对分组研读活动进行汇报总结，指导教师对各个小组研读活动进行点评。

6. 实践活动成果

每位同学撰写研读心得体会，每个小组分别记录各组研读活动，提交研读活动照片和研读活动记录。依据实践成果对各个活动小组和每个同学分别给予考评。各个活动小组依据研读活动参与人数、研读记录讨论内容及深度给予考评，个人心得体会依据观点是否深刻、是否有个人体会、是否有个人观点以及论点是否鲜明、论据是否充分给予评分。

参考资料

资料一

书目推荐《马克思恩格斯论道德》

《马克思恩格斯论道德》是由人民出版社出版的。

《马克思恩格斯论道德》内容简介：21世纪，是中华民族复兴的世纪。为了实现这一伟大目标，我们不仅要加快物质文明和政治文明的建设，还必须努力提高全国人民的道德素质和文化水平，把精神文明的建设落到实处。精神文明建设需要正确的理论指导，应当吸收人类文明的共同成果，结合我国的社会现实，建构一个科学合理的价值参照系。早在100多年前，马克思和恩格斯就以人的全面自由发展为核心，对一系列道德问题发表了自己的看法。

资料二

《马克思恩格斯论道德》一书评介

孔润年

近期，人民出版社公开出版了王磊先生选编的《马克思恩格斯论道德》一书。此书从《马克思恩格斯全集》中节选了近二百段与伦理、道德问题相关的论述，全书有二十余万字，内容丰富，条理清晰。该书除了按时间顺序编排内容目录之外，还按专题分类编排了"内容索引"。这样，既能为研究马克思主义伦理思想史的学者提供方便，又能为分专题研究马克思主义伦理学原理及现实道德问题的学者提供方便。这对学习马克思主义伦理学的大学生、研究生以及从事马克思主义理论和思想道德研究、教育、宣传的人们也都很有参考价值。

对研究马克思、恩格斯伦理思想及现实道德问题的学者来说，必须从原著出发，全面了解马恩关于道德问题的论述和观点。而《马克思恩格斯论道德》一书，最初就是在认真通读《马克思恩格斯全集》第一版的基础上，对其中涉及伦理、道德问题的段落进行了精选、摘录和编排，而且对每个选段在原著中的版本、卷次和页码都作了准确标注。既有按发表时间的排序，又有按专题分类的排序，使用起来极为方便。借助这本书，完全可以走进马克思和恩格斯的伦理思想中去，并为学习和研究者节省大量的时间和精力，真可谓功莫大矣！出版本书的意义还不限于此，更在于对我国精神文明建设、特别是对道德建设的重大指导意义。正如本书前言中说："21世纪，是中华民族复兴的世纪。为了实现这一伟大目标，我们不仅要加快物质文明和政治文明建设，还必须努力提高全国人民的道德素质和文化水平，把精神文明建设落到实处。精神文明建设需要正确的理论指导，应当吸收人类文明的优秀成果，结合我国的社会现实，建构一个科学合理的价值参照系。早在一百多年前，马克思和恩格斯就以人的全面自由发展为核心，对一系列道德问题发表了自己的看法。这是一笔宝贵的精神财富，我们应当认真地研究、继承和发展，用以指导当前的精神文明建设工作……我们相信此书的出版，对我国的马克思主义伦理学研究和精神文明的建设会起积极作用。有了这块铺路石，可帮助我们更加全面、正确地理解马克思、恩格斯的伦理思想，加深对人的发展与社会发展关系的认识，始终坚持以人为本的原则，不断促进物质文明与精神文明的协调发展。"

其实，这是一本早应出版而推迟出版的书。王磊先生长期从事伦理学研究，对马克思主义伦理思想及原著尤为重视。他早在上个世纪80年代初，就花费很大工夫翻阅马恩全集，从而选编了这本《马克思恩格斯论道德》，当时由他的工作单位宝鸡师范学院

(现为宝鸡文理学院)以“内部交流资料”的形式印发过,并在国内伦理学界产生过较大的影响,比如有些高校将此书列为伦理学研究生必读书目之一,在很多高校图书馆至今还能检索到这本书。但遗憾的是,此书因为多种原因一直未能公开出版。从那时算起,时间已过去了 25 年之久,但出版此书的价值不但没有消失,反而显得更加必要和重要。党中央决定从 2004 年 4 月开始实施马克思主义理论研究和建设工程。无论这项工程已经出版和将要出版的成果是什么,最重要的是它代表了党中央对坚持马克思主义指导地位的一种坚定态度。在此项工程的影响下,重读马克思主义经典著作的热潮也在学术界涌动。在这样的政治和学术背景下,公开出版《马克思恩格斯论道德》一书的意义和价值就不言而喻了。在本书出版之前,王磊先生不顾年事已高,又花费很大精力翻阅了最新版本的马恩文集和全集,尽量按最新版本准确无误地标注了所选段落的卷次和页码。这是需要有较深学术功底、严谨态度,并且愿意花费极大工夫的学者才能做到的事情。据我多年在高校从事伦理学教学和研究所接触到的资料来看,《马克思恩格斯论道德》一书很可能是国内唯一公开出版的马克思主义伦理学原著选编资料。因此,当我看到此书的时候,有弥足珍贵、倍觉亲切之感,对本书编者和出版者的敬意也油然而生!

A-3

1. 实践活动主题

课内研讨——道德的功能

2. 实践活动目的

通过本次实践活动,让学生通过对不同历史时期公正的基本内涵的研讨,认识古希腊时代、资本主义时代和社会主义社会中公正的不同内涵,加深对道德最突出的认识功能、规范功能和调节功能三个社会功能的理解和认识,进一步明确道德作为社会意识的特殊形式对于社会发展所具有功效。

3. 实践活动形式

研究讨论,对上课班级进行分组,7—10 人一组,课上、课下相结合完成此次实践活动。

4. 实践活动对象

大一学生

5. 实践活动实施

(1) 教师在课堂上对研讨任务进行讲解,要求学生利用课下时间,充分搜集资料,对古希腊时代、资本主义时代和社会主义社会等不同历史时期中公正的不同内涵进行阐述。

(2) 给出部分材料做引导。

如古希腊哲学家德谟克利特说“人尽自己的义务,服从国家利益就是公正。”柏拉图说“统治者必须有智慧;卫士必须勇敢;民众应当节制,如果三个阶级安分守己、各司其职,国家就达到了和谐公正。”

马克思说:“在阶级社会中,公正是带有阶级性的,统治阶级的公正更多具有形式上的意义,这个阶级的公正观念只表现为几乎把一切权利留给自己,而把一切义务推给另一个阶级,所以公正的真实实现是与人类的解放联系在一起的。”

(3) 对上课班级进行分组,确定小组成员及负责人。

(4) 分组自行开展研讨活动,要求每个同学完成各自资料搜集工作,并对搜集到的资料进行整理和讲解,对古希腊时代、资本主义时代和社会主义社会中公正的内涵进行自我阐述。自我阐述后进行讨论,产生小组集体观点。

(5) 以照片和文字相结合的形式对研讨活动进行详细记录。

(6) 课堂上由各组对搜集到的资料进行展示和讲解,并对研讨结果进行阐述,指导教师进行讲解。

古希腊民众参与国家生活是至高的荣誉,能够为国家做贡献既是荣誉也是至高的权限,并不是所有人都有这种权利,比如说奴隶阶级就不享有这种权限,也就是说奴隶阶级不享受社会公正。

资本主义社会资本家阶级的公正只是一种形式,他们追求的公正是公平获得攫取剩余价值的机会,他们的公正意味着绝对的权利,而对工人阶级来说意味着绝对的义务。所以人类公正的真正实现必须消灭私有制。

社会主义社会公正作为社会主义道德的重要规范,反映了社会主义社会中人与人之间的经济关系,反映了人们的根本要求,体现了社会的精神风貌,人身平等,人格平等,机会平等,权利义务统一,各尽其能,各得其所。

6. 实践活动成果

每个小组分别记录各组研讨活动,提交研讨活动照片和研讨活动记录。

A-4

1. 实践活动主题

课内视频讨论——"孝"文化的发展演变

2. 实践活动目的

通过本次实践活动,让学生理解道德是随着社会生产力和生产关系的变化而不断变化的,通过对"孝道"时代内涵的思考,了解"孝"文化的历史演变,明确道德的时代性和变动性,进而明确在当下的现实环境中如何发扬"孝"这一传统美德。

3. 实践活动形式

观看视频后讨论,课堂内完成此次实践活动。

4. 实践活动对象

大一学生

5. 实践活动实施

① 教师在课堂上播放短片《"孝"文化的发展演变》,并对《二十四孝》的故事做简要介绍。

② 根据视频材料,提出问题,"总结我国不同时期的孝文化",要求学生分组讨论,给出答案。

③ 教师根据视频资料细节,引导学生完善答案。

④ 教师给出点评并对答案进行总结。

"孝"在先秦时期逐渐形成并得以确立。殷人把祖先视为喜怒无常、令人惧怕的鬼神，他们对祖先的祭祀也只是一种宗教意义上的祈求。

到了西周，生产力的进一步发展促使人们之间的联系越来越密切，对祖先的祭祀除增加了政治意义和伦理意义外，还进一步增加了传宗接代、奉养父母的新含义。

春秋战国时期社会生产关系急剧调整，急需重新规范社会秩序，在此背景之下，孔子从理论上将“孝”确立为对所有人的普遍道德要求，“孝”也从此成为协调亲子关系的伦理规范，并成为古代社会宗法道德的基础。

汉至隋唐五代，“孝”文化逐渐得到完善。汉代建立了以孝为核心的社会统治秩序，把孝作为治国安民的主要精神基础，孝道由家庭伦理扩展至社会伦理、政治伦理，并通过把《孝经》列为各级各类学校必修课本、创立“举孝廉”的官吏选拔制度等一系列措施，巩固“以孝治天下”的治国纲领。从魏晋至隋唐五代，孝道逐渐向法律领域全面渗透，凭借法律力量推行孝道，进而实现对整个社会的控制。

宋元明清时期，“孝”文化走向极端、愚昧，变得僵化。程朱理学成为社会正统思想，孝道的专一性、绝对性、约束性增强，对父母无条件顺从成为孝道的基本要求，孝道进一步沦为强化君主独裁、父权专制的工具。

中国近代是一个大变革的时代，传统的“孝”文化内涵也随之发生变化。这一时期，民主、自由的思想开始为更多人所接受，一大批进步的思想家从自然人性角度批判封建孝文化的专制性、绝对性，使“孝”文化冲破了家庭与等级观念的束缚，提升至民族大义、国家复兴的高度，为“孝”文化开创了新的空间。

中华人民共和国成立以来，尤其是改革开放以后，伴随着社会主义制度的确立和生产力的巨大飞跃，“孝”文化实现了对传统文化的批判性继承，并结合时代精神，焕发了新的活力，有了新的表现形式。

6. 实践活动成果

每个小组分别对我国各个时期的“孝”文化进行总结和表述。

（二）情感升华层面

B-1

1. 实践活动主题

课内案例讨论——道路交通安全中的道德规范

2. 实践活动目的

通过本次实践活动，让学生对道德的社会作用有强烈的情感体验，从而认识到道德是提高人的精神境界、促进人的自我完善、推动人的全面发展的内在动力。

3. 实践活动形式

课内案例讨论，课堂内完成此次实践活动。

4. 实践活动对象

大一学生

5. 实践活动实施

(1) 首先要求学生回忆自己乘坐公共交通的经历，并回答下列问题：你乘坐公共汽车时，有哪些事让你印象深刻？乘客文明出行，你认为需要有哪些规定？

(2) 教师邀请同学表演展示情境片段。

情景一：31 路公交车站　星期六早上 7:30

小张昨晚赶作业到很晚，今天一早又要去很远的地方上个补习班，很想早点坐上车，利用路上的一个小时休息一下。可小张乘的那路车少，公交站台上不一会儿就站满了等车的人，好不容易来了一辆车，人们顿时蜂拥而上，根本没人在乎秩序。小张很着急，想冲上去挤吧，想想自己胸前还戴着团徽呢，实在难看！不挤吧，眼看就要上不了车了，更别提坐座位了。小张感到十分为难……

提问：假如你是小张，你该怎么办？

情景二：31 路公交车上　星期六早上 8:10

小张等了好久才挤上一辆公交车，好不容易占到一个座位，刚坐下，上来一个大肚子的孕妇，就站在小张身边，不让吧，于心不忍；让吧，自己也很累。小张思想又开始斗争了。

提问：如果是你，会怎样选择？

情景三：31 路公交车上　星期六早上 8:35

小张一路在车上站着，早就腰酸背疼了，孕妇坐在小张让出的座位上，心安理得地和车上巧遇的熟人聊起来了，差点坐过了站。司机提醒她，她慢吞吞地起身下车的同时，却忙不迭地将座位腾出来给了自己的熟人(一个人高马大的汉子)。在众人诧异的眼神中，她得意地下了车。

提问：请大家体会一下此刻小张的心情，应该怎么理解这件事情？

情景四：31 路公交车终点站　星期六早上 8:45

小张站了一路，终于快到站了，这时，司机开始大叫起来："后面上车的，还没投币的，赶快了！"小张注意到刚才从后门上车的两位中学生始终没有买票，就看了他们几眼，两位中学生感到大家的眼光都看着自己，很不自在，其中一个就往前面投币箱挤去，边挤边回头朝同伴狡黠地笑。那位投币的学生很迅速地往投币箱里投了两枚硬币，但经常出入游戏厅的小张一瞥就发现那是两枚游戏机币，小张目瞪口呆。

提问：请把你的想法说出来。如何做一个文明乘客？

(3) 教师点评：乘坐公交车时，乘客之间要相互礼让，提倡尊老爱幼，不要为争抢座位面红耳赤；车上拥挤时，相互间要彼此谅解，有问题时说声对不起，化干戈为玉帛；停车靠站后，大家要按照先后次序排队上车；上车投币请事先备好零钱，免得耽误大家乘车的宝贵时间；乘客与驾驶员之间要相互体谅，重要的是驾驶员能安全地把乘客送到目的地。

在香港九龙尖沙咀一处具有几十条路线的公交车站，人们在排队等车。在记者拍摄的 20 分钟内，没有看到一个人随便插队。由于香港交通线路规划非常科学，加上完善的交通管理，以及司机、行人极高的交通素质等，香港不但基本消除了堵车现象，而且还努力为人们提高路途上的幸福指数，甚至成为不少西方国家的学习目标。

所以道德是提高人的精神境界、促进人的自我完善、推动人的全面发展的内在动力，同时也是推动社会进步的动力。

B－2

1. 实践活动主题

校外社会调查——大学生道德素质状况的社会实践调查

2. 实践活动目的

通过本次实践活动，让学生对道德的社会作用有强烈的情感体验，从而认识到道德是提高人的精神境界、促进人的自我完善、推动人的全面发展的内在动力。

3. 实践活动形式

校外社会调查，分组课下完成此次实践活动。

4. 实践活动对象

全体大一学生

5. 实践活动实施

(1) 教师在课堂上对调查任务进行讲解，要求学生利用课下时间对大学生道德素质状况进行调查。

(2) 教师引导学生对调查问卷内容进行讨论，确定调查问卷的题目。

(3) 教师对学生进行分组，对调查对象、调查地点等做出要求，辅助学生完成调查准备工作。

(4) 拟定的调查问题有：

什么是道德素质？你认为当代大学生道德素质水平如何？大学生最重要的东西是什么？道德对公民制约作用强弱如何？作为大学生，我们应该如何提升自己的道德素养？自身及周围人群道德素养水平如何？在公交车上看到老弱病残孕会主动让座么？在人行道为红灯，但此时恰好没有车辆经过的情况下，你会怎么做？对于学校组织的志愿者活动、社区服务和公益劳动会主动参与么？如果你的舍友在出门前忘了关台灯或热水器，导致台灯或热水器开了整整一早上，你会怎么做？你是否介意不道德的行为？对于不道德的行为你敢指出么？对父母孝顺么？

6. 实践活动成果

每个小组结合图片和文字报告各自调查情况，汇总调查问卷，分析汇总后形成大学生道德素质状况调查报告，一并提交调查活动照片。各个活动小组依据道德调查报告写出自己的体会和见解，依据体会和见解对每个同学进行考评。

（三）践行养成层面

C－1

1. 实践活动主题

校内实践竞赛——诵读道德经典　传承中华美德

2. 实践活动目的

通过本次实践活动，让学生通过“诵一段经典、讲一个故事、做一个承诺、送一份吉祥”四个环节，以经典启迪智慧，与高尚对话，接受文化洗礼，从自身一点一滴做起，营造出“积小德为大德，集小善为大善”的良好校园风气。

3. 实践活动形式

校内实践竞赛，集中完成此次实践活动。

4. 实践活动对象

全体大一学生

5. 实践活动实施

(1) 教师在课堂上对本次活动提出具体安排和要求，并给出推荐篇目。本次活动为期三个月，要求各个班级利用晨读和其他自习时间集中诵读道德经典，在班会时间穿插讲经典故事环节，对本周诵读的道德经典中的感人故事进行讲解，对经典故事给我们的启迪进行阐述，集体给出一个道德模范行为承诺。

(2) 开展经典诵读比赛，每个班级选派参赛队伍集体参赛，要求有集体诵读环节，有经典故事启迪环节，有道德承诺环节。

诵读比赛结束时评选出一、二、三等奖，并由德高望重的老教师送上祝福。

(3) 道德经典诵读推荐篇目

①《老子》(《道德经》)

②《三字经》

③《弟子规》

④《大学》(第一章)

⑤《中庸》(第二十、二十一、二十二章)

⑥《论语》(十篇)

《学而》(第四、五、六章)

《为政》(第三、二十二章)

《里仁》(第三、四、五、十五、二十五章)

《雍也》(第九、十六、十七、二十五、二十六章)

《述而》(第三、六、十五、二十九、三十六章)

《泰伯》(第二、七、十三章)

《子罕》(第二十五、二十八章)

《颜渊》(第一、十五、十六、二十四章)

《子路》(第六、十三、十九、二十、二十三、二十六、二十七章)

《宪问》(第十一、二十一、二十四、二十九、三十三章)

⑦《孟子》(6篇)

《公孙丑上》(第二、六章)

《滕文公下》(第二章)

《离娄上》(第九、十章)

《告子上》(第八、十章)

《尽心上》(第十四、十九、二十四章)

《尽心下》(第三、三十一章)

⑧《周易·泰》

⑨《尚书·盘庚上》

⑩《诗经》(5 篇)

《关雎》《子衿》《鸡鸣》《伐檀》《硕鼠》

⑪《礼记》(3 篇)

《苛政猛于虎也》《不食嗟来之食》《教学为先》

⑫《左传》(2 篇)

《曹刿论战》《烛之武退秦师》

⑬《荀子·劝学》(前 3 节)

⑭《师说》(唐·韩愈)

⑮《孟母戒子》(《韩诗外传》)

⑯《送东阳马生序》(明·宋濂)

⑰《孙权劝学》(宋·司马光)

⑱《陋室铭》(唐·刘禹锡)

⑲《爱莲说》(宋·周敦颐)

⑳《为学》(清·彭端淑)

6. 实践活动成果

为期三个月的经典诵读活动记录(班会记录和诵读照片)和考评,经典诵读大赛记录和比赛结果。依据经典诵读活动记录和经典诵读大赛结果对各个班级进行评价。

参考资料

资料一

拓展书目推荐——《传统文化与道德建设》

这是一部兼具学术研究、道德教育、知识普及三大功能的专著。该书确立了一个既久而新的话语:传统文化与道德建设。并紧紧围绕主题,展开了充分的讨论。这个话语所展开的讨论,与以往相比较,既有一定的深度,又有相当的广度。从讨论的内容上讲,既体现了传统与现代的结合,德治与法治的统一,也有东方文化与西方文化的交流与碰撞、历史与现实的交锋、人文精神与科学精神的交融。“诚信”问题是本书研讨的一个比较集中的话题。

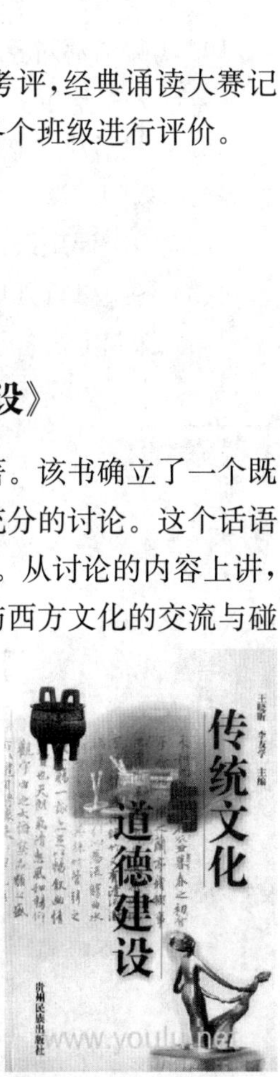

书中提出了对社会信用体系的思考:建立和健全社会信用体系,使一切社会的人都在信用体系之中活动,一个覆盖全社会的信用体系,无一遗漏地涵盖了一切社会的人。本书还就“传统文化视域内的诚信道德及其现代价值”和“中国传统诚信观的现代意义”表达了自己的见解,提出了“加强诚信建设,健全市场经济信用体系”的建议。

实践教学项目二

吸收借鉴优秀道德成果系列主题实践活动

（一）知识拓展层面

A－1

1. 实践活动主题

课内观读——中华传统美德的基本精神

2. 实践活动目的

通过观看短片《传承优秀文化基因》的实践活动，使学生能够对中华传统美德有所了解，对中华传统美德的基本精神有所领会，理解中华传统美德的创造性转化和创新性发展。

3. 实践活动形式

组织全体大一学生集体观看短片，观看后组织学生分组讨论，7—10 人一组。

4. 实践活动对象

全体大一学生

5. 实践活动实施

(1) 教师在课堂上播放短片并提出问题。

(2) 为上课班级进行分组，确定小组成员及负责人。

(3) 各组自行开展讨论活动，针对各个问题给出讨论结果。

(4) 课堂上由各组对讨论结果进行汇报总结，教师对各个小组讨论活动进行点评。

参考资料

资料一

拓展书目推荐——《中国传统美德》

2001 年 1 月 10 日，江泽民总书记在全国宣传部长会议上高屋建瓴地提出了“以德治国”这一重要的治国方略。深刻领会、认真贯彻这一治国方略，对于我们更加自觉地建设社会主义精神文明，特别是社会主义道德体系，大力提高全民族的道德素质，具有极其深远的历史意义。2001 年 9 月 20 日，党中央颁布的《公民道德建设纲要》明确提出：“中华民族的传统美德与体现时代要求的新的道德观念相融合，成为我国公民道德建设发展的主流。”如此突出地强调传统美德与体现时代要求的新的道德观念相结合，这不仅是我国公民道德建设不断深化和拓展的重要体现，而且是形成与发展与社会主义市场经济相适应的社会主义道德体系的显著标志，同时，也给我们教育工作者提出了一个值得深入研究的重要课题，即为了实施“以德治国”的治国方略和公民道德建设，必须高度重视传统美德教育。

遵照中央领导关于“弘扬中国古代优良道德传统和革命道德传统，吸取人类一切优秀道德成就，努力创建人类先进的精神文明”“继承和弘扬中华民族的传统美德”“中国传统美德应进入大、中、小学的课堂”、组织力量“编写出适合各级各类学校学生使用的教科书”的重要指示，邵阳学院(原邵阳师专)于 1996 年在全校开设了特色课程“中国传统美德”，并编写了讲义。讲义已多次在学校使用，深受学生欢迎。根据 21 世纪教学内容和课程体系改革的精神，从道德建设和学校人才培养目标出发，在原有讲义和教学实践的基础上，编著了这本《中国传统美德》，其目的是满足各级各类学校对学生进行道德教育和人文素质教育的需要，并适应公民道德建设的需求。

本书遵循理论和实践相结合、古为今用、推陈出新的原则，用马克思主义伦理学的原理，对“道德”“传统道德”“传统美德”一些主要问题进行了比较全面的梳理和深入浅出的论述，注意吸收学界有关研究的最新成果，优化本书的内容，使其具有较高的理论价值。理论研究是必要的，但理论必须指导实践，研究中国传统美德，是为了继承和弘扬中国传统美德，加强精神文明建设和公民道德建设。基于这一认识，我们把发掘和揭示传统美德在当代精神文明建设和公民道德建设中的现实价值，作为本书的归宿点，着力探索传统美德与社会主义道德的融合点，使传统与现代接轨，让传统美德更好地为现实服务。

A－2

1. 实践活动主题

校内调研——我们身边的中华传统美德

2. 实践活动目的

通过本次实践活动，让学生对身边的中华传统美德有所认识，能够对传统美德和我们生活的联系有更多感触。

3. 实践活动形式

校内调研，在校园内完成此次调研活动。

4. 实践活动对象

全体大一学生

5. 实践活动实施

(1) 教师在课堂上对调研任务进行讲解，要求学生利用课下时间对我们身边的中华传统美德进行调研。

(2) 教师引导学生对调研问卷内容进行讨论，确定调研问卷题目。

(3) 教师对学生进行分组，对调研对象、调研地点等做出要求，辅助学生完成调研准备工作。

(4) 拟定的调研问题有：

你在生活中体验过哪些中华传统美德？请在每个选项下写出自己经历的故事。

6. 实践活动成果

每个小组结合图片和文字报告各自调研情况，汇总调研问卷，分析汇总后形成我们身边的中华传统美德调研报告。各个活动小组依据道德调查报告写出自己的体会和见解，依据体会和见解对每个同学进行考评。

（二）情感升华层面

B－1

1. 实践活动主题

校外基地教育——领略中国传统文化魅力，参观中国文字博物馆

2. 实践活动目的

通过参观中国文字博物馆，让学生对文字文化有所了解，对中华文明的传承和发展有更形象的认识，充分感受中华传统文化的魅力。

3. 实践活动形式

分组完成参观活动，每组分配老师带队。

4. 实践活动对象

全体大一学生

5. 实践活动实施

(1) 对文字博物馆进行简介，提出问题，让学生带着问题去参观。

(2) 进行实地参观，对我国不同时期的文字特点和当代的文明进程有所了解。

(3) 体验互动项目，领略文字魅力。

(4) 参观后讨论，讲述自己印象最深刻的展厅。

6. 实践活动成果

每位同学撰写参观报告，谈谈自己的感触和对文字文化的理解。依据各个活动小组的参观报告对每个同学进行考评。

参考资料

资料一

中国文字博物馆

中国文字博物馆，位于河南省安阳市人民大道东段656号。是经国务院批准的一座集文物保护、陈列展示和科学研究功能于一体的国家级专题博物馆，也是中国首座以文字为主题的博物馆。

该馆是一组具有现代建筑风格和殷商宫廷风韵的后现代派建筑群，由字坊、广场、主体馆、仓颉馆、科普馆、研究中心、交流中心等建筑组成，总占地143亩，总建筑面积34 500平方米。共入藏文物4 123件，其中一级文物305件，涉及甲骨文、金文、简牍和帛书、汉字发展史、汉字书法史、少数民族文字、世界文字等多个方面。2007年11月29

日，中国文字博物馆一期工程开工，2009 年 11 月 26 日正式开馆。

中国文字博物馆以世界文字为背景，以汉字为主干，以少数民族文字为重要组成部分，以翔实的资料、严谨的布局、科学的方法和现代化的展示手段，充分展示中华民族一脉相承的文字、灿烂的文化和辉煌的文明，荟萃历代中国文字样本精华，讲解古汉字的构形特征和演化历程。

同时，以古汉字符号为独特视角，反映东方华夏文明与中国语言文字的研究成果，具有普及性和学术性双重使命。

建成后的文字博物馆通过文物陈列和现代化的展示手段，展示历代中国文字样本精华，展现古汉字的构形特征和演化历程，以及华夏文明与中国语言文字的研究成果。

中国文字博物馆展厅介绍

第一展厅

世界文明发展史上曾出现过几种古老的表意兼表音的文字，如西亚的楔形文字，埃及的象形文字，印度的哈拉本文字等，他们是早期文明的重要标志，但由于种种原因，均被历史淹没，唯有中国的文字以其与时俱进的品格与博大宽容的胸怀屹立于世界民族文化之林。本展厅主要介绍汉字的出现及其演变。

第二展厅

金文，是商周时期铸刻在青铜器上的文字的总称，金文应用的年代有 1 200 多年，在众多的先秦文字中，金文占有重要的地位，它反映了秦用小篆统一文字前 1 000 多年间中国文字发展变化的基本情况。本展厅主要介绍金文的出现及发展。

第三展厅

隶书，以其实用性强，易于书写的特点，在汉代取代了小篆的地位，成为主要字体。两汉四百余年间，书法由隶书变为章草、楷书、行书。书体的不断变化使汉字书法艺术不断发展，给中国传统文化注入了鲜活的灵气与勃勃生机。本展厅主要介绍隶书的发展及演变。

第四展厅

我国 55 个少数民族中，有 20 多个民族不同程度地使用本民族文字，在现行民族文字中，蒙古族、藏族、维吾尔族等民族使用历史上形成的传统民族文字，相关文字的文献和文物为我们了解我国古代社会制度和社会生活提供了宝贵资料。本展厅主要介绍我国少数民族的文字及其发展。

第五展厅

人类早期通过结绳篆刻等方式传达信息，但还没有形成文字的概念，后来在龟甲兽骨上刻写，甲骨文开始出现。在殷商时期，文字大量篆刻在陶器玉器青铜器上，开始逐渐走向成熟。随着造纸术、印刷术的发明，人类开始编纂字书。到 20 世纪 70 年代，汉字进入计算机时代，汉字信息处理技术从无到有。本展厅主要介绍文字载体的发现及演变。

互动与影像厅

随着社会的不断发展，互动成为人与人之间的一种普遍的交流方式，互动教学也成为一种主流教学方式。本展厅利用互动和影像的方式让人更直观地了解到我国文字的发展及演变。

特别展厅

书法是汉字的书写艺术，是中华传统文化的象征，在世界文化艺术宝库中独放异彩。本展厅主要展示各类书法及书法介绍。

B-2

1. 实践活动主题

校外基地教育——参观红色教育基地马氏庄园

2. 实践活动目的

使学生对家乡的红色故事有所了解，为家乡的红色故事感到自豪，进而主动传播。

3. 实践活动形式

校外基地参观教育，分组完成参观活动，每组分配老师带队。

4. 实践活动对象

全体大一学生

5. 实践活动实施

(1) 对马氏庄园进行简介，对重点人物进行介绍，激起学生参观兴趣。

(2) 进行实地参观，对马氏庄园历代主人的故事进行介绍，对马家家风也进行介绍，了解马家对安阳历史的影响。

(3) 结合历史故事和影视剧作，激发学生的自豪感。

(4) 参观后讨论，讲述自己印象最深刻的环节。

6. 实践活动成果

每位同学撰写参观报告，谈谈自己的感触和对家乡红色文化的理解。依据各个活动小组参观报告对每个同学进行考评。

参考资料

资料一

马氏庄园

马氏庄园位于河南省安阳市西部 20 公里的西蒋村，是清代广东巡抚马丕瑶的府第，建于清光绪至民国初期，保存完好，占地面积 20 000 多平方米，其中建筑面积 5 000 多平方米，被学者称为“中州大地绝无仅有的封建官僚府第建筑标本”“中原第一官宅”，是全国重点文物保护单位，国家 AAAA 级旅游景区，全国红色旅游经典景区，河南省廉政教育基地。

2017 年 1 月，马氏庄园被列入《全国红色旅游经典景区名录》。

马氏庄园共分三区六路，每路分四个庭院，九道大门，俗称“九门相照”。整座庄园布局严谨，错落有致，古朴典雅，雄浑庄重，既有典型的北京四合院宽敞明亮的建筑风格，又有晋商大院深邃富丽的建筑艺术，还有中原地区蓝砖灰瓦五脊六兽挂走廊的建筑特色。

马氏庄园的主要景点有慈禧下榻处、光绪下榻处、马丕瑶旧居、马吉森旧居、马青霞旧居、刘邓大军驻军旧址、进士第匾、寿字轴、太史第匾、龙抱槐、家庙门楼、享堂、文昌阁、马氏家训、马氏义庄等。

抢救和保护马氏庄园，对于研究中原宅院建筑艺术和清末民初的社会发展状况都有着重要的意义。

B－3

1. 实践活动主题

校外社会调查——我家乡的民族英雄

2. 实践活动目的

让学生对身边的故事有所了解，激起同学的自豪感，意识到英雄就在身边，今天的生活就来源于身边英雄的奋斗和奉献。

3. 实践活动形式

校外社会调查，分组完成本次调查活动。

4. 实践活动对象

全体大一学生

5. 实践活动实施

(1) 教师要求学生寻找自己家乡的红色故事，讲述家乡民族英雄的事迹。

(2) 对同学进行分组，来自同一个地域的可以划分为一组。

(3) 通过多种途径收集信息，教师可做大体介绍，给出核心信息，比如林州市临淇镇的抗美援朝战斗英雄孙占元。

(4) 收集到核心信息后，逐步扩展信息，把故事描述得更加丰满，了解更多的故事情节。

6. 实践活动成果

每个小组撰写家乡的民族英雄小故事，并且讲述给全班同学。对每个小组的故事进行评分，从人物、故事的准确度、形象性角度进行考评。

参考资料

资料一

战斗英雄孙占元

1952 年 10 月 14 日，在上甘岭战役中，敌军约 6 个营的兵力攻占了志愿军防守的 597.9 和 537.7 高地。这两个高地关系着整场战役的胜负，所以敌我双方围绕着两块高地进行了反复争夺。

而在那天的反击中，孙占元率领突击排对 597.9 高地 2 号阵地实施反击。

1952年10月14日的黄昏时分，确切地说是下午五点半，孙占元带领突击排顺着我军已经夺回的阵地进入主峰2号阵地的坑道内，准备向敌人发起反击，夺回我军的阵地。

晚上7点，就在敌人的警戒最松懈的时候，孙占元率领我军战士跃出坑道，向敌人发起了迅猛的进攻。

但是，敌人与我军多次战斗，也了解了我军作战的一些习惯。所以，敌人在阵地上设置了许多火力点，来防御我军的冲击。

其中，敌军的4个火力点阻拦住了我军前进的脚步，压得我军战士们无法前进。匍匐在地的孙占元冷静地观察了形式，当即命令用机枪掩护，让战士李忠先前去炸掉敌人的火力点。

在我军机枪的掩护下，李忠先顺利地靠近敌人的地堡，按照孙占元布置的战术，将地堡用爆破筒掀翻。孙占元随即带领突击排，在震天动地的爆炸声和弥漫的硝烟里，迅猛向前穿插。趁着敌人的短暂混乱，连续用相同的方法爆破了几个火力点，很快就把敌人从我军阵地上赶了出去。

但是，敌军并不甘心失败，他们向孙占元率领的突击排连续发动疯狂的反击。

在炮火和大量重武器的掩护下，敌人向着我军阵地步步逼近。我军根本来不及构筑起阵地，孙占元在这种情况下，冷静指挥，让敌军所构筑的火力点为我军所用。凭借着敌人给我们修起来的防御工事，抵挡了敌人的这一次猛攻。

敌人的反攻并没有停止，他们的火力渐渐把阵地上所有的工事都摧毁了。可是，孙占元沉着冷静地指挥左转，全排在他的领导下同仇敌忾，以我军的坑道作为依托，凭借敌人炮火掀起的烟尘作为掩护，把冲入我军阵地的敌军一次又一次打回去。

战斗中，孙占元的腿被敌人的炮火击中，他甚至无法站起来，只能爬着走。但是，孙占元为了不影响我军士气，忍着剧痛一声不吭。冷静地命令易才学带两名战士去炸敌人的地堡，自己用机枪掩护，同时命令方振文等战士准备反击，重新控制阵地。

战场上，敌军又开始对我军阵地发起了攻击，刚刚冷却下来的岩石再次被铁与火的风暴覆盖，又一轮激烈的对抗开始了。

孙占元当即命易才学执行刚才的计划，去爆破敌军在阵地上的最后一个火力点，防止敌人以此为依托，再次控制我军阵地。他自己则以无比坚强的意志，忍着常人难以忍受的剧痛，把已经被汗水湿透的脸贴在机枪托上，向着敌军迅猛而准确地开火，为我军战士提供掩护。

易才学借着孙占元精准的火力掩护，绕过了岩壁，几步之后就绕到敌军火力点的侧后方，迅速地将手雷投进了敌人的火力点里。

当易才学提着机枪，想要找孙占元排长的时候。他借着战场的火光，看到排长血迹斑斑的身躯，身下压着一个敌人，前后左右倒下了7具敌军的尸体。那是在刚才的战斗中腿被炸断的孙占元由于无法移动，所以在弹药用尽后，以无与伦比的勇气和意志，在枪林弹雨里爬到敌军尸体堆里，解下敌人的手榴弹投向敌群。

"为排长报仇！"战士们发出了愤怒的呼喊。按照孙占元布置的作战计划，我军战士们再次向2号阵地发起反击。失去了火力点掩护的敌人根本无法抵御我军的迅猛冲击，很快我军全歼残敌，将阵地收复，胜利地完成了反击任务。

（三）践行养成层面

C－1

1. 实践活动主题

校外社会服务——走进老年群体，共享智能手机使用心得

2. 实践活动目的

尊老爱幼是中华民族的传统美德，通过组织老年服务的社会公益活动，使学生以实际行动为老人送温暖、献爱心，增强学生继承和弘扬中华民族尊老敬老的传统美德。

3. 实践活动形式

校外社会服务，走出校园，走进社区和养老院完成本次实践活动。

4. 实践活动对象

全体大一学生

5. 实践活动实施

（1）教师在课堂讲解服务内容，要求大学生利用自己熟悉网络、熟悉智能手机的优势，帮助老年人使用智能手机，解决使用手机过程中遇到的问题。

（2）细化服务任务，为班级同学进行分组，每个小组 7—10 人，选出组长。

（3）每个小组根据各自任务分头准备，确保能够顺利完成任务，对服务现场情况充分预估。

（4）与社区或养老院等服务机构联系，沟通实践活动内容和时间，确定地点并进行宣传。

（5）教师带队，到服务地点后各小组分头开展服务，教师对整个服务做必要的调整和把控。

6. 实践活动成果

每个小组使用图片和文字报告本次社会服务情况，着重对自己的活动任务和感受做出描述。依据各个活动小组的社会实践报告，对每个同学进行考评。

实践教学项目三

遵守公民道德准则系列主题实践活动

（一）知识拓展层面

A－1

1. 实践活动主题

课内观读——中国：让人尊敬并不难

2. 实践活动目的

了解社会主义道德的核心和原则，看到社会主义核心价值观的作用和意义，理解社

会主义道德让中国人被世界尊敬。

3. 实践活动形式

组织同学集体观看，观看后组织学生分组讨论，7—10人一组。

4. 实践活动对象

全体大一学生

5. 实践活动实施

(1) 教师在课堂上播放短片并提出问题。

(2) 为上课班级进行分组，确定小组成员及负责人。

(3) 各组自行开展讨论活动，针对各个问题给出讨论结果。

(4) 课堂上由各组对讨论结果进行汇报总结，教师对各个小组讨论活动进行点评。

A-2

1. 实践活动主题

课内研讨——公共生活中的道德规范

2. 实践活动目的

通过对公共生活的认识和对公共生活特征的分析，让学生总结出公共生活中需要什么样的公共秩序，进一步明确社会公德的主要内容有文明礼貌、助人为乐、爱护公物、保护环境、遵纪守法等。

3. 实践活动形式

课内研讨，在课堂上完成此次调研活动。

4. 实践活动对象

全体大一学生

5. 实践活动实施

(1) 教师对社会公德部分内容进行讲解。

(2) 请同学根据自己的生活经历，讲出感触最深的社会公德。

(3) 对遵守社会公德和不遵守社会公德分别会带来的影响进行剖析。

(4) 结合切身经历，讲述社会公德对生活的影响。

(5) 教师进行点评，明确社会公德是维护公共利益、公共秩序、社会和谐稳定的起码的道德要求。

(6) 教师讲解：社会公德。

社会公德简称“公德”，是指存在于社会群体中间的道德，是生活于社会中的人们为了我们群体的利益而约定俗成的我们应该做什么和不应该做什么的行为规范。在本质上是一个国家，一个民族或者一个群体，在历史长河中、在社会实践活动中积淀下来的道德准则，文化观念和思想传统。它对维系社会公共生活和调整人与人之间的关系具有重要作用。与“私德”相对，这里的“公德”是指与国家、组织、集体、民族、社会等有关的道德；而“私德”则指个人品德、作风、习惯以及个人私生活中的道德，并且社会公德是维持良好人际关系的条件，衡量一个民族进步的标志。

社会公德是指人们在社会交往和公共生活中应该遵守的行为准则，是维护社会秩序、保证社会和谐稳定的最起码的道德要求。社会公德有广义和狭义的理解。广义的社会公德是指反映阶级、民族或社会共同利益的道德。它包括一定社会、一定国家特别提倡和实行的道德要求，甚至还以法律规定的形式，使之得以推行。狭义的社会公德特指人类在长期社会生活实践中逐渐积累起来的、为社会公共生活所必需的、最简单、最起码的公共生活准则。它一般指影响着公共生活的公共秩序、文明礼貌、清洁卫生以及其他影响社会生活的行为规范。社会公德是人类社会生活最基本、最广泛、最一般关系的反映。在阶级社会中，尽管存在各种不同阶级的划分，存在着各种不同的分工，但处于同一时代的同一社会环境里的全体社会成员，为了彼此的交往，为了维持社会的生活秩序，都必须遵守为这个时代和这个社会所必需的生活规则。

社会公德是人类社会文明成果的一种沉淀和积累。它具有以下几个特点：

① 基础性。社会公德是社会道德体系的基础层次，在每一个社会都被看作是最起码的道德准则，是为维护社会公共生活的正常进行而提出的最基本的道德要求。遵守社会公德，是对社会生活中每个人的最低层次的道德要求，在此基础上还有许多更高的道德标准和道德要求。社会公德水平的高低昭示着一个社会道德风气的好坏。

② 全民性。社会公德是社会全体成员都必须遵守的道德规范，具有最广泛的群众性和适用范围。在同一社会中，任何社会成员不管属于哪个阶级或从事何种职业，对于社会公共生活的简单规则，都必须遵守，否则就要受到社会舆论的谴责。国家、社会团体、机关单位有时甚至可以以国家权力或行政权力、经济权力予以干预。

③ 相对稳定性。社会公德是人类世世代代调整公共生活中最一般关系的经验的结晶。这种最一般的关系，在不同时代、不同社会形态里都存在着，因而，调整这种关系的社会公德在历史上比起其他各种道德分支来，具有更强的稳定性。而且社会公德总是随着社会物质文明和精神文明的发展，保存和发扬其进步的、合理的方面，剔除其落后的、不合理的部分。

④ 简明性。社会公德大多是生活经验的积累和风俗习惯的提炼，往往不需要做更多的说明就能被人们理解。

⑤ 渗透性。社会公德具有广泛的渗透性，它作为调节公共生活的准则，包含着非常广泛的内容，诸如遵守公共秩序、保持公共卫生、敬老爱幼、尊师爱生、言而有信、互相关心、互相帮助、礼貌待人、互相谦让、济困扶危、拾金不昧、见义勇为等等。

社会公德的内容是对公共生活中的方方面面提出的基本规范和要求。在我国现代社会中，社会公德的主要内容为：

文明礼貌

社会公共生活中人与人之间应该和谐相处，举止文明，以礼相待。自觉杜绝说脏话、随便猜疑、欺骗他人等恶习。这是处世做人最起码的要求。

助人为乐

助人为乐，见义勇为是社会成员在公共生活交往中用以调整相互关系的最一般的行为规范之一。在公共生活中，人与人之间应该团结友爱，相互关心，相互帮助。爱人者人恒爱之，信人者人恒信之。现实生活中不可能人人都时时快乐、事事顺心，难免会遇到这样和那样的困难和问题，总有需要人帮助、救济的时候。这就需要人们之间互相帮助，扶危济困，乐善好施，以助人为乐。

爱护公物

爱护公共财物是社会公德极其重要的内容，在公共场合更要注意这一点。

保护环境

为了保持社会公共生活的环境整洁、舒适和干净，保障社会成员的身体健康，每个公民都应当讲究公共卫生、保护生活环境，这也是社会公共生活中人们应当遵循的最基本的行为规范。讲究公共卫生，营造优美环境，是人身心健康的重要保证；是社会风尚的一个重要方面，体现出一个民族的文明程度和精神面貌。

遵纪守法

法律是对公民行为的必要约束及规范，是对道德的补充。自觉遵守法律法规、纪律，是社会公德最基本的要求。公共生活中人们要进行社会活动，就必须要有规矩可循，就必须遵循一定的行为规范。每个社会成员既要遵守国家颁布的有关法律、法规，也要遵守特定公共场所的有关规定。只有依照法律、法规及纪律的有关规定行事，才不妨碍他人的正常活动，也保障自己所要从事的某项活动；才不会给社会和他人造成损失和伤害，保持社会公共生活相对稳定和和谐，并保证社会的健康发展。遵纪守法反映了人们的共同要求，体现了人们共同的利益。每个社会成员都应自觉增强法律意识、增强法纪观念，自觉用法纪来指导和约束自己的行为，自觉履行法纪规定的义务，敢于并善于运用法律武器同各种违法乱纪现象做斗争，并能正确运用法纪手段保护自己的合法权益不受侵犯，真正做到知纪懂法、遵纪守法。

社会公德作为人类社会生活中最起码、最简单的行为准则，是和广大人民群众的切身利益密切相关的，是适应社会和人的需要而产生的。它对人们的社会生活具有特殊且广泛的作用。每个社会成员都应该自觉遵守社会公德。

① 遵守社会公德是维护社会公共生活正常秩序的必要条件。社会公德是维护公共场所正常秩序和安定环境、维护现实社会生活的最低准则，是现实社会生活稳定发展的基本条件。

② 遵守社会公德是成为一个有道德的人的最基本要求。社会公德发挥着维护现实的稳定、公道，扬善惩恶的功能，在社会生产和生活中起着强大的舆论监督作用和精神感召作用。社会公德的这种作用体现在：一方面肯定、维护和促进一切有利于或有助于社会和个人生存、发展和完善的思想和行为；另一方面否定、抑制和阻止一切有碍于或有害于社会和个人生存、发展和完善的思想和行为。这主要是通过社会公德的规范方式来促进社会和个人弃恶扬善，扶正祛邪，从而指导人们的思想和行为，非强制性地调节和规范着社会生活中人们的言论和行动，维护社会公共生活秩序，有效地为满足社会与社会成员的需要服务。

③ 社会公德建设是精神文明建设的基础性工程，也是精神文明程度的“窗口”。社会公德是社会道德的基石和支柱之一，社会公德对社会道德风尚的影响稳定而深刻、广泛而持久。社会道德又是社会精神文明的重要组成部分，所以从人们实践社会公德的

自觉程度和普及程度，可以看出整个社会精神文明建设的状况。因此，如果社会公德遭到了践踏和破坏，整个社会的道德体系就可能会瓦解，整个社会的安定团结也将被破坏，社会主义精神文明建设也就不可能真正搞好。社会的精神文明当然包括多方面的内容；但在一定的历史发展阶段，社会的道德风尚通常是衡量一个社会的精神文明发展水平的重要标志，是整个人类社会精神文明发展的一种反映和体现。因为，一个地区或一个国家的精神面貌总是先从社会风尚中表现出来。总之，社会公德是现代社会必须高扬的基本道德。每个社会成员都应该增强社会公德意识，自觉地以社会责任感考虑自己的行动，遵循体现社会群体利益和他人利益的公共规范。

A－3

1. 实践活动主题

课外辩论——树立正确的恋爱观和婚姻观

2. 实践活动目的

使学生能够知悉正确的恋爱观和婚姻观的内涵，能够自己用正确的恋爱观约束自己。

3. 实践活动形式

课外辩论，由教研室组织全校学生共同完成此次辩论比赛。

4. 实践活动对象

全体大一学生

5. 实践活动实施

(1) 辩论题目征集阶段，由辩论赛筹备小组工作人员进行走访调查，征集学生中关注度高，有一定影响力的恋爱观点，如：

我遇到了心仪的对象，但是他(她)已经有女(男)朋友了，我要不要继续表白，追求爱情？

前女(男)友加我微信，约我见面，我见不见？要不要告诉现任？

家里反对我和我对象在一起，我要不要分手？

结婚前女方要彩礼 8 万，到底要不要给？

(2) 初赛在系部举行，由教师分别在上课班级对辩论题目进行预热，引导每个学生多方位思考辩论题目，根据一个论题，写出自己的正方观点和反方观点。教师根据每个学生的书写情况，选出班级代表队，参加系部初赛。

(3) 系部初赛后，选出优秀选手组队，由教师给予指导。

(4) 学校组织辩论赛决赛，选出获胜队伍和最佳辩手，给予表彰。

6. 实践活动成果

每个同学对辩论观点的正方、反方论述。初赛、决赛的活动资料。依据每个同学的论述和比赛获奖情况进行考评。

(二) 情感升华层面

B－1

1. 实践活动主题

课内案例研讨——职业道德

2. 实践活动目的

通过观看短片《南丁格尔精神在中国》的实践活动，使学生能够对遵守职业道德有深刻的领悟，理解每个职业都有要遵循的道德要求。

3. 实践活动形式

组织全体同学集体观看，观看后组织学生分组讨论，7—10 人一组。

4. 实践活动对象

全体大一学生

5. 实践活动实施

(1) 教师在课堂上播放短片并引导同学讲出自己的感受。

(2) 为上课班级进行分组，确定小组成员及负责人。

(3) 各组自行开展讨论活动，对社会上遵守职业道德和不遵守职业道德的现象分别介绍，讲讲自己的感受。

(4) 课堂上由各组对讨论结果进行汇报总结，教师对各个小组讨论活动进行点评。

(5) 教师讲解：职业道德

良好的职业修养是每一个优秀员工必备的素质，良好的职业道德是每一个员工都必须具备的基本品质，这两点是企业对员工最基本的规范和要求，同时也是每个员工担负起自己的工作责任必备的素质。那么，怎样才是具备了良好的职业修养和职业道德呢？

每个人平时都有习惯，但不一定是职业习惯，更不一定是符合要求的职业习惯。那么，哪些才是符合要求的职业习惯呢？

第一，早到公司。每天提前到公司可以在上班之前准备好完成工作必需的工作条件，调整好需要的工作状态，保证准时开始一天的工作。

第二，搞好清洁卫生。做好清洁卫生，可以保证一天整洁有序的工作环境，同时也利于保持良好的工作心情。

第三，工作计划。提前做好工作计划利于有条不紊地开展工作，自然也有利于保证工作的质和量。

第四，开会记录。及时记录必要的工作信息，有助于准确地记载各种有用的信息，帮助日常工作顺利开展。

第五，遵守工作纪律。工作纪律是为了保证正常工作秩序、维持必需工作环境而制定的，不仅有利于工作效率的提升，也有利于工作能力的提高。

第六，工作总结。及时总结每天、每周等阶段性工作中的得与失，可以及时调整自己的工作习惯，总结工作经验，不断完善工作技能。

第七，向上级汇报工作。及时向上级请示汇报工作，不仅有利于工作任务的完成，也可以在上级的指示中学到更多工作经验和技能，让自己得到提升。

职业习惯是一个职场人士根据工作需要，为了很好地完成工作任务主动或被动地在工作过程中养成的工作习惯，也是保证工作任务和工作质量必须具备的品质。良好的职业习惯，是出色地完成工作任务的必要前提，如果不具备良好的职业习惯就不能按照要求完成自己的工作。所以每一个人都需要良好的职业习惯。

职业道德的主要内容包括：

爱岗敬业，诚实守信，办事公道，服务群众，奉献社会。

职业道德的含义包括以下八个方面：

① 职业道德是一种职业规范，受社会普遍的认可。

② 职业道德是长期以来自然形成的。

③ 职业道德没有确定形式，通常体现为观念、习惯、信念等。

④ 职业道德依靠文化、内心信念和习惯，通过员工的自律实现。

⑤ 职业道德大多没有实质的约束力和强制力。

⑥ 职业道德的主要内容是对员工义务的要求。

⑦ 职业道德标准多元化，代表了不同企业可能具有不同的价值观。

⑧ 职业道德承载着企业文化和凝聚力，影响深远。

职业道德的服务标准：

对待工作

· 我的工作，我的至爱（热爱本职工作）

· 没有规矩，不成方圆（遵守规章制度）

· 自洁自律，廉洁奉公（注重个人修养）

① 不利用工作之便贪污受贿或谋取私利。

② 不索要小费，不暗示，不接受客人赠送物品。

③ 自觉抵制各种精神污染。

④ 不议论客人和同事的私事

⑤ 不带个人情绪上班

对待集体

· 集体利益高于一切。（集体主义是职业道德的基本原则，员工必须以集体主义为根本原则，正确处理个人利益、他人利益、班组利益、部门利益，和公司利益的相互关系。）

· 组织纪律观，时刻在心间。

· 团结协作，友爱互助，爱护公共财产，做一名主人翁。

对待客人

· 全心全意为客人服务。

· 没有错的客人，只有不对的服务。

· 客人的投诉是对我们最大的支持。

职业道德的基本要求：

概括而言，职业道德主要应包括以下几方面的内容：忠于职守，乐于奉献；实事求是，不弄虚作假；依法行事，严守秘密；公正透明，服务社会。

① 忠于职守，乐于奉献。

尊职敬业，是从业人员应该具备的一种崇高精神，是做到求真务实、优质服务、勤奋奉献的前提和基础。从业人员，首先要安心工作、热爱工作、献身所从事的行业，把自己远大的理想和追求落到工作实处，在平凡的工作岗位上做出非凡的贡献。从业人员有了尊职敬业的精神，就能在实际工作中积极进取，忘我工作，把好工作质量关。对工作认真负责和核实，把工作中所得出的成果，作为自己的天职和莫大的荣幸；同时认真分析工作的不足和积累经验。

敬业奉献是从业人员职业道德的内在要求。市场经济的发展，对从业人员的职业观念、态度、技能、纪律和作风都提出了新的更高的要求。

广大从业人员要有高度的责任感和使命感，热爱工作，献身事业，树立崇高的职业荣誉感。要克服任务繁重、条件艰苦、生活清苦等困难，勤勤恳恳，任劳任怨，甘于寂寞，乐于奉献。要适应新形势的变化，刻苦钻研。加强个人的道德修养，处理好个人、集体、国家三者的关系，树立正确的世界观、人生观和价值观；把继承中华民族传统美德与弘扬时代精神结合起来，坚持解放思想、实事求是，与时俱进、勇于创新，淡泊名利、无私奉献。

② 实事求是，一票否决。

实事求是，不光是思想路线和认识路线的问题，也是一个道德问题，而且是职业道德的核心。求，就是深入实际，调查研究；是，有两层含义，一是是真不是假，二是社会经济现象的规律性。为此，我们必须办实事，求实效，坚决反对和制止工作上弄虚作假。这就需要有心底无私的职业良心和无私无畏的职业作风与职业态度。如果夹杂着私心杂念，为了满足自己的私利或迎合某些人的私欲，弄虚作假、虚报浮夸，就会背离实事求是原则这一最基本的职业道德。

职业道德对为人师表的教育工作者非常重要。根据中组部、中宣部、教育部联合印发的《关于加强和改进高校青年教师思想政治工作的若干意见》，我国将以师德表现作为教师年度考核、岗位聘任(聘用)、职称评审、评优奖励的首要标准，建立健全青年教师师德考核档案，实行师德“一票否决制”。

作为一个工作者，必须有对国家、对人民高度负责的精神，把实事求是作为履行责任和义务的最基本的道德要求，坚持不唯书，不唯上，只唯实。从业人员要特别注意调查研究，经过去粗取精，去伪存真，由表及里，由此及彼的分析，按照事物本来面貌如实反映，有一说一，有二说二，有喜报喜，有忧报忧，不随波逐，不看眼色行事。

③ 依法行事，杜绝腐败。

坚持依法行事和以德行事“两手抓”。一方面，要大力推进国家法治建设的有利时机，进一步加强执法力度，严厉打击各种违法乱纪的现象，依靠法律的强制力量消除腐败滋生的土壤。另一方面，要通过劝导和教育，启迪人们的良知，提高人们的道德自觉性，把职业道德渗透到工作的各个环节，融于工作的全过程，增强人们的道德意识，从根本上消除腐败现象。

④ 公正透明,服务社会。

优质服务是职业道德所追求的最终目标,优质服务是职业生命力的延伸。

职业道德的特点:

第一,职业道德具有适用范围的有限性。

每种职业都担负着一种特定的职业责任和职业义务。由于各种职业的职业责任和义务不同,从而形成各具特色的职业道德的具体规范。

第二,职业道德具有发展的历史继承性。

由于职业具有不断发展和世代延续的特征,不仅其技术世代延续,其管理员工的方法、与服务对象打交道的方法,也有一定历史继承性。如"有教无类""学而不厌,诲人不倦",始终是教师的职业道德。

第三,职业道德表达形式多种多样。

由于各种职业道德的要求都较为具体、细致,因此其表达形式多种多样。

第四,职业道德兼有强烈的纪律性。

纪律也是一种行为规范,但它是介于法律和道德之间的一种特殊的规范。它既要求人们能自觉遵守,又带有一定的强制性。就是说,一方面遵守纪律是一种美德,另一方面,遵守纪律又带有强制性。例如,工人必须执行操作规程和安全规定;军人要有严明的纪律等等。因此,职业道德有时又以制度、章程、条例的形式表达,让从业人员认识到职业道德具有纪律的规范性。

职业道德的作用:

职业道德是社会道德体系的重要组成部分,它一方面具有社会道德的一般作用,另一方面它又具有自身的特殊作用,具体表现为:

① 调节职业交往中从业人员内部以及从业人员与服务对象间的关系。

职业道德的基本职能是调节职能。它一方面可以调节从业人员内部的关系,即运用职业道德规范约束职业内部人员的行为,促进职业内部人员的团结与合作。如职业道德规范要求各行各业的从业人员都要团结、互助、爱岗、敬业,齐心协力地为发展本行业、本职业服务。另一方面,职业道德又可以调节从业人员和服务对象之间的关系。如职业道德规定了制造产品的工人要怎样对用户负责;营销人员怎样对顾客负责;医生怎样对病人负责;教师怎样对学生负责等等。

② 有助于维护和提高本行业的信誉。

一个行业、一个企业的信誉,也就是它们的形象、信用和声誉,是指企业及其产品与服务在社会公众中的受信任程度,提高企业的信誉主要靠产品的质量和服务质量,而从业人员职业道德水平高是产品质量和服务质量的有效保证。若从业人员职业道德水平不高,很难生产出优质的产品和提供优质的服务。

③ 促进本行业的发展。

行业、企业的发展有赖于经济效益,而较高的经济效益源于员工的高素质。员工素质主要包含知识、能力、责任心三个方面,其中责任心是最重要的。而职业道德水平高的从业人员都责任心较强,因此,职业道德能促进本行业的发展。

④ 有助于提高全社会的道德水平。

职业道德是整个社会道德的主要内容。职业道德一方面涉及每个从业者如何对待职业，如何对待工作，同时也是一个从业人员的生活态度、价值观念的表现；是一个人的道德意识、道德行为发展的成熟阶段，具有较强的稳定性和连续性。另一方面，职业道德也是一个职业集体，甚至一个行业全体人员的行为表现，如果每个行业、每个职业集体都具备优良的道德，对整个社会道德水平的提高肯定会发挥重要作用。

职业道德的特征：

① 职业性。

职业道德的内容与职业实践活动紧密相连，反映着特定职业活动对从业人员行为的道德要求。每一种职业道德都只能规范本行业从业人员的职业行为，在特定的职业范围内发挥作用。

② 实践性。

职业行为过程，就是职业实践过程，只有在实践过程中，才能体现出职业道德的水准。职业道德的作用是调整职业关系，对从业人员职业活动的具体行为进行规范，解决现实生活中的具体道德冲突。

③ 继承性。

在长期实践过程中形成的职业道德，会被作为经验和传统继承下来。即使在不同的社会经济发展阶段，同样一种职业因服务对象、服务手段、职业利益、职业责任和义务相对稳定，职业行为的道德要求的核心内容将被继承和发扬，从而形成被不同社会发展阶段普遍认同的职业道德规范。

④ 多样性。

不同的行业和不同的职业，有不同的职业道德标准。

社会主义的职业道德是适应社会主义物质文明和精神文明建设的需要，在共产主义道德原则的指导下，批判地继承历史上优秀的职业道德传统的基础上发展起来的。由于社会主义的各行各业没有高低贵贱之分，在职业内部的从业人员之间、不同职业之间以及职业集团与社会之间没有根本的利害冲突，因此，不同职业的人可以形成共同的要求和道德理想，树立热爱本职工作的责任感和荣誉感。中国各行各业制定的职业公约，如商业和其他服务行业的“服务公约”、人民解放军的“军人誓词”、科技工作者的“科学道德规范”以及工厂企业的“职工条例”中的一些规定，都属于社会主义职业道德的内容，它们在职业生活中已经发挥了巨大的作用。

（三）践行养成层面

C－1

1. 实践活动主题

校内实践——签署《大学生校园网络文明公约》

2. 实践活动目的

使学生熟悉《全国青少年网络文明公约》，并在生活中自觉践行文明公约，能够对网络中的各种现象正确认识和对待。

3. 实践活动形式

校内实践活动，课上课下相结合，共同完成此次实践活动。

4. 实践活动对象

全体大一学生

5. 实践活动实施

(1) 教师讲解《全国青少年网络文明公约》。

要善于网上学习，不浏览不良信息。

要诚实友好交流，不侮辱欺诈他人。

要增强自护意识，不随意约会网友。

要维护网络安全，不破坏网络秩序。

要有益身心健康，不沉溺虚拟时空

(2) 邀请学生结合自身案例，对文明公约中感触特别深刻的内容进行具体阐述。

(3) 分组讨论，将文明公约按照对行为的约束力进行细化，将同学们经常遇到的网络行为填充进去，形成更加细化、更加可操作、更加有约束力的《大学生校园网络文明公约》。

(4) 举行《大学生校园网络文明公约》签约仪式，选择代表上台，和台下所有同学共同签署《大学生校园网络文明公约》。

(5) 邀请同学到《大学生校园网络文明公约》签名墙上签名，将签名墙在校园明显位置摆放。签名墙在核心位置印制《大学生校园网络文明公约》，周边位置留给学生签名。签名后持续展示一个月左右。

(6) 要求学生在生活中自觉按照文明公约约束自身行为，课程结束时，结合自己的网络行为改善情况，撰写实践报告。

6. 实践活动成果

《大学生校园网络文明公约》签约仪式视频资料，《大学生校园网络文明公约》签名墙，每个同学撰写的网络行为改善报告。依据网络行为改善报告对每个同学进行考评。

C-2

1. 实践活动主题

校外社会实践——家庭美德——寻找家文化，传承好家风

2. 实践活动目的

让学生了解什么是家风，每个家庭的家风是什么，明白家风是中华文明的重要部分，能够做到自觉传承。

3. 实践活动形式

校外社会实践活动，校内校外相结合，完成此次调研活动。

4. 实践活动对象

全体大一学生

5. 实践活动实施

(1) 教师对家风进行讲解。

家风是一个家庭或家族长期以来形成的能影响家庭或家族成员精神、品德及行为的一种传统风尚和德行传承。许多保有优良家风的家族都制定了有很强约束力的"家规""家训""家约""家仪""家诫""家范""家劝""家语""家矩""家诰"等等,首先是注重以德立家、以德治家。其次,还要书香不绝。坚持走文化兴家,读书树人之路。家风是一种潜在无形的力量,在日常生活中潜移默化地影响着孩子的心灵,塑造孩子的人格,是一种无言的教育、无字的典籍、无声的力量,是最基本、最直接、最经常的教育,它对孩子的影响是全方位的,孩子的世界观、人生观、性格特征、道德素养、为人处世及生活习惯等,每个方面都会打上家风的烙印。可以说,有什么样的家风,就有什么样的孩子。

(2) 课堂上分组思考并讨论,自己家庭的家风是什么?

(3) 与父母联系,讨论家庭的家风是什么。

(4) 撰写报告,对自己家庭的家风进行描述,并详细讲解家风在家庭中对家庭成员的影响和约束,谈谈自己对家风的认识和理解,以及如何传承家风。

(5) 将自己家庭的家风以艺术的形式进行展现,书法、绘画、十字绣等均可。

6. 实践活动成果

每个同学的家风报告和家风文艺作品。依据家风报告和家风文艺作品对每个同学进行考评。

实践教学项目四

"向上向善、知行合一"主题实践活动

(一) 知识拓展层面

A-1

1. 实践活动主题

校内社会调查——道德模范事迹调查

2. 实践活动目的

通过本次社会实践,让学生对道德模范的事迹有更深刻的理解,明白道德模范的榜样力量转化为亿万群众的生动实践,在全社会形成崇德向善、见贤思齐、德行天下的浓厚氛围的重要性。

3. 实践活动形式

校内社会调查,课上课下共同完成此次实践活动。

4. 实践活动对象

全体大一学生

5. 实践活动实施

(1) 教师向学生讲述全国道德模范评选的概况:

全国道德模范评选自2007年起平均每两年评选一次。由中共中央宣传部、中央文明办、解放军总政治部、全国总工会、共青团中央、全国妇联共同主办，是新中国成立以来规模最大、规格最高、选拔最广的道德模范评选活动，在9月20日——“公民道德日”这一天隆重揭晓。分为“助人为乐”“见义勇为”“诚实守信”“敬业奉献”“孝老爱亲”5个类型。

(2) 教师对全班同学进行分组，按照道德模范的类型分为“助人为乐”“见义勇为”“诚实守信”“敬业奉献”“孝老爱亲”五个小组。

(3) 要求学生按照分组搜集相应组别的道德模范事迹，对事迹进行剖析，找到道德模范事迹的核心内涵和核心品质，对目前社会大众身上缺乏该品质的现象进行剖析，最后撰写本组道德模范事迹分析报告。

(4) 分组汇报本组道德模范事迹分析报告，对身边的案例进行深入剖析。

6. 实践活动成果

每个小组实践活动的图片和视频记录及道德模范事迹分析报告。依据每组同学的道德模范事迹分析报告对每个同学进行考评。

（二）情感升华层面

B-1

1. 实践活动主题

课内观看——道德模范的优秀影片《杨善洲》

2. 实践活动目的

通过观看影片使学生身临其境，深刻感悟其中蕴含的世代传颂的故事、开拓创新的智慧和百折不挠的精神。

3. 实践活动形式

课内观看影片，在校园内完成此次实践活动。

4. 实践活动对象

全体大一学生

5. 实践活动实施

(1) 教师对影片做简要介绍：《杨善洲》是一部歌颂优秀共产党员、弘扬时代精神、讴歌当代基层干部楷模的主旋律电影，该片讲述了原保山地委书记杨善洲一心为民的感人事迹。开山垦荒的日子是艰苦的，艰苦环境下的快乐更加珍贵。

(2) 播放影片。

(3) 观看后探讨，引导学生对影片中的感人情节进行进一步探讨和思考，结合身边的实例进行阐述。

(4) 教师给出点评。

杨善洲的六十年告诉我们：大公无私、坚守信念、一生奉献依然是党员干部的根本。一个人能够给历史，给民族，给子孙留下些什么？杨善洲留下的是一片绿荫和一种精神！

绿了荒山，白了头发，他志在造福百姓；老骥伏枥，意气风发，他心向未来。清廉，自上任时起；奉献，直到最后一天。六十年里的一切作为，就是为了不辜负人民的期望。

和杨善洲一起踏上大亮山，并肩战斗22年，第二任林场场长自洪学认为杨善洲“最让人敬佩的就是以身作则，克服什么艰难险阻都冲在最前面。跟着老书记，我真正懂得了什么是艰苦奋斗。”林场副场长周波清楚记得杨善洲因为家人动用林场的车子向财务上交汽油费的事：“不占公家一点便宜，像老书记这样的共产党员太难得了。”他们称赞他是清正廉洁的符号，艰苦朴素的代名词，是深深扎根基层、有深厚群众基础的老一辈党员干部的杰出代表；他们称赞他常思民生不懈怠，绿水青山立口碑。

流传于滇西保山市施甸县的民谣：“杨善洲，杨善洲，老牛拉车不回头，当官一场手空空，退休又钻山沟沟；二十多年绿荒山，拼了老命建林场，创造资产几个亿，分文不取乐悠悠……”

2011年，时任中共中央总书记、国家主席、中央军委主席的胡锦涛作出重要指示，要求广大党员干部向杨善洲同志学习。他指出，杨善洲同志是党员干部的学习楷模，是离退休老同志的优秀代表。他一辈子忠于党的事业，一辈子全心全意为群众谋利益。他的模范事迹和崇高精神感人至深。每一个党员干部特别是领导干部都要向他学习，自觉加强党性修养，自觉实践党的宗旨，努力做人民满意的好党员、好干部。时任国家副主席的习近平指出，我们学习杨善洲精神，就要像他那样以正确的世界观立身，以正确的权力观用权，以正确的事业观干事，以正确的群众观做人。要学习他坚定信念、对党忠诚的政治品格，坚定不移走中国特色社会主义道路，让共产党人的理想信念在心灵深处牢牢扎根；学习他牢记宗旨、一心为民的公仆情怀，一心想着群众、一切为了群众，诚心诚意为群众谋利益；学习他鞠躬尽瘁、不懈奋斗的崇高境界，奋发有为、干事创业，为推动科学发展、促进社会和谐增光添彩；学习他大公无私、淡泊名利的奉献精神，艰苦奋斗、清正廉洁，自觉实践共产党人的人生价值和道德追求。

改革开放之初，杨善洲积极推行农村家庭联产承包责任制，使原来缺粮的保山成了“滇西粮仓”，被称为“粮书记”。率先探索和推进小城镇建设，发展多种经营，培育非公有制经济，建成一大批以农副产品加工为主的地方工业企业和特色鲜明、经济活跃的小集镇。退休后，他践行“只要生命不结束，服务人民不停止”的诺言，卷起铺盖扎进大亮山植树造林22年，把5.6万亩荒山变成绿洲，并将价值3亿元的林场经营管理权无偿移交国家。

（三）践行养成层面

C-1

1. 实践活动主题

校外社会服务——心理健康服务进社区

2. 实践活动目的

让学生结合自己所学知识奉献社会，服务社会，通过自己的努力和服务让大家对心理健康问题有新的认识，为社区居民的心理健康搭建一个现场互动、温馨服务的平台，同时也让学生体会到志愿服务的温暖。

3. 实践活动形式

校外社会服务，在校园和社区完成此次实践活动。

4. 实践活动对象

全体大一学生

5. 实践活动实施

(1) 教师对此次志愿服务活动进行介绍，要求同学们就以下问题搜集整理资料：工作压力大如何调整？感觉情绪控制不住，焦虑、抑郁怎么办？忍不住总对家人发火怎么办？

(2) 邀请心理协会的同学和专业心理老师一起参加实践活动。

(3) 对学生进行分组，按照志愿服务内容，分为现场宣传、活动保障、咨询服务等小组。

(4) 现场宣传组要挑选剧本，编排情景短剧，在活动现场演出，如：辅导孩子写作业总忍不住发火，怎么办？由专业老师给予指导和训练。

(5)咨询服务组：现场为社区居民提供简单预约，帮助居民填写咨询预约表，如果问题比较简单或者比较着急，可由专业老师当面指导。

(6) 活动保障组：负责整体后勤服务和秩序维持，在志愿活动期间拍照留存。

(7) 活动后讨论，每个同学结合自己的工作任务，谈谈自己在此次志愿活动后的感受。

6. 实践活动成果

每个小组结合图片和文字报告此次志愿活动中本组的服务情况。依据每个小组的活动总结及志愿服务活动表现，对每个同学进行考评。

第六章　尊法学法守法用法

习语

宪法与国家前途、人民命运息息相关。维护宪法权威，就是维护党和人民共同意志的权威。捍卫宪法尊严，就是捍卫党和人民共同意志的尊严。保证宪法实施，就是保证人民根本利益的实现。只要我们切实尊重和有效实施宪法，人民当家作主就有保证，党和国家事业就能顺利发展。

反之，如果宪法受到漠视、削弱甚至破坏，人民权利和自由就无法保证，党和国家事业就会遭受挫折。这些从长期实践中得出的宝贵启示，必须倍加珍惜。我们要更加自觉地恪守宪法原则、弘扬宪法精神、履行宪法使命。

——习近平在纪念现行宪法公布施行30周年大会上的讲话

2012年12月4日

实践教学导入

推进全面依法治国，习近平提出11个“要”！

中央全面依法治国工作会议于2020年11月16日至17日在北京召开。中共中央总书记、国家主席、中央军委主席习近平出席会议并发表重要讲话，强调推进全面依法治国要全面贯彻落实党的十九大和十九届二中、三中、四中、五中全会精神，从把握新发展阶段、贯彻新发展理念、构建新发展格局的实际出发，围绕建设中国特色社会主义法治体系、建设社会主义法治国家的总目标，坚持党的领导、人民当家作主、依法治国有机统一，以解决法治领域突出问题为着力点，坚定不移走中国特色社会主义法治道路，在法治轨道上推进国家治理体系和治理能力现代化，为全面建设社会主义现代化国家、实现中华民族伟大复兴的中国梦提供有力法治保障。

习近平对当前和今后一个时期推进全面依法治国要重点抓好的工作提出了11个方面的要求。

习近平强调，**要坚持党对全面依法治国的领导**。党的领导是推进全面依法治国的根本保证。国际国内环境越是复杂，改革开放和社会主义现代化建设任务越是繁重，越要运用法治思维和法治手段巩固执政地位、改善执政方式、提高执政能力，保证党和国家长治久安。全面依法治国是要加强和改善党的领导，健全党领导全面依法治国的制度和工作机制，推进党的领导制度化、法治化，通过法治保障党的路线方针政策有效实施。

习近平强调，**要坚持以人民为中心**。全面依法治国最广泛、最深厚的基础是人民，必须坚持为了人民、依靠人民。要把体现人民利益、反映人民愿望、维护人民权益、增进人民福祉落实到全面依法治国各领域全过程。推进全面依法治国，根本目的是依法保障人民权益。要积极回应人民群众新要求新期待，系统研究谋划和解决法治领域人民群众反映强烈的突出问题，不断增强人民群众获得感、幸福感、安全感，用法治保障人民安居乐业。

习近平指出，**要坚持中国特色社会主义法治道路**。中国特色社会主义法治道路本质上是中国特色社会主义道路在法治领域的具体体现。既要立足当前，运用法治思维和法治方式解决经济社会发展面临的深层次问题；又要着眼长远，筑法治之基、行法治之力、积法治之势，促进各方面制度更加成熟更加定型，为党和国家事业发展提供长期性的制度保障。要传承中华优秀传统法律文化，从我国革命、建设、改革的实践中探索适合自己的法治道路，同时借鉴国外法治有益成果，为全面建设社会主义现代化国家、实现中华民族伟大复兴夯实法治基础。

习近平强调，**要坚持依宪治国、依宪执政**。党领导人民制定宪法法律，领导人民实施宪法法律，党自身要在宪法法律范围内活动。全国各族人民、一切国家机关和武装力量、各政党和各社会团体、各企业事业组织，都必须以宪法为根本的活动准则，都负有维护宪法尊严、保证宪法实施的职责。坚持依宪治国、依宪执政，就包括坚持宪法确定的中国共产党领导地位不动摇，坚持宪法确定的人民民主专政的国体和人民代表大会制度的政体不动摇。

习近平指出，**要坚持在法治轨道上推进国家治理体系和治理能力现代化**。法治是国家治理体系和治理能力的重要依托。只有全面依法治国才能有效保障国家治理体系的系统性、规范性、协调性，才能最大限度凝聚社会共识。在统筹推进伟大斗争、伟大工程、伟大事业、伟大梦想的实践中，在全面建设社会主义现代化国家新征程上，我们要更加重视法治、厉行法治，更好发挥法治固根本、稳预期、利长远的重要作用，坚持依法应对重大挑战、抵御重大风险、克服重大阻力、解决重大矛盾。

习近平指出，**要坚持建设中国特色社会主义法治体系**。中国特色社会主义法治体系是推进全面依法治国的总抓手。要加快形成完备的法律规范体系、高效的法治实施体系、严密的法治监督体系、有力的法治保障体系，形成完善的党内法规体系。要坚持依法治国和以德治国相结合，实现法治和德治相辅相成、相得益彰。要积极推进国家安全、科技创新、公共卫生、生物安全、生态文明、防范风险、涉外法治等重要领域立法，健全国家治理急需的法律制度、满足人民日益增长的美好生活需要必备的法律制度，以良法善治保障新业态新模式健康发展。

习近平强调，**要坚持依法治国、依法执政、依法行政共同推进，法治国家、法治政府、法治社会一体建设**。全面依法治国是一个系统工程，要整体谋划，更加注重系统性、整体性、协同性。法治政府建设是重点任务和主体工程，要率先突破，用法治给行政权力定规矩、划界限，规范行政决策程序，加快转变政府职能。要推进严格规范公正文明执法，提高司法公信力。普法工作要在针对性和实效性上下功夫，特别是要加强青少年法治教育，不断提升全体公民法治意识和法治素养。要完善预防性法律制度，坚持和发展新时代"枫桥经验"，促进社会和谐稳定。

习近平指出，**要坚持全面推进科学立法、严格执法、公正司法、全民守法**。要继续推进法治领域改革，解决好立法、执法、司法、守法等领域的突出矛盾和问题。公平正义是司法的灵魂和生命。要深化司法责任制综合配套改革，加强司法制约监督，健全社会公平正义法治保障制度，努力让人民群众在每一个司法案件中感受到公平正义。要加快构建规范高效的制约监督体系。要推动扫黑除恶常态化，坚决打击黑恶势力及其"保护伞"，让城乡更安宁、群众更安乐。

习近平强调，**要坚持统筹推进国内法治和涉外法治**。要加快涉外法治工作战略布局，协调推进国内治理和国际治理，更好维护国家主权、安全、发展利益。要强化法治思维，运用法治方式，有效应对挑战、防范风险，综合利用立法、执法、司法等手段开展斗争，坚决维护国家主权、尊严和核心利益。要推动全球治理变革，推动构建人类命运共同体。

习近平指出，**要坚持建设德才兼备的高素质法治工作队伍**。要加强理想信念教育，深入开展社会主义核心价值观和社会主义法治理念教育，推进法治专门队伍革命化、正规化、专业化、职业化，确保做到忠于党、忠于国家、忠于人民、忠于法律。要教育引导法律服务工作者坚持正确政治方向，依法依规诚信执业，认真履行社会责任。

习近平强调，**要坚持抓住领导干部这个"关键少数"**。各级领导干部要坚决贯彻落实党中央关于全面依法治国的重大决策部署，带头尊崇法治、敬畏法律，了解法律、掌握法律，不断提高运用法治思维和法治方式深化改革、推动发展、化解矛盾、维护稳定、应对风险的能力，做尊法学法守法用法的模范。要力戒形式主义、官僚主义，确保全面依法治国各项任务真正落到实处。

习近平指出，推进全面依法治国是国家治理的一场深刻变革，必须以科学理论为指导，加强理论思维，不断从理论和实践的结合上取得新成果，总结好、运用好党关于新时代加强法治建设的思想理论成果，更好指导全面依法治国各项工作。

（资料来源："中国新闻网"微信公众号）

理论教学内容

1. 理论知识思维导图

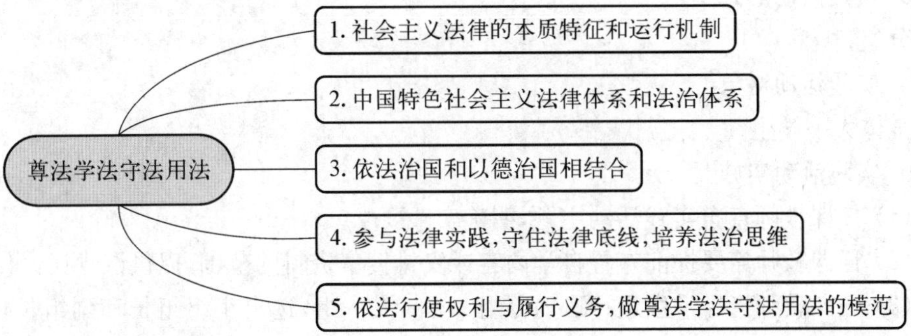

2. 理论教学重难点

(1) 引导和帮助大学生正确理解法律的概念及其本质特征，尊重法律权威，熟知公民的权利和义务。

(2) 引导和帮助大学生增强法律意识，了解以宪法为核心的中国特色社会主义法律体系和法治体系，依法行使法律权利和履行法律义务。

(3) 引导和帮助大学生参加法律实践，熟悉审判流程，努力培养法治思维，做尊法学法守法用法的新时代大学生。

实践教学模块

1. 实践教学目的

深刻理解并掌握法律的概念及其本质特征；熟知以宪法为核心的社会主义法律体系和法治体系，领悟宪法、民法典等部门法规定的权利义务。通过模拟法庭等法律实践活动，提高学生学习法律的积极性、主动性，培养法治思维，使学生尊重并维护法律的权威，熟悉法庭审判的流程，依法行使权利与履行义务，努力做尊法学法守法用法的模范。

2. 实践教学项目

项目一：分组讨论——揭开“法律”的面纱

项目二：社会调查——大学生法律素质调查

项目三：辩论赛——法律有情与法律无情

项目四：模拟法庭——刑事案件审判

实践教学项目一

1. 实践活动主题

分组讨论——揭开“法律”的面纱

2. 实践活动目的

深刻理解社会主义法律的概念，领会社会主义法律的本质特征和运行机制，通过揭开“法律”面纱的互动讨论，让学生联系实际，说明社会主义法律的本质特征，让抽象的法律概念、法律理论变得具体，使得学生真正地掌握法律概念及其本质特征。

3. 实践活动形式

分组讨论

4. 实践活动对象

全体大一学生

5. 实践活动实施

(1) 任课教师宣布实践活动主题，明确实践要求。

(2) 任课教师需要提前布置自学内容或安排搜集资料的范围，以供课堂讨论使用。

(3) 任课教师指导学生进行班内分组，6—8 人一组，选出小组组长和副组长，由组长和副组长负责组织开展本次小组实践活动讨论。

(4) 指导教师安排学生课下系统地自学宪法、民法典等法律法规，让学生在具体的部门法中找到法律本质特征的具体体现，或者通过具体的案例深刻理解法律概念。

(5) 学生通过小组共同学习民法典等部门法，搜集并总结与法律概念或法律本质特征相关的内容，整理成内容翔实的发言讨论稿。

(6) 各小组推荐一名同学代表本小组发言，教师引导学生认真倾听，参与互动。

(7) 各组相互评价。每个小组可以对自己和其他小组的发言进行评价。

(8) 教师总结，学生分享收获。

(9) 对小组讨论发言优秀的小组和个人进行表彰。

6. 实践活动成果

讨论过程中的照片、视频以及学生讨论发言稿。

参考资料

资料一

思想政治理论课实践教学成绩评定表

__________学年第____学期

__________院(系)__________专业________班

活动时间	年　月　日—　年　月　日
活动主题	
活动地点	

续　表

<table>
<tr><td rowspan="5">小组成员</td><td>姓名</td><td>学号</td><td>姓名</td><td>学号</td></tr>
<tr><td></td><td></td><td></td><td></td></tr>
<tr><td></td><td></td><td></td><td></td></tr>
<tr><td></td><td></td><td></td><td></td></tr>
<tr><td></td><td></td><td></td><td></td></tr>
<tr><td colspan="5">小组分工合作情况：</td></tr>
<tr><td colspan="5">实践活动记录：
备注：此表不够可加页。

活动感悟汇总：</td></tr>
<tr><td>指导教师意见</td><td colspan="4">指导教师(签字)：
年　月　日
备注：指导老师对该生的实践表现进行评价，以“优、良、中、合格、不合格”五个等级予以评定，并签名。</td></tr>
</table>

资料二

确定分组讨论主题

1. 确定主题

分组讨论主题的确定要围绕法律概念展开，依据法律的本质特征分析讨论，每一个特征的讨论应当联系实际生活、案例或法律热点来展开。总之，讨论的内容要做到贴近学生、贴近生活、贴近时代，有利于引导学生提升法律素养。

2. 分组讨论组织准备

召开讨论会，可以先召开组长会议，讲清讨论会的目的和意义，并确定活动形式、内容和具体安排。充分发挥各组组长的关键作用，动员全体学生，调动学生参与的积极性，使每一个学生都能积极讨论并进行认真思考。

3. 分组讨论具体实施

具体实施过程中，要充分发挥学生的主体作用，以学生为中心，教师退到幕后，灵活掌握，因势利导。教师要注意以下几个方面：

第一，时间控制在40—50分钟最好，不宜过短或过长。

第二，教师以普通一员的身份参与，充分相信学生、依靠学生，使学生成为讨论的主体。

第三，做好处理突发事件的准备，例如冷场、跑题等。

第四，教师要敏锐地抓住讨论中产生的问题，对此进行点评总结，激活每一个学生的思维，引导学生将所思所感落实到实际行动中，提升学生的探究能力。

4. 会后心得体会

会后要进行"追踪教育"，深化互动讨论主题，巩固教育成果。可以让学生提交一份心得体会，谈谈讨论会上的收获以及学习法律的计划。

资料三

分组讨论的注意事项和常用方法

分组讨论是激发学生学习兴趣、激活学生思维、促进学生主动学习的重要方式。分组讨论是以学生为中心开展的，意在使每一个学生积极主动探究、发表见解。

分组讨论需要注意以下几点：

(1) 合理构建小组。要充分发挥小组学习的功能，分好小组是前提。合理构建讨论小组，是学生进行合作学习的基础和前提。要根据学生的基础知识、学习能力、智力状况、性别、心理素质、兴趣爱好等各个方面进行综合评定，进行分组。

(2) 明确分工。建立了合作讨论小组后，要明确小组中每一个成员的职责，要突出每个组员的作用，每一个组员不仅要对自己的学习负责，而且要明确每个人都有帮助他人进步的义务，要为所在小组中其他同学的学习负责。一般有组长、记录员、汇报员等。

(3) 学会倾听。首先，小组讨论时，要提醒组员小声说话，一个组只能有一个人发言，组与组之间不要相互影响。有些实验表明，课堂中最好的状态是教师难以从各组的讨论中听出某个人的声音。其次，要养成善于倾听别人意见的习惯。在交流时，每个人都要认真听别人的发言。让学生逐步明确认真听取别人意见，既是对别人的尊重，又能从别人的意见中受到启发、提高认识。

(4) 排列座位。座位的排列同样是保证小组讨论成功的重要因素。座位应采用圆桌式或马蹄形排列，以利于小组参与者面对面地交谈。

分组讨论的常用方法有以下几种：

反问法。小组成员提问后，反问其他学生，激发思考的欲望。

追问法。在小组成员回答的基础上进行追问，促进学生逻辑思维能力的提升。

暗示法。“回答得很好，还有别的想法吗？”继续发问，提升思维的热度。

举例法。“举一个案例，来证明或解释这一特征。”

评价法。小组汇报完毕后，让其他小组给予量化打分，并说明打分的理由，以此提升思维的严谨性，提高评价的能力，强化公平意识。

小组讨论包括但不局限于上述几种方法。

分组讨论活动是对传统课堂的有效改革，由教师灌输学生被动接受变为学生“独学、对学、群学”，由教师与个别学生交流变为全员参与、生生互动、师生互动，“人人是老师，处处是讲台”，使师生共同完成教学目标。

分组讨论给学生取长补短、个性展示的舞台，调动了学生学习的积极性，赋予学生尽情发挥的可能，通过各成员之间淋漓尽致的展示，互相补充、整合、升华，学生们在激情中学习，有利于养成主动学习、共同探讨的好习惯。

资料四

小组讨论示例

活动记录

讨论时间：

讨论地点：

主持人：

记录人：

参加人员：

开场语：

主持人：法律涵盖的内容很多，涉及我们生活的方方面面，而教材上的法律概念可以用一句话来说明：法律是由国家制定或认可并依靠国家强制力保证实施的，反映由特定社会物质生活条件所决定的统治阶级意志的规范体系。这个定义高度概括了法律的本质特征，但真正理解这个概念，需要大家围绕该概念从抽象到具体再到抽象进行讨论。大家可以结合我们学习的宪法、民法典等部门法或我们身边发生的一些案例来展开讨论。下面请几位组员谈谈对法律本质特征的理解，和我们一起揭开“法律”的面纱。

讨论情况，依次记录小组成员发言的主要内容。

A同学：对于法律概念的理解，我想从一则案例展开。案例内容：谁有权制定法律？某村有一公共果园，常有村民饲养的牲畜进入果园吃树叶和果实。村委会为此召开村民大会，提出今后若再有此类事件发生，村委会有权任意处置这些牲畜。村民大会当场举手表决，以三分之二多数通过了这一规定。有一天，村民孙某的两只山羊再次进入果园吃树叶和果实时被守护人打死。孙某遂将村委会告上法庭，要求赔偿损失，并声明表决时自己并未举手同意这一规定。

案例分析：本案中村委会的行为不是立法活动，村民大会通过的规定不是法律，不是法的表现形式，不具有法律的约束力，因而，孙某有权依法获得赔偿。

该案例告诉我们法律须由国家制定并认可。

B同学:法律概念指出法律是统治阶级意志的体现,通过对我国相关部门法的学习,也可以理解为法律是党的主张和人民意志的体现。具体体现在《中华人民共和国民法典》将绿色原则作为基本原则之一,这与我国主张的生态环保、节约资源,"绿水青山就是金山银山"的政策是一致的。2018年修订宪法加入了习近平新时代中国特色社会主义思想、社会主义核心价值观和中国共产党的领导是中国特色社会主义最本质的特征等内容。这些足以说明法律是党的主张和人民意志的体现。

C同学:法律由社会物质生活条件决定,可以理解为法律会随着经济社会的发展而发展,例如:帮助信息网络犯罪活动罪是刑法随着社会经济的发展而新增的罪名。《刑法修正案(九)》增设帮助信息网络犯罪活动罪,明知他人利用信息网络实施犯罪,为其犯罪提供互联网接入、服务器托管、网络存储、通讯传输等技术支持,或者提供广告推广、支付结算等帮助的行为独立入罪。再比如我国宪法五次修正案:

(1) 1988年第七届全国人大第一次会议对现行宪法进行了第一次修正;

(2) 1993年第八届全国人大第一次会议对现行宪法进行了第二次修正;

(3) 1999年第九届全国人大第二次会议对现行宪法进行了第三次修正;

(4) 2004年第十届全国人大第二次会议对现行宪法进行了第四次修正。

(5) 2018年3月11日,第十三届全国人大第一次会议经投票表决,通过了《中华人民共和国宪法修正案》

结论:宪法要随着实践的发展而不断完善。

总结:小组组长或负责人对小组整个讨论情况进行总结。

我们一起走近法律,通过互动讨论,共同揭开了"法律"的面纱,让学生真正地理解了法律的概念和法律的本质特征,同学们能够联系实际,从抽象到具体再到抽象,培养了学生学习法律的思维方式和提升了学生的法律素养。

实践教学项目二

1. 实践活动主题

社会调查——大学生法律素质调查

2. 实践活动目的

通过调查大学生法治观念,了解大学生法律意识的现状和在法治观念方面存在的问题,探究其深层次的原因。使学生知道学法的重要性,尤其是在校大学生,因为大学生是时代最敏感的一分子,且欠缺社会经验,特别是近年来"校园贷"以及新型电信诈骗类犯罪中均有大学生参与。增强法律意识,可以预防大学生犯罪并进一步提高广大学生的学法守法意识,使在校大学生都能做一个尊法学法守法用法的新时代大学生。

3. 实践活动形式

调查问卷或访谈

4. 实践活动对象

全体在校生

5. 实践活动实施

(1) 任课教师宣布实践活动主题,明确实践要求。

(2) 材料搜集准备。具体主要包括以下几方面内容:

第一,调查的准备:讨论确定调查流程,初步拟定调查的形式,如网上调查等,并配合问卷调查的各个环节对小组成员进行分工,明确划分各个成员的任务。

第二,确定调查的对象:在讨论中,组员经过对调查研究项目的主题进行探讨和琢磨,最后确定以在校大学生(本校+别校)为主要研究对象,进行现场或网上问卷调查,尽量争取调查范围的广泛。

第三,经过讨论确定调查问卷的内容,应以学生日常生活中所学、所闻、所见的案例或所学知识为主。

第四,问卷调查的小组分工。分工明确后,各小组成员立即各司其职,全身心投入调查中。

第五,问卷统计与分析。本校的可以采取现场问卷调查。外校的可以把调查问卷发布到网上,将链接发给不同学校的在校大学生,并让他们一直传下去。

(3) 调查结果分析。汇总整理数据结果,然后展开讨论,全组成员一起对统计结果进行分析和总结。调查报告可以采用文字和图表的形式进行分析和总结。

6. 实践活动成果

调查问卷收集,相关资料汇总整理和问卷调查结果分析以及调查报告等。

参考资料

资料一

大学生法律素质调查问卷样例

亲爱的同学们:

因课程的需要,现在向大家做问卷调查。分析和认识大学生法律素质的现状,是增强大学生法律意识和培养法治思维的前提和基础,为进一步增强大学生的法律意识,促进大学生学法、尊法、学法、守法、用法,特进行本次问卷调查活动。

本次调查采用不记名方式,请您认真、如实填写。

1. 假如你在公交车上遇到骚扰,你会如何去做?

A. 出声制止,维护自己的权益

B. 用适当的方法让他得到惩罚

C. 瞪他一眼,然后换个地方或下车默默离开

D. 不敢出声

2. 你生活中的法律知识是从什么地方来的?(多选)

A. 电视上　　B. 报纸上　　C. 课本上　　D. 家庭的影响

E. 其他

3. 甲乙是很亲密的好友,甲因买车向乙借款三万元,说三年后归还,你认为乙是否应该要求甲写一份欠条?

A. 应该　　B. 不应该　　C. 无所谓　　D. 不知道

4. 你知道我国宪法日是哪一天吗?

A. 3月15日　　B. 11月1日　　C. 12月1日　　D. 12月4日

5. 在我国,最高的立法机构是?

A. 国务院　　B. 全国人民代表大会

C. 人民政协　　D. 最高人民法院

6. 你知道我国现在使用的宪法是哪一年制定的吗?

A. 1980　　B. 1981　　C. 1982　　D. 1983

7. 我国在2005年制定了一部与台湾问题有关的法律,你知道是哪一部吗?

A.《国旗法》　　B.《领土完整法》　　C.《反分裂国家法》　　D.《告台湾同胞书》

8. 酒后闹事未造成严重后果的,可按以下哪部法律进行处罚?

A.《刑法》　　B.《民法》　　C.《治安管理处罚法》

9. 你在生活中平均每学期遇到法律问题的频率为多少?

A. 20次以上　　B. 10次—20次　　C. 5次—10次　　D. 5次以下

E. 0次

10. 在新闻中,我们经常听到"法人"这一名词,下列为法人的是?

A. 中国科学技术协会　　B. 海尔总裁张瑞敏

C. 中国移动公司　　D. 青岛科技大学校长陈克正

11. 在哪一年,我国把"习近平新时代中国特色社会主义思想"写进了宪法?

A. 2014　　B. 2016　　C. 2018　　D. 2020

12. 下列属于民法典内容的是?

A. 公司法　　B. 反不正当竞争法

C. 产品质量法　　D. 合同编

13. 对当前众说纷纭的司法腐败问题,你的观点是?

A. "司法腐败"主要是法官品质太坏　　B. 司法不独立造成的

C. 法官素质低　　D. 司法压力太大

14. 你希望法律基础课如何上?

A. 尽可能介绍能解决社会生活问题的法律法规

B. 从案例中说明相关法律理论,类似于《今日说法》

C. 按照教材的内容和顺序进行教学

D. 最好取消这门课,其与日常学习生活无关

15. 你认为学校可以通过哪些途径增强大学生的法律意识?(多选)

A. 组织普法讲座　　B. 组织学生参加法庭旁听

C. 组织学生参与模拟法庭　　　　D. 增加有关法律的课程

E. 其他

资料二

调查报告的写作方法

一、调查报告的概念及种类

（一）调查报告的概念

调查报告是就某一个事件或某一个问题，进行深入细致的调查研究之后，真实地写出反映情况的书面报告。它是运用辩证唯物主义的观点和方法，对某一工作、某些情况、某个问题或某个方面的经验，有目的地进行调查研究后，透过现象，揭示事物的本质和规律。

（二）调查报告的种类

调查报告按内容分，主要有三类：一是总结经验的调查报告。调查报告往往是总结某种带有方向性、指导性的先进典型经验，目的是推广这种经验，以点带面。二是反映情况的调查报告。这类调查报告通常反映社会某方面的情况，促使群众关注这一情况，也为领导机关制定政策提供依据，动员全社会力量做好某些事情。三是揭露问题的调查报告。这类调查报告又可分为两种，一种是揭露人民内部存在的不良倾向的，一种是揭露犯罪分子活动的。前者通过摆出问题，引起注意，达到疗救之目的；后者通过揭露真相，明辨是非，收到警戒之效果。

二、写作要求

（一）对文章选题的要求

选题要注意几点：① 选富有现实意义的题目。② 选富有新意的题目。③ 选与本人专业有关并能联系本地区本部门实际，较有针对性，意义重大的题目。④ 选大小适宜的题目。一般来说，题目还是小点，具体一点好，小题目容易驾驭，写得深入，以点带面，可以“小题大做”。

（二）对文章内容的要求

能正确地体现党和国家的有关方针政策，坚持理论联系实际的原则，做到观点鲜明、中心突出，既有充分的现实材料、又有深刻的理论分析，材料丰富，所用数据真实可靠，分析论证有力，结构严谨，层次分明，文笔流畅。文章切忌堆砌材料、虚构材料、空谈理论，更不允许抄袭他人的文章或叫他人代写。全文内容尽可能选择与本人专业或本部门有关的材料。

（三）调查方法和研究方法

调查应有明确的调查目的，拟订周密的调查计划。如确立调查课题、调查单位、调查人物、调查时间、调查方式等。调查方法有：① 开调查会。② 个别访问。③ 蹲点和跑面相结合。④ 精确地统计数据。⑤ 查阅档案和有关资料。

研究方法有：① 剔除法。② 筛选法。③ 求实法。④ 二分法。⑤ 比较法。

（四）写作提纲、内容摘要、调查情况简介

(1) 写作提纲：写作提纲是全文的基本框架、写作思路、设计意图。在写作之前，通常要拟定写作提纲。提纲包含标题、中心论点（总论点）、内容纲要（分论点、论点、论据等）。

(2) 内容摘要：可先阐明本文的写作背景、目的及中心论点（中心内容），然后说明本文运用理论论证及事实论证相结合的方法，从如下几方面阐述文章的中心。

(3) 调查情况简介：主要写明什么情况下，什么时候到什么地方（单位），通过什么方式（调查问卷、个别访问、查阅资料等），向哪个单位或谁做了哪些调查，解决了哪些问题，等等。

（五）调查报告的结构和写法

调查报告一般由标题、正文、结尾三部分组成。

(1) 标题。标题的格式常用：关于……的调查；对……的调查；……的调查报告。也可采用多行标题，既有正题，又有副题。

(2) 正文。正文一般包括开头（前言）和主体两个部分。

开头：开头部分亦称前言、引语或导语。开头部分要使读者一目了然，有个总的印象，这样便于把握全文的中心，既可以简要介绍基本情况，如调查的时间、地点、对象、范围、目的、主题、效果等，也可说明缘由和目的或简要提出问题。

主体：主体是调查报告的核心部分，它要对开头部分提出的新经验、新做法等进行具体阐述和说明，主要集中说明调查结果。这部分要写得深刻、主次分明。常见的写作安排有：

① 按照调查的顺序写。就调查的问题逐项阐述清楚。

② 按照事物发生、发展、变化的过程写，如事物发生的时间、地点、原因、产生的作用、经验教训等。

③ 将问题分成几部分写，每部分加上小标题，使脉络清晰。

④ 有两个以上事物可以对比来写，从对比中判断是非，分析、解决调查中的问题。

总之，不管哪种写法，主体部分必须以介绍中心观点和主要事实为主。

结尾：这一部分是调查报告的结束语，是在对调查对象做了科学分析后所做的结语。总的要求是结尾有力，有话则长，无话则短，意尽言止。既可以总结全文，深化主题；也可以提出希望以资鼓励，又可以提出问题发人深省。有的调查报告采用自然结尾，正文已阐述清楚，全文随之结束，结束语部分可以省略。

（六）对文章格式的要求

注意文章格式，切忌出现不规范简化字、错别字，标点符号规范准确。全文字数控制在 3 000 字左右。

（资料来源：瑞文网）

资料三

大学生法律素质的调查报告

摘要:法律素质作为国家上层建筑的组成部分对国家的法治建设起着举足轻重的作用。大学生是一个特殊群体,大学生法律素质如何,直接关系到未来国家法治建设的进程。为此我们对在校大学生法律素质的状况进行了一次问卷调查。本次调查以"大学生法律素质"为主题,通过运用调查、分析等方法,对大学生的法律素质进行分析,进一步了解大学生法律素质的现状,并就此提出相应的改善措施。

关键词:大学生;法律素质;调查

一、调查方法:问卷调查

我们对××××职业技术学院××系和××系进行了现场抽样问卷调查,同时在网上对××××等高校在校大学生进行了调查,调查方式是无记名调查,人工对调查结果进行分析。

二、调查内容和结果

问卷内容:见资料一

问卷调查结果分析:

通过调查,我们对大学生法律素质有了基本的了解。来自不同学校、不同背景的同学对法律的认识程度不同,但总体看来,大学生的整体法律意识不强,法律素质亟待提高。

三、原因分析

我们认为,大学生整体法律素质偏低主要是由以下几个方面造成的:

(一) 心理因素的影响

在校大学生正处在心理和生理的发育期,心理上具有强烈的要求他人和社会认可的冲动,喜欢用批判的、怀疑的眼光看待周围事物,极力想摆脱来自外界的干涉和约束,独立自主意识增强。同时,这一阶段,大学生世界观、人生观尚未完全确立,对错综复杂的社会系统还缺乏完善的认识能力。这在一定程度上削弱了以灌输为主的法律教育的效果。另一方面,学生进入大学后,学习环境、学习方式、人际关系、自我评价等都发生了很大的变化,逐步开始对时代发展和社会变革有了更深刻的感受。面对着经济压力、学习压力、就业压力等众多人生考验,一些心理脆弱的学生会感到无所适从。随着心理压力的积淀,部分学生功利性、自我性、短期性、随意性心理症状混合交织,客观上会对法律制度产生心理抵触。

(二) 价值取向的偏差

当代大学生有更多的机会接触和了解世界的政治经济和社会文化状态,这有利于他们学习知识、开阔视野。但真假难辨、鱼龙混杂的各种信息也会对他们的价值观造成冲击和影响。有的在主流与支流、精华与糟粕、真善美与假恶丑等问题上分辨不清，甚至颠倒是非；有的只顾搞所谓的“自我设计”“自我完善”，从而陷入极端个人主义泥潭；有的把追求物质享受作为人生的精神支柱，追捧“金钱万能、享乐至上”的生活方式。这种价值观的错位一旦受外界不良因素诱导，就容易使人走上违法的道路。

（三）高校法律教育薄弱

一些高校对学生法治教育工作的重要意义认识不到位，重视程度不够。有的把法治教育作为软任务，认为可抓可不抓；有的对学生法治教育定位不准，提不到重要的议事日程上。在知识传输上，也存在一定误区：一是重刑事轻民事。教育者常常突出刑事法律在教育内容中的重要地位，过多地讲解刑法关于犯罪和刑罚的具体规定，从而导致学生对法治教育产生逆反心理，并且强化了“我不犯罪何需学法”的错误观念。同时，由于轻视民事法律教育和民事权利义务观的正确引导，学生在日常生活中，不能正确处理民事权利义务关系，常常引发纠纷。二是重义务轻权利。忽视对公民享有权利的宣传，使学生产生“法律就是要求公民尽义务”的错觉，有碍于大学生健康法律心理的形成。

（四）社会环境的不利影响

一是腐朽思想的侵蚀，在不同程度上对大学生的生活方式、生存方式、思维方式和价值观念产生了影响。二是不良风气的干扰。随着高校与社会联系的日趋广泛与紧密，社会上各种不健康的思想通过各种载体和渠道进入了学校，侵蚀了部分学生的心灵，使其偏离正常健康成长的轨道。三是市场经济的负面影响。分配不公、贫富分化、利益矛盾等的发生，极易使大学生价值观念出现个人化倾向。如果不能把握合适的“度”，就容易产生犯罪。有的大学生错误地以物质利益为尺度评价个人利益，甚至为了经济利益，放弃了最基本的道德规范。

四、改进措施

提高大学生法律素养，提升法律思维水平，不仅是我们自身健康成长的需要，也是我国建设社会主义法治国家的需要。增强法律意识，提高法律素质，需要学校的教育，也需要大学生自己的努力。

（一）高校应注重思想道德修养与法律基础课的教学改革

改变思想道德修养与法律基础课仅仅是思想教育和法律知识教育的看法，将开设思想道德修养与法律基础课的目的转化为使学生“通过学习法律知识，既掌握法律这一重要武器，又提高思想政治修养和品德素质”。另外，高校的思想道德修养与法律基础课应实行以法律意识教育为中心的教学改革。因为这样做可以克服“课时少、内容多”的矛盾，这种改革会使课程内容得以精简，即使讲些必要的具体条文，也只是作为培养学生法律意识的材料，而不必花费过多的时间，这会为教师在课堂上讲深、讲透主要内容和运用其他教学方式、手段提供可能，从而提高课堂教学质量、丰富教学内容，增强教学的说服力和吸引力，调动学生学习的积极性和主动性，从而提高大学生的法律意识。

（二）在教学中，高校法律教师应树立三种教学观念

一是树立“学生处于主体地位，教师起主导作用”的观念，使学生由被动接受转化为积极主动地求学；二是使教师认识到教学的根本目的是使学生养成独立思考的习惯，而不仅仅是传授法律知识；三是在教学过程中，“教书”和“育人”密切结合，相辅相成，避免教书和育人相割裂。

（三）作为高校大学生，在学习法律公开课的时候，应该注意培养以下素质

1. 法律至上意识

美国法学家伯尔曼说过“在法治社会中，法律必须被信仰，否则形同虚设”。信仰法律，崇尚法律是人们对法律的一种尊重。法律的权威不仅来源于其强制性，更源于人们对法律的尊重、信赖和崇尚。

2. 公民意识

培养公民意识就是培养人人平等的法治观念，权利与义务辩证统一的观念，民主与法制辩证统一的观念。从而正确认识自己与国家、与人民的关系，以主人翁的态度正确对待国家利益与人民利益。

3. 主体意识

市场经济从某种意义上说是一种主体经济，只有作为生产者和经营者的自然人、法人和其他组织成为真正主体时，才会有竞争、有效益、有资源优化的配置，也才会有市场经济本身。因此培养自身的主体意识，充分认识到自己独立的主体地位，在竞争中求生存和发展，这样才能实现自身的社会价值和自我价值。

4. 守法意识

树立正确的守法观念，自觉守法、用法、护法。

5. 法律保护意识

既要学会将自己的权利法律化，比如为自己的发明申请专利保护等，又要认识到法律不仅是惩处犯罪的工具，更是保护自己合法权益的有效武器，在自己的合法权益受到侵犯时，要敢于并善于通过法律途径维护自己的权益。

五、报告总结

大学生是 21 世纪的建设者和接班人，大学生法律素质的高低直接关系到国家的前途和命运。本文通过对大学生法律素质现状的调查和分析，初步提出了相应的改进建议，希望能唤起大学生的法律意识，对大学生法律素质的增强有所帮助。

实践教学项目三

1. 实践活动主题

辩论赛——法律有情与法律无情

2. 实践活动目的

通过组织辩论赛丰富学生的学习生活，该活动可以提高学生的语言能力、临场应变能力、团队协作能力，提升心理素质，更加深入理解辩题本质。讨论的问题和辩论结果都不重要，重要的是可以激发学生自主学习法律的热情，同时活动的开展可以提升个人的综合素质。

3. 实践活动形式

辩论赛

4. 实践活动对象

全体大一学生

5. 实践活动实施

(1) 任课教师宣布实践活动主题，并对辩论赛的目的和意义进行深入讲解。

(2) 材料搜集准备。学生按照辩题要求准备辩论材料，材料内容以论证辩题为主来支撑论点，学生可以考虑从反方角度搜集资料进行破解。

(3) 选定辩手。通过任课教师指定或学生自主报名的方式，确定辩手。

(4) 正反方确定组合。报名学生可以自主结合选定队友，各队选出代表并通过代表以抽签方式确定正反方。

(5) 确定 1 名主持人和 7 人的评委会。主持人负责撰写串联词和活动方案，撰写完成后提交给任课教师并根据任课教师的建议进行调整。评委会负责制定评分标准。

(6) 活动开展。主持人按照活动方案主持活动，首先由正方陈述观点，每队辩手发言时间控制在 3 分钟。

(7) 评委会评分。评委会对团队和辩手个人分别打分，分值为百分制，7 位评委评分的平均值为其最终成绩，成绩由主持人当场公布。

(8) 活动总结。先由主持人对本次活动情况做出主持小结，然后由任课教师对本次活动做整体总结，对好的方面要给予充分肯定，对于不足的方面也要明确指出，以使学生重视并不断提高活动的质量。

6. 实践活动成果

辩论赛照片、视频以及各辩手的发言稿。

参考资料

资料一

辩论赛的流程

辩论赛采取的形式为 4vs4 团体辩论赛；分为初赛和决赛两个阶段，均采用积分制的赛制；以抽签形式进行分组和确定对抗的正反方以及辩题。

初赛阶段包括开篇陈词、自由辩论、总结陈词等环节。7 位评委根据评分标准对队伍的综合表现进行打分，根据评分高低排名，取评分高的前两支队伍进入决赛争夺冠亚军，第三和第四支队伍取评分高的为本次比赛季军。

决赛阶段包括开篇陈词、攻辩环节、自由辩论、总结陈词等环节。7 位评委根据评分标准对队伍的综合表现进行现场打分，两个阶段分数相加为队伍的最终得分，确定本次比赛冠亚军。

一、初赛流程

每个环节当发言剩下 30 秒时，计时员以提示黄牌提醒；时间用完，提示红牌终止发言。

（1）正方一辩开篇陈词，时间为 2 分 30 秒。

（2）反方一辩开篇陈词，时间为 2 分 30 秒。

（3）自由辩论，时间各四分钟；先由正方任意一名队员起立发言完毕后，反方任意一名队员即刻发言，双方依次轮流发言，直至双方时间用完为止。在此时间内，每位辩手的发言顺序，次数和时间不受限制。

（4）反方四辩总结陈词，时间为 3 分钟。

（5）正方四辩总结陈词，时间为 3 分钟。

（6）评委提问（可略）。

（7）观众提问（可略）。

二、决赛流程

每个环节当发言剩下 30 秒时，计时员以提示黄牌提醒；时间用完，提示红牌钟终止发言。

（1）正方一辩开篇陈词，时间为 2 分 30 秒。

（2）反方一辩开篇陈词，时间为 2 分 30 秒。

（3）攻辩环节，从正方二辩开始，指定对方二辩或三辩进行一对一攻辩，双方交替进行，每一轮攻辩时间为 1 分 30 秒，双方各计 3 分钟。

（4）正方一辩攻辩小结，时间为 1 分 30 秒。

（5）反方一辩攻辩小结，时间为 1 分 30 秒。

（6）自由辩论，时间各 6 分钟；正方任意一名队员起立发言完毕后，反方任意一名队员即刻发言，双方依次轮流发言，直至双方时间用完为止。在此时间内，每位辩手的发言顺序、次数和时间不受限制。

（7）反方四辩针对辩论会整体态势进行总结陈词，时间为 3 分钟。

（8）正方四辩针对辩论会整体态势进行总结陈词，时间为 3 分钟。

（9）评委提问。

（10）观众提问。

资料二

辩论赛须知及细则

一、比赛须知

（1）计时人员分别在各队的对面，用黄牌或红牌进行时间的提示，同时设有"计时器"进行提示。在比赛的各阶段中，举黄牌表示用时的提醒，举红牌示意辩手用尽时间，辩手必须停止发言并立即坐下，否则酌情扣分。

（2）在辩论过程中，选手可以参照事先准备好的资料（如卡片等），但是不得照读资料连续10秒钟。否则将酌情扣除团体分和个人分。

（3）每场比赛各组队员须统一服装，具体由各队自行决定。

（4）各参赛队务必在比赛开始前半小时内到达赛场，以便于组织者对赛事的统一安排，保证各场比赛准备工作能够顺利进行。

（5）辩手要求：每支队伍由5位辩手组成，其中1位为候补辩手。要求辩手口齿清晰，思维敏捷，赛前做好充分准备。

（6）主席要求：仪表端正，口齿清晰，开朗大方。

各支队伍均由一辩、二辩、三辩、四辩四人组成，经历一辩陈词、双方攻辩、一辩小结、自由辩论、总结陈词、评委观众提问六个环节。

二、比赛细则

1. 时间提示

辩论各个阶段，时间剩余30秒时，记时员以黄牌提醒；用时满时，举红牌终止发言。红牌举起时，发言辩手必须停止发言，否则算作违规。

2. 开篇陈词

提倡即兴陈词，层次清晰，逻辑严密，引用恰当。开篇无须在理论的层面上过多纠缠。立论要求逻辑清晰，言简意赅。

3. 攻辩

（1）攻辩由正方二辩开始，正反方交替进行。

（2）正反方二、三辩参加攻辩。正反方一辩进行攻辩小结。正反方二、三辩必须有一次作为攻方；辩方由攻方任意指定，不受次数限制。攻辩双方必须单独完成本轮攻辩，不得中途更替。

（3）攻辩双方必须正面回答对方问题，提问和回答都要简洁明确。重复提问和回避问题均要被扣分。每一轮攻辩，攻辩角色不得互换，辩方不得反问，攻方也不得回答问题。

（4）正反方选手站立完成第一轮攻辩阶段，攻辩双方任意一方落座视为完成本方攻辩，对方选手在限时内任意发挥（陈词或继续发问）。

（5）每一轮攻辩时间为1分30秒，攻方每次提问不得超过10秒，每轮必须提出两个以上的问题。辩方每次回答不得超过 20 秒。用时满时,举红牌终止发言,若攻辩双方尚未完成提问或回答,不作扣分处理。

4. 自由辩论

这一阶段,正反方辩手自动轮流发言。发言辩手落座为发言结束即为另一方发言开始的计时标志,另一方辩手必须紧接着发言;若有间隙,计时照常进行。同一方辩手不得出现同时起立发言的现象,同一方辩手的发言次序不限。如果一方时间已经用完,另一方可以继续发言,也可向主席示意放弃发言。自由辩论提倡积极交锋,对重要问题回避交锋两次以上的一方扣分,对于对方已经明确回答的问题仍然纠缠不放的,适当扣分。

5. 总结陈词

辩论双方应针对辩论赛整体态势进行总结陈词;脱离实际,背诵事先准备的稿件,适当扣分。

资料三

辩词:法律有情

刚才反方一辩立论陈词,试图论证法律无情,这种观点是极其错误的。我方观点是法律有情。法律有情,是指法律包含的人道主义和人文关怀;是指人民大众的普遍情感和善良愿望。

法律有情,是法律公平、正义的题中之义。从中国古代的"仁爱""民本主义"思想,到当今宪法以人为本、尊重人权之精神,从古希腊自然法的自然正义理念,到近代西方天赋人权理论,无不体现着人类对法律公平、正义之价值的追求,也无不映射着人类对法律人文关怀的追求!可以说,欠缺人文关怀的法律是非正义的法律,是恶法,是难以持久的!

法律有情,是法律的自然血统。按马克思主义的观点,法律是统治阶级意志的集中体现,既然是人的意志体现,本来就是有情的。这种情随着社会的发展和文明的进步不断加深。从中国古代的"亲亲得相首匿"原则,到当今刑法"七十五周岁以上老人不适用死刑"之规定,无不是人道主义光芒的体现。立法的一份份提案、一场场讨论,无不饱含着人民大众的普遍情感,无不承载着法律的人文关怀;一部部法律的颁布,无不闪烁着人性的伟大光辉!

法律有情,是司法文明的标志。前最高人民法院院长肖扬说过:法官要善于运用法律意识和法律思维创造性地执行法律;法官不仅要服从现有的法律,更要服从法律的基本价值——正义和良知。一个机械的执法者,一个法律条文的复印机,是不会理解法律的人文关怀精神的,更是不能体现司法文明的。从古代对死刑犯的砍头,到当今对死刑犯的注射,体现着司法对文明的不懈追求!从尊重少数民族风俗习惯到判定精神抚慰金数额等,无不体现司法的人道主义精神!

法律有情,非指私情。法律有情是法律的人道主义和人文关怀之情,是一种博大情怀。将法律有情视为私情、人情,是对法律有情的曲解,是对法律的背叛,是对法律正义、良知的玷污!

综上所述，我方认为，法律有情，貌似无情却有情，处处留情处处情。谢谢大家！

辩论后小结

反方辩友告诉我们法律无情，仅仅是对法律的制裁功能进行的阐述，但我方认为，即使在法律制裁功能中，都是有情的，这种情并非人情、私情，对方辩友犯了以偏概全的错误。法律对犯罪分子的制裁恰恰是对被害者的告慰之情，大义灭亲、铁面无私恰恰是对整个社会公平正义的价值追求，恰恰是情与法的完美结合，恰恰体现了法律的正义和良知价值。无论立法还是司法中，法律均以正义、良知、博爱的精神昭示于人，最大限度保护人民，实现正义，难道这不是法律的情的体现吗？有道是，法律不是无情物，化作春晖照万家。

法律条文字里行间无不包含着人文关怀和人性光辉，法律应用者不能做法律条文的复印机，将法律看成死的文字，对方辩友犯了机械唯物主义的逻辑错误。法律是有血有肉的，有情有义的，如果法律是无情的，怎能实现法律的公平正义呢？怎能促进人类文明和法治的进步呢？因此，我方观点是法律有情。

辩词：法律无情

刚才对方辩友言辞犀利，看似雄辩的外表下却有诸多漏洞，下面仅摘几条与大家共同分享：① 情的概念不清，脱离现实，你们所说的法律保护人民的权利和财产安全等，这在法律上准确地说是法律规定公民享有的权利，“权利”和“情”是不能等同的两种概念，还有就是对方一直在说“权利”，忽视了法律规定的义务，权利和义务是一致的，只有履行义务的同时才能享有权利，这个道理我想对方辩友是清楚的；② 对方辩友是在“情”与“法”发生冲突时，选择了法律的大公无私，这正体现了法律的公正无情；③ 对方辩友把法律和道德两个概念混淆、等同，虽然法律和道德都是约束人们的行为规范，但道德是高尚情操，靠的是人们自觉地遵守，而法律是在行为人已经超越道德约束范畴时为维护道德而由国家强制力保证实施的。以上几点也证明了我方的观点。

法律作为一种“国家之规度”，是对客观实体的理性反映，作为一种衡量人类行为的工具，是不可能带有感情色彩的。法的理性、强制性、严肃性和普遍性正体现了“法律无情”，法律是公平的化身。为了保护公民的权利和利益，在立法、执法、司法上不能讲情面，也绝不能留情，才能真正实现法律的公正。作为权利享有者的我们更应该履行好守法、护法的义务，自觉维护法律至高无上的尊严。“法律面前人人平等”，“以事实为依据，以法律为准绳”，“有法必依，执法必严，违法必究”。只要你触犯法的警戒线，必将受到法律的惩处，绝不留情！纵观古今中外：从一人之下万人之上的和珅，到现在位居高位的贪官污吏，法律没有对任何人网开一面而都将他们绳之以法，这正体现了法律的公平、公正、无情。法律的理性不因个人思想感情的改变而改变；法律公正，不因个人地位高低而留情；法律无情，不因个人偏见而有所偏颇。相信此时此刻在我方苦口婆心的劝说下，早已感动了对方辩友。所以，我方坚持认为法律无情。

辩后总结

法律蕴涵的是一种广泛的情，公正的法律更是为维护社会中大多数人的利益而制定的。在执法时也应考虑人道的因素。

法律是人定的，不可避免掺杂了人的感情因素。法律的制定是以统治者的利益为出发点的。这一点在法律判决活动中体现得比较明显，比如某项罪名可判三年至五年徒刑，可以判决罚款十万至十五万，亦即可以灵活运用。但是一旦制定了，人人都应该遵守。不然的话，就没有什么东西可以维系社会的安宁了。

法律对于受害者是有情的，因为它维护了当事人的合法权益，而对于违法者却是无情的，如果任何事都用情来解决的话，那要法律还有什么用呢？法律是无私的、公正的，法律对每个人都无情，才是最有情的表现。它关心的是每一位公民，它对所有人都一视同仁，它的公正就是博爱，所以法律是有情的。

说法律无情，是一种极端的法律客观主义的理解，这种客观主义走向的是机械主义。认为法律就是文字，就是载体，是把法律仅仅理解为一张纸或一本书。众所周知，法律需要执行，需要实施。我们执行和实施的其实是规则，甚至是规则中的精神，它体现在法律文本之中。法律文本与法律是不同的，前者是褒义的，后者是贬义的；前者是载体，后者是负重；前者是死的，后者是活的；前者是物化的，后者是精神的；前者是无情的，后者是有情的。曾经在学术与实践中法律的确被视为无情之物，连理想的执法人员都被刻画为铁面无情的。在中国历史上被人奉为"青天"的包拯就以黑脸的形象出现，而不论包拯长相与黑脸的社会意义之间存在怎样一种鸡生蛋蛋生鸡的关系。但是纵观法学史，法律无情说只是一个小小的插曲。人们更多的是把法律当作一种精神、一种思想、一种公共意志。司法者的最高意识是秉公办事，铁面无私。但是无私与无情之间存在天壤之别，前者是执事者之理念，后者是小人之冷漠；前者是情之最，后者是义之渊；前者是人性，后者是牲性。

从法史学角度看，在中国刑起于兵，法律是为战争中约束士兵的行为而定的，其表达的是立法者保家卫国或是争霸四方的雄心，士兵们必须为这一目标而战，这就要求他们服从指挥，严于律己。立法总是要依据某种指导思想，在成文法中必然要体现出来，否则它是得不到通过，得不到遵从的。

批驳"法律无情"可以从多角度进行，对方要混淆的是法律与法律文本，亦即法与法的形式。只要抓住这点发动进攻、随机应变，你们就会胜利。

正因为这些文字堆叠的法律的无情，才使得受到伤害的人能感受到法律的真情。这正是事物的两面性，辩证唯物主义。

（资料来源：百度知道）

实践教学项目四

1. 实践活动主题

模拟法庭——刑事案件审判

2. 实践活动目的

通过开展模拟法庭庭审活动，让学生了解法庭审理案件的整个流程和细节，对学生进行模拟审判训练，使其在具备一定理论素养的基础上熟知诉讼程序，同时提升学生的法治素养以及表达能力、应变能力和团结协作能力等综合素养。

3. 实践活动形式

模拟法庭

4. 实践活动对象

全体大一学生

5. 实践活动实施

(1) 策划准备阶段。

在11月底前完成本次模拟法庭的策划工作以及案例选择工作。本次模拟法庭案例为刑事案件。

(2) 演员角色确定。

确定案例后进行演员的选拔，确定人物性格。

演员角色根据刑事审判的诉讼参与人初步确定为：

审判长：一名

审判员：两名

书记员：一名

公诉人：两名

辩护人：两名

被告：一名

证人：若干

法警：若干

(3) 召集所有演员开会、培训。

① 审判、公诉、辩护三方彩排前完成所需要的司法文书。同时审判方根据案件实际情况对判决形成初步意见并列出提纲。

② 向各位演员交代庭审程序，清楚各自的出场顺序。

③ 彩排。

(4) 模拟排演。

在指导老师的指导下不断完善表演工作，并对前期工作进行检测，对正式演出可能出现的问题要有所准备，为此将进行两次模拟排演：

第一次排演，重在让各位演员了解具体出场次序，熟悉台词。同时各位演员要把握其角色所需的性格特征和要求。

第二次排演要求：在排演前，证人、被告、受害人要将自己的台词背诵熟练；各演员对自己的出场先后以及发言内容十分清楚。排演要达到可以使庭审完整、顺畅地完成的效果。

(5) 安排模拟法庭场地、制作法庭台签和法庭背景等场景准备工作。

(6) 模拟法庭庭审阶段。

(7) 庭审后场地恢复等收尾工作。

6. **实践活动成果**

模拟法庭照片、视频以及参与(观看)模拟法庭的感悟或收获。

参考资料

资料一

模拟法庭简介及其实施方案

模拟法庭简介

模拟法庭,是通过模拟表演的形式将庭审过程展示出来供学习和观赏的一种活动。实践教学活动的模拟法庭主要是学习性的模拟法庭,是在教师的指导下由学生扮演法官、检察官、律师、案件的当事人、其他诉讼参与人等,以司法审判中的法庭审判为参照,模拟审判某一案件的活动。主要有以下性质:模仿性、学习性、表演性和指导性。模仿性是模拟法庭最本质的特征。模拟法庭主要模拟庭审过程,其有关的案例资料可能是真实的也可能是虚假的。有关的诉讼参与人,是模拟出来的,由模拟法庭参与者所扮演。

通过亲身参与,使学生将所学到的法律知识、司法基本技能等综合运用于实践;通过分析和研究案例,模拟案件的处理,解释法律规定,掌握案情与法律之间的关系,熟悉法学理论,使理论和实践相统一。

模拟法庭具体实施方案

1. 开庭时间:12 月 28 日下午 14:30

2. 开庭地点:学术报告厅

3. 场地布置工作人员:学生志愿者 6 名,话筒调节人员 1 名,礼仪人员 2 名。

4. 场地布置及入场安排:

(1) 14:00—14:10　学生志愿者摆放演员台签,设置法庭背景、调试话筒、音响等。

(2) 14:10—14:20　主持人、演员入场,熟悉场地,做最后准备。

(3) 14:20——14:30　领导、嘉宾、指导老师、观众等全部就位入座。

5. 模拟法庭正式开始:

(1) 主持人介绍相关人员及嘉宾。

(2) 主持人简单介绍此次庭审案件的相关情况,宣布活动开始。

(3) 庭审程序:

① 庭前准备

② 法庭调查阶段

③ 法庭辩论阶段

④ 法庭判决

(4) 庭审结束后嘉宾点评并选出“优秀法官”“优秀诉讼参与人”各两名,全体工作人员、演员及嘉宾合影留念。

(5) 本次活动正式结束。

注:现场工作人员及负责人将在庭审前确定,并将工作具体落实到人。

资料二

模拟法庭剧本

角色:

书记员一名

审判长一名

审判员两名

被告人一名

法定代理人一名

辩护人一名

公诉人两名

被害人两名

法警两名

第一幕:庭审准备阶段

书记员:

1. 现在宣布法庭纪律:

(1) 未经法庭允许,不得录音、录像、摄影。

(2) 不得随意走动,或进入审判区。

(3) 不得喧哗、鼓掌、吵闹,以及实施其他妨碍法庭审判活动的行为。

(4) 不得发言提问。

(5) 请关闭随身携带的手机、传呼机。

2. 全体起立,请审判长、审判员入庭。

审判人员入座后,审判长:"请坐。"

3. 待审判人员就座后,向审判长报告(右转侧身):"报告审判长,公诉人、辩护人已到庭,被告已提到候审,有关诉讼参与人已在庭外候传,法庭准备工作就绪,请开庭。"(报告完后坐下)

审判长:(敲响法槌)广州市番禺区人民法院刑事审判第一庭现在开庭,提被告人冯××到庭。(法警先到书记员处拿传唤证,再到庭外传唤被告人)(首先核对当事人身份)

审判长:被告人冯××。这是你的真实姓名吗?

被告人:是。

审判长:你还有别的姓名吗?

被告人:没有。

审判长:讲一下你的出生年月日。

被告人:2000 年 10 月 2 日。

审判长:出生地在哪?

被告人：广东省广州市番禺区。

审判长：什么民族？

被告人：汉族。

审判长：什么文化程度？

被告人：在读高中生。

审判长：哪所高中？

被告人：广东番禺中学。

审判长：你以前有没有受到过刑事处分或者行政处罚？

被告人：没有。

审判长：这次是什么时间被刑事拘留的？

被告：2018年10月11日。

审判长：什么时间被逮捕的？

被告人：2018年10月25日。

审判长：因为什么原因被刑事拘留的？

被告人：涉嫌抢劫罪。

审判长：广州市番禺区人民检察院的起诉书副本收到了吗？

被告人：收到了。

审判长：哪天收到的？

被告人：2018年10月28日。

审判长：传被害人王××到庭。请向法庭陈述你的基本情况，包括姓名、出生年月日、民族、文化程度等。

被害人(王)：我叫王××，女，2001年8月2日出生，汉族，高一学生。

审判长：传被害人杨××到庭。(待杨××入座后)请向法庭陈述你的基本情况。

被害人(杨)：我叫杨××，女，2001年6月5日出生，汉族，高一学生。

审判长：广州市番禺区人民法院现依法公开开庭审理广州市番禺区人民检察院提起公诉的被告人冯××涉嫌抢劫一案。

审判长：本法庭由本院审判员张××担任审判长，与审判员王×、朱×组成合议庭。书记员邓×担任法庭记录；广州市番禺区人民检察院指派检察员严××、陈××出庭支持公诉；受被告人的法定代理人委托，广州市番禺区金本色律师事务所指派律师张××出庭为被告人冯××进行辩护，被害人王××、杨××作为代表出席法庭。你们都听清楚了吗？(以下统一回答，不需一一询问)

被告人：听清楚了。

辩护人：听清楚了。

公诉人：听清楚了。

法定代理人：听清楚了。

审判员：根据我国刑事诉讼法有关规定，被告人在法庭审理过程中享有申请回避的权利。回避的意思是，如果你认为合议庭组成人员、书记员、公诉人与本案有利害关系，可能影响公正审理的,你可以说明理由,申请换人审理。你听懂了吗?

被告人:听懂了。

审判长:那么你是否申请上述人员回避?

被告人:不申请。

审判长:你的法定代理人委托了金本色律师事务所律师张××为你辩护,你是否同意由她担任你的辩护律师?

被告人:同意。

审判长:除了委托的律师为你辩护之外,你还可以自行辩护,你听清楚了吗?

被告人:听清楚了。

审判长:另外,你还有权向法庭出示证明罪轻或无罪的证据,可以申请通知新的证人到庭,调取新的物证,申请重新鉴定或者勘验。在法庭辩论终结以后,你还有最后陈述的权利,听清楚了吗?

被告人:听清楚了。

审判长:本次庭审将经历四个阶段。分别是法庭调查、法庭辩论、最后陈述、法庭宣判。因被害人已就民事损害赔偿部分另行提起民事诉讼,本庭只对本案刑事犯罪部分做出审理,对于民事赔偿部分不做审理。

第二幕:法庭调查

审判长:下面进行法庭调查,首先由公诉人宣读起诉书。

公诉人:

广州市番禺区人民检察院起诉书

番检刑字〔2018〕47 号

被告人冯××,男,2000 年 10 月 2 日生,汉族,广东省广州市番禺区人,被捕前系广东番禺中学高二学生,并在校住宿。被告人冯××涉嫌抢劫罪,于 2018 年 10 月 11 日被羁押,经广州市番禺区人民检察院批准,同年 10 月 25 日被广州市公安局番禺区分局逮捕,现关押于广州市番禺区看守所。经广州市番禺区公安分局侦查终结,移送本院起诉。

经依法审查,现查明:被告人冯××自 2017 年 9 月在广东番禺中学上高中住校后,因无家长监管,把大量时间都消耗在网吧、游戏机房内。2018 年 9 月 21 日(17 岁)晚 21 时,被告人冯××将生活费全部上网花光后,因无钱上网,遂起歹意,来到番禺区实验中学校门外的一巷道内,采用持刀威胁和恐吓的手段对放学回家的番禺区实验中学高一学生王××、陈×进行抢劫,抢走王××现金人民币 550 元和陈×苹果手机一部,并在抢劫过程中用刀刺伤王××的手臂,经法医鉴定为轻伤。所抢人民币及手机销赃所得折合人民币 4 970 元,均被被告人冯××上网挥霍。2018 年 10 月 9 日(18 岁)晚 22 时,被告人冯××再次来到星海中学校外对星海中学高一学生杨××进行抢劫,被害人杨××大喊,被路过的两名教师当场抓获,并送交公安机关。

本院认为,被告人冯××在两次抢劫中以非法占有他人财物为目的,采用暴力手段抢劫他人财物,并在抢劫过程中致被害人受伤,其行为已触犯了《中华人民共和国刑法》

第二百六十三条之规定，构成抢劫罪，分别系既遂与未遂。依据《中华人民共和国刑事诉讼法》第一百七十六条之规定，本院特提起公诉，并依法诉讼。

此致

番禺区人民法院

检查官：严××

检查官助理：陈××

二〇一八年十月三十日

起诉书宣读完毕。

审判长：被告人冯××，起诉书听清楚了吗？

被告人：听清楚了。

审判长：与你收到的那份是否一致？

审判长：被告人你可以坐下回答问题。（待被告人坐下后）你对起诉书指控的事实和罪名有意见吗？

被告人：没有意见。

审判长：下面你就起诉书指控的事实向法庭做简要的叙述。

被告人：今年9月21日晚上大概八九点的样子，我在网吧玩游戏把钱都花光了，就产生了抢劫的念头，于是就来到番禺实验中学外面转悠，在一条小巷子里抢劫了两个女生。10月9日那一天，我又把上次抢的钱都花完了，于是在当天晚上来到星海中学，在一个建筑工地抢劫了一个女生，不过没得逞就被两名老师抓住了送到公安局。

审判长：说完了吗？

被告人：说完了。

审判长：下面公诉人可以就指控的事实对被告人进行询问。

公诉人：被告人冯××，公诉人现在就指控的事实对你进行询问，你要如实回答问题。被告人，你在番禺实验中学外和星海中学外抢劫学生钱财，是事实吗？

被告人：是事实。抢了两次，抢了3个学生，第一次有550元钱和一部苹果手机。第二次抢劫的时候，还没得手就被抓住了。

公诉人：两次分别在学校什么地方抢的？

被告人：第一次是在番禺实验中学外面通往学校的一条小巷道内。第二次是在星海中学旁边建筑工地外的一条小道上。

公诉人：被告人，我问你，两次抢劫中你是用什么办法让学生把财物拿给你的？

被告人：我手里拿着一把折刀对着他们，让他把值钱的东西拿出来，第一次抢劫的时候，那个学生说没有钱，我就用刀将他的手臂刺伤，他们怕我，于是就自愿把钱和手机给了我。第二次也是用刀威胁，不过我并没有伤她。

公诉人：被害人王××和陈×是自愿把钱和手机交给你的吗？

被告人：……是。

公近人：我的问话问完了。

审判长：辩护人，你有什么要问的吗？

辩护人：有。被告人冯××，请问你18岁生日是在哪一天？

被告人：今年的10月2号。

辩护人：也就是说，第一次实施抢劫行为时，你未满18周岁？

被告人：是的。

辩护人：案发后，你是否向公安机关如实交代了抢劫学生钱财的事？

被告人：我全部如实地向公安局做了交代。

辩护人：为什么要抢学生的钱财？

被告人：因为上网玩游戏没有钱了，我住校，我爸每星期给我的生活费只够吃饭，没有多余的钱让我上网。为了能有钱上网，我就产生了抢学生钱财的念头。

辩护人：不去上网不行吗？

被告人：不行，那东西太好玩了，人一碰上电脑，连饭也不想吃了。我可以在里面玩个通宵。

辩护人：你当时是未成年人，网吧老板让你进去吗？

被告人：怎么不让进去，这年头，只要给钱，哪个网吧不让进？见钱不要，那才傻呢。

辩护人：我再问你，你知道抢学生的钱是违法的吗？

被告人：（摇头）不太清楚，我只知道，他们穿着打扮时髦，背的又是LV包，家里肯定有的是钱，拿来给我用点也没关系嘛。

辩护人：你的父母是做什么工作的？

被告人：我母亲在我很小的时候就去世了，父亲下岗后一直在到处打工。

辩护人：你的父亲知道你沉溺于网吧吗？

被告人：不知道，他忙着到处打工挣钱，没时间管我。

辩护人：我的问话问完了。

审判长：公诉人还有其他问题吗？

公诉人：有，审判长，请允许我询问在座的被害人王××。

审判长：可以。

公诉人：被害人王××，请你说出当时被告人对你和陈程实施抢劫的情况。

被害人（王）：我和陈×从学校出来，在小巷子里遇到他，他就问我们有没有钱。当时他拿着一把刀要我和陈×把钱交出来，还喊道：把钱和手机还有值钱的东西都拿出来，快点，别想着告诉老师，否则我捅死你。我们两个说没有钱，他就用刀在我的右手上划了一刀，我当时害怕极了，然后我们就把身上的550元钱和手机给了他。

公诉人：当时你们有没有反抗？

被害人（王）：不敢反抗，他手里拿着刀。

公诉人：审判长，请允许我询问在座的被害人杨××。

审判长：可以。

公诉人：被害人杨××，请你说出当时被告人对你实施抢劫的情况。

被害人（杨）：那天晚上下了晚自习，我在教室多看了会书，差不多半个小时后走出学校回家，当我经过我们学校旁边工地的小路时，他就跳出来把我摁住，拿刀威胁我，要我把钱全交出来，不然就杀了我。我当时非常害怕，但是鼓起勇气趁他不备挣脱，边跑边大喊有人抢劫，他在后面追赶想抓住我，正好被路过的两名老师看见，然后他就被当场抓住了。

公诉人：他是以什么方式向你索要钱财的？

被害人（杨）：他把我摁在墙上，并且拿刀威胁我。

公诉人：我的问话完了。

审判长：辩护人，你对被害人有要发问的吗？

辩护人：有，请问被害人，被告人在案发之后是不是已经向你们主动道歉了，并且已经积极赔偿了你们的损失和医药费呢？

被害人（王、杨）：是的。

辩护人：事后，被告人是否和你们在公安局的调解下就民事赔偿的部分达成了和解协议？

被害人：是的。

辩护人：审判长，我的问话问完了。

审判长：下面进行举证质证。首先由公诉人就起诉书指控的事实向法庭提供证据。

公诉人：审判长，本院指控书指控被告人冯××犯抢劫罪一案，有作案工具，证人证言等证据，上述的作案工具、被告人指认现场的照片等主要证据已于开庭前移送法院。下面，为证实公诉方指控的被告人冯××犯有抢劫罪的事实，公诉方将向法庭做以下举证：

（用几张纸代替）

1. 被告人在公安机关的供述；

2. 公安机关抓获被告人的经过说明和被告人的户籍证明。

3. 被告人指认现场的笔录。

4. 法医鉴定结论书，证实被害人王××手上的刀伤系轻伤。

以上证据证实了 2018 年 9 月 21 日和 10 月 9 日，被告人冯××分别在番禺实验中学旁的一条小巷道内和星海中学旁建筑工地的一条小路两次持刀拦截学生抢劫钱财的事实。

对以上证据请法庭组织质证。

审判长：被告人冯××，对以上证据有何意见？

被告人：没有意见。

审判长：法定代理人和辩护人对上述证据是否有意见？

法定代理人：没有意见。

辩护人：没有意见。

审判长：被害人对以上证据是否有意见？

被害人（王、杨）：没有。

审判长：下面继续进行举证、质证。

公诉人：为进一步证实公诉方指控的被告人冯××犯有抢劫罪的事实，当众宣读教

师邵×的证人证言(读完后交法警上交审判长):

证人:邵×,男,汉族,1978年11月11日生,广东省广州市星海中学教师,住广州市番禺区钟村镇人民路×××号,联系电话136××××7329,身份证号:4401131978××××101X。

证明内容:2018年10月9日晚22时左右,我和同事陈义下班准备去吃点夜宵,途中经过星海中学旁边工地的一条偏僻的小路,忽然听到有人喊救命,然后看到一个人在后面拿着一把刀追着一个女孩。于是我们俩立马上前去把他制服了,并绑送到了公安机关。经过事后指认,这个人就是广东番禺中学高二学生冯××。

证明人:邵×

二〇一八年十月三十日

审判长:被告人对以上证人证言有意见吗?

被告人:没有意见。

审判长:辩护人、法定代理人有意见吗?

法定代理人:没有。

辩护人:有,审判长,我国刑事诉讼法规定,证人有出庭作证的义务,鉴于证人邵×没有出庭作证,证据的证明力弱而且不符合刑事诉讼法的相关规定,我方请求合议庭对此证据不予采纳。

审判长:被害人对以上未到庭证人证词是否有意见?

被害人(王、杨):没有意见。

(合议庭组成人员轻声口头评议,即相互交头接耳。)

审判长:刚才在法庭指导下,对公诉机关出示的以上指控证据材料逐一进行了质证,被告人及其法定代理人、被害人对以上证据均无异议,辩护人的辩护意见本庭已记录在案,上述证据来源合法有效,证据之间具有关联性,并能客观真实地反映案件事实,对以上指控证据法庭经合议庭口头评议后对该证据的证明效力予以确认。

审判长:公诉人是否还有其他证据向法庭举证?

公诉人:没有。

审判长:辩护人、法定代理人和被告人是否有申请新的证人到庭、重新申请调查、鉴定、勘验的请求?

辩护人:没有。

法定代理人:没有。

被告人:没有。

审判长:被告人、法定代理人、辩护人是否有新的证据向法庭提交?

被告人:没有。

法定代理人:没有。

辩护人:有,我方要向法庭提供三份书面证据,第一,被告人冯××的学生证和户籍资料,证明被告人在第一次抢劫时未满18周岁。第二,冯××签署的愿意接受社区矫正的保证书。第三,被告人与被害人在案发后就民事赔偿部分自愿达成的和解书。

第三幕:法庭辩论

审判长:法庭调查结束,下面进行法庭辩论,首先由公诉人发表公诉意见。

公诉人:审判长、审判员,今天审理被告人抢劫案。根据《中华人民共和国刑事诉讼法》第一百七十六条和《中华人民共和国人民检察院组织法》第二十条之规定,以国家公诉人的身份出席,现就本案发表如下公诉意见:

1. 完整合法的证据体系,准确全面地证实了被告人的犯罪事实,在刚刚结束的法庭调查中,公诉人针对起诉书指控被告人的犯罪事实,讯问了被告人,证实了被告人的犯罪行为,也询问了被害人证人,对被告人的犯罪事实现已非常明确。

2. 被告人以非法占有为目的,实施暴力、胁迫手段,先后两次分别在番禺实验中学和星海中学外对学生实施抢劫行为,第一次抢到550元人民币以及一部苹果手机,折合人民币4 970元,并致被害人轻伤,构成抢劫罪,系既遂。第二次抢劫行为仍然符合抢劫罪的构成要件,符合刑法第二百六十三条之规定,构成抢劫罪,系未遂。《中华人民共和国刑法》第二百六十三条规定,"以暴力、胁迫或者其他方法抢劫公私财物的,处三年以上十年以下有期徒刑,并处罚金";被告人的行为已触犯了该条规定,综合本案实情,建议法庭判处被告三年以上六年以下有期徒刑。

今天,我们希望,被告人通过审判,认真反省自己的行为,必须明白自己的犯罪行为给社会、学校带来严重的危害结果,给番禺实验中学、星海中学的学生和家长造成心理上的恐惧在短时间内无法消除。也希望被告人彻底地悔悟,重新回归善良的人性中来,把握自己正确的人生方向。我的发言完毕!

审判长:下面由被告人作自行辩护。

被告人:我不会讲,请我的法定代理人和辩护人为我讲。

审判长:下面由被告人冯××的法定代理人发言。

法定代理人:由于自己下岗,生活很困难,被告人的母亲又已去世,平时疏于对他的管教,没有及时了解他在学校的所作所为。他犯了罪,只希望法庭考虑他还年轻,给他一个改过自新的机会,对他从宽处罚。

辩护人:尊敬的审判长、审判员,广州市番禺区金本色律师事务所在接受委托后,指派我作为被告人抢劫案的一审辩护人。接受委托后,我查阅了案卷,会见了当事人,今天又参加了庭审,现就本案辩护如下:

1. 被告人在第一次作案时不满18周岁,属于未成年人作案,第二次作案时也才刚刚18周岁,他根本不可能对自己的行为做出完全明确的是非判断。

2. 在这次抢劫行动中,被告人在作案中只使用了轻微的暴力,仅造成被害人轻伤的后果,所以其行为并没有造成严重的社会危害性,而且其在案发后已经向公安机关如实交代了公安机关已经掌握的抢劫学生钱财的事实,属于坦白情节,依法可以从轻处罚。

3. 被告人在事后积极地主动道歉并且他的监护人主动赔偿了损失,他目前是一名高中生,他对这种行为没有正确的认识,而且家庭教育的缺乏,没有对他有正确的引导,假如合议庭对他重判的话,这种重判的结果是毁掉了一个青年的前途,并没有给他一个改过自新的机会,这不违背了对未成年人“教育为主,惩罚为辅”的原则吗?

因此,我建议合议庭从轻处罚,判处缓刑,给予被告人一个改过自新的机会。

审判长:公诉人还有新的意见吗?

公诉人:刚才辩护人讲到被告人第一次抢劫时是未满 18 周岁的未成年人,对其行为没有是非判断能力,真是这样吗?从以上法庭调查中我们可以发现,被告人在第一次抢劫学生钱财时,已年满 16 周岁未满 18 周岁,第二次抢劫时 18 周岁,就是达到刑法规定的应当承担责任的年龄,也具有了刑事责任能力。被告人又不是精神病患者,根本不存在不能辨认和控制自己行为的情况。辩护人说,被告人在作案中使用了很轻微的暴力,只造成被害人轻伤的后果,没有严重的社会危害性,显得很荒谬。被告人持刀蓄意抢劫,对被害人精神上造成了不小的伤害,更何况致被害人轻伤的后果。除此之外,还造成被害人家人乃至整个学校学生与老师的恐慌,影响了两个学校的正常秩序,这怎么能说不具有严重的社会危害性呢?

审判长:请辩护人答辩。

辩护人:尊敬的审判长,审判员,作为辩护人,法律赋予我的职责是依法提出被告无罪、罪轻的证据和理由,为被告进行辩护。故作为被告人的辩护律师,我认为,被告人在本案中有以下几点事实:

1. 被告人第一次作案时未满 18 周岁,系未成年人犯罪,具备我国刑法第十七条规定的情节,《中华人民共和国刑法》第十七条规定未满 18 周岁的人犯罪,应当从轻或者减轻处罚;第二次作案时已满 18 周岁,当场被抓,属于抢劫未遂,可以比照既遂犯从轻或者减轻处罚;冯××在案发后已经向公安机关如实交代了公安机关已经掌握的抢劫学生钱财的事实,属于坦白情节,依法可以从轻处罚。而且,在案发后,被告人对被害人进行了积极的赔偿,并且主动地赔礼道歉,获得了当事人的谅解,请审判庭对此等情节予以考虑。

2. 被告人落到今天这个地步,是他对自己放松了要求,放任自流、肆意妄为。但是这又不仅仅出于他一个人的原因,是方方面面因素共同作用的结果。被告人的母亲很早就去世了,其生活在一个单亲家庭,缺乏母爱,而父亲为了生计整日奔忙,无暇管教被告人,让被告人住校并很少顾及他;作为一个正处于青春发育期的孩子,他是缺乏家庭的温暖和爱护的,他的心理是不健全的。被告人会走上犯罪道路,其家庭应当承担很大的责任!

3. 被告人需要钱干什么呢?不是去读书,也不是为生存,而是把钱交给了网吧上网玩游戏。网上游戏这个恶魔,像精神毒品,在腐蚀着一代又一代天真无邪的青少年。大部分青少年一旦沉溺于游戏,便一发不可收拾,家里给的零用钱是不够他们花销的,他们便把一双稚嫩的双手伸向了社会,只要能弄到钱玩游戏,什么都敢干,这是一种可怕的力量,是可以毁掉每一个身涉其中的无知少年的。善良的人们,难道对社会中存在的这种残害祖国未来希望的行为和现象能熟视无睹吗?

审判长、审判员,我今天并不是用华丽的语言为一个被告人解脱罪责。我是想通过我的努力,让大家都来关心和帮助这些失足的青少年朋友,都来关切青少年犯罪这个沉甸甸的社会话题，让各部门、让每一个人都伸出我们的双手，使他们回到温暖的社会中来，悔过自新，自食其力，回归人性。让一个不幸的家庭少一点牵挂和遗憾；让我们的社会少一份惊恐和害怕；让我们身边多一分希望和温馨。我的辩护结束。

审判长：公诉人，你还有新的意见要讲吗？

公诉人：没有了。

审判长：被告人、辩护人、法定代理人有新的辩护意见要发表吗？

均答：没有了。

第四幕：被告人的最后陈述

审判长：法庭辩论结束，现在由被告人冯××做最后陈述。被告人请站起来。

被告人：尊敬的审判长、审判员，我知道我做错了。我不好好学习，迷恋上网，以致走上了犯罪道路，触犯了国家法律，我罪有应得。我后悔不该去抢学生的钱，如果我当时没有因个人的私欲一时冲动去抢他人的钱物，对他人造成财产损失和身体伤害，我也不会站在被告席上。悔不该以前没有学好法律知识，法律意识淡薄，为了自己的私欲去侵害别人的利益，导致我失去人身自由，不能在学校继续我的学业，我觉得对不起辛苦养育自己的父亲，现在非常悔恨。我愿意接受法律的制裁，今后我一定好好改正自己的坏毛病，做一个对社会有用的人。同时我也希望与我同龄的人吸取我的教训，学好法律知识，做一个懂法守法的公民，好好珍惜自己拥有的幸福生活。

审判长：讲完了吗？

被告人：讲完了。

审判长：当庭出示的证据，在休庭后交给法庭，下面宣布休庭，合议庭对本案进行评议，15 分钟后继续开庭，把被告人冯××带下去。（敲法槌，审判长、审判员退出法庭）

书记员：全体起立，请审判长、审判员退庭。

第五幕：评议和宣判（15 分钟后）

（合议完毕，书记员入庭，依次请公诉人、辩护人和其他诉讼参与人入庭就座）

书记员：请大家坐好，请公诉人、诉讼参与人入庭。

书记员：全体起立，请审判长、审判员（人民陪审员）入庭。

审判长：请坐下。

审判长：（敲法槌）广州市番禺区人民法院刑事审判庭继续开庭。提被告人冯××到庭。

审判长：刚才的法庭审理，听取了被告人冯××的供述、辩解，以及最后陈述，公诉人向法庭宣读出示了有关的证据材料，控辩双方对证据进行了质证，并在法庭辩论阶段充分阐述了各自的辩论意见，合议庭对本案进行了认真评议，合议庭经评议后认为，证据形式来源合法，内容相互印证，能够作为本案定案依据，本院予以确认，下面对本案进行宣判：（书记员：请全体起立）

审判长：本院认为，被告人为劫取财物，而持刀致被害人受伤，其行为侵犯了公民的合法财产权和人身权，已构成抢劫罪，依法应予刑事处罚。广州市番禺区人民检察院指控的事实及罪名成立。鉴于被告人第一次作案时未满 18 周岁（17 周岁），应当从轻或减轻处罚,第二次作案因其意志以外的原因未能得逞,系抢劫未遂,可对其从轻或者减轻处罚,且被告人认罪态度尚好,辩护人的辩护意见本院予以采纳。综上,本院为严肃国法,保护公民的人身权利及财产权利不受侵犯,依照《中华人民共和国刑法》第二百六十三条、第二十三条、第五十二条、第五十三条、第六十四条对被告人判决如下:

1. 被告人犯抢劫罪,判处有期徒刑三年,缓刑四年,并处罚金人民币 5 000 元。

2. 本判决为口头宣判,判决书将在五日内送达,被告人如不服本判决,可在接到判决书的第二日起十日内通过本院或直接向广州市中级人民法院提起上诉。书面上诉的,应提交上诉状正本一份,副本两份。

审判长:张××
审判员:王×
审判员:朱×
二〇一八年十月三十日
书记员:邓×

审判长:被告人听清楚了吗?

被告人:听清楚了。

审判长:下面宣布闭庭,把被告人冯××带出法庭。(敲法槌)。

书记员:请审判长、审判员退庭。请控辩双方与旁听人员退庭。散庭后请公诉人和诉讼参与人阅读笔录并签字。如对笔录有意见可以补正。

资料三

模拟法庭心得体会

这次的模拟法庭是我踏入大学以来参加的最有意义的一次活动,它不仅使我的实践能力得到一定程度的提高,更重要的是它让我从理论走向实际,充分把书本上的理论知识应用到实践中,进一步强化了对理论知识的理解。

对于我们这些第一次参加法律实践活动的人来说,这次模拟法庭,我们收获特别多。首先,将理论应用于实践是我们最大的收获。那些书本上的诉讼程序:庭审准备、公布开庭、庭审调查、法庭辩论、合议庭评议、公布判决,看起来特别抽象,难以理解。但通过这次具体审判的操作过程,我们比较感性地理解和掌握了这些抽象的程序,并且每个程序中我们遇到了各种各样的问题,通过对问题的一一攻克,我们更深刻地了解了诉讼程序在实践中的应用,这是在课堂上学不到的,它是一种经验的积累。

不仅在程序上我们有了更深入的理解,在实体上我们同样有了崭新的认识。这次模拟法庭的案例涉及侵害人身财产安全。在了解案情后,我们翻阅了大量关于抢劫的法律著作、法条以及相关的司法解释,然后对这一案例进行了深入透彻的分析。在分析过程中,我们深刻地了解到将学过的理论知识与具体的案件相结合并不是我们想象中那么简单。记得老师说过,对于法条的理解并不仅仅在于能够熟练地表述,这只是一个基本的要求,更重要的是在案例面前你要知道如何去运用。然而,听老师说的时候很简单,在现实中并不然。这次实践,让我们感觉到灵活运用课堂所学的法学理论和法律知识解决实际问题也是一门值得研究的学问。

其次，我们深深地感受到了法律公平、公正、公开的理念。在法庭上，那种庄重、严肃告诉人们法律是公平的，在法律面前人人都是平等的。同时，对法律的崇敬和信任进一步升华。法庭上每个人那严肃的表情，让我们深刻地感受到法律是多么的庄严与神圣。

最后，在这次活动中，大家的共同努力让我们都感觉到了团结的力量。在准备期间，我们遇到了好多难点，给我们带来很多阻力。但这并没有打倒我们，而是让我们更加团结，团结就是力量。每当我们共同克服一个难点时，我们都很有成就感。记得准备了一段时间后，我们请来老师给我们做简评。老师对我们的活动很满意，当时我们的心情真的无法用言语来表达，知道我们的共同努力被认可了。这次实践不单单是参加一个活动，在我们以后的工作中，团队精神都很重要。

这次模拟法庭活动，使我深刻地了解到法院庭审时所必需的程序步骤，将实体法第一次运用于实践中；同时我也熟悉了一些法庭辩论的技巧和诉讼的方法；我们的综合能力如口头表达能力、应变能力、思维能力、运用综合知识的能力等得到进一步提高；运用法学理论和法律知识分析问题、解决问题的基本能力也得到相应的提高。

总之，模拟法庭让我学到了很多书本中没有的知识，提高了我的能力，丰富了我的大学生活。

参与模拟法庭的感悟

“模拟法庭”在指导老师、同学们的精心准备和认真参与下，对一件虚拟刑事犯罪案例展开了审理。我在“模拟法庭”上扮演了一名重要角色“国家公诉人”，在我国刑事诉讼体系中，公诉人的职能是对被告人的犯罪行为，提起控诉，监督刑事诉讼的实施，维护法律威严和社会的秩序。参加这次“模拟法庭”，加深了我对有关法律知识和我国司法实践的了解，法治思维和业务技能得到基本训练，对所学知识的掌握程度以及观察社会的能力进行了自我检测，用法学理论和法律知识发现问题、分析问题、解决问题的基本能力与创新意识有所提高，各方面感受都很深。

一、“模拟法庭”是法律实践的重要内容，必不可少

作为高职非法学专业的学生，在学习中很难结合实际生活参与法律实践，而“模拟法庭”就给我们提供了非常难得的法律实践机会。表演是安排的，但过程是真实的；法庭是模拟的，但触动是深刻的。

自己和同学们一起扮演审判长、审判员、书记员、国家公诉人以及辩护人、法定代理人，完全按照正规的法庭诉讼程序“开庭审理”，我们从零散的案件材料入手，经历分析事实情况、找出有关的法律文书、寻找适用的法律规范、形成自己的辩护或代理意见、书写有关的法律文书、出庭辩护等全部环节，这种亲身参与使我们能够了解案件进展的全过程，在一定程度上把握案件的进程和结局，同时在模拟法庭的训练过程中，我们作为律师、检察官或法官，成为案件的当事人或参与人，必须考虑所处角色的利益、设身处地

地分析案件，全力以赴地争取最佳结果，使自己由静态地接受知识转向动态地思考分析，由理论分析进而投入评判审理的实践之中，这是单一的学习或者实践无法提供的。

二、精心组织、认真参与是“模拟法庭”成功的关键

为了举行这次“模拟法庭”，我们事先做了大量的基础工作，制定了严谨的方案。在角色分配上充分考虑了同学的性格特点，在法庭中还对法庭调查，公诉机关宣读起诉书，双方出示证据，控辩双方进行质证并发表公诉词和辩护意见书，由合议庭闭庭合议等审理过程进行了合理引导；同学们扮演了“审判长”“审判员”“公诉人”“辩护人”等相应角色，审判人员、控辩双方均在忠于案件的基础上十分投入，尤其是法庭审理过程中明辨是非的举止，法庭取证时各种证据的有序出示，法庭辩论时的唇枪舌剑，让“模拟法庭”取得了良好效果，实践活动十分成功，同学们深受教育。

三、加强对人民群众的法治教育至关重要

此次“模拟法庭”审理的案件中，我们可以看到，当事人不懂法、不知法、法律意识淡薄是抢劫而致人轻伤的根本原因，案件本身有着深刻的启示。我国普法宣传还不能深入千家万户，普通老百姓特别是未成年人和失学社会青年的法律意识还相当淡薄，我国的青少年犯罪率相当高，未成年人犯罪和失学社会青年犯罪占绝大多数。因此，要实现依法治国的目标，就必须在人民群众中普及法律知识，加强法制教育，特别是加强对未成年人和失学社会青年的法制教育，引导他们学法、懂法、守法，使群众学会用法律的手段解决问题，认识到法律不仅是惩恶扬善的正义之剑，还是维护自身合法权益的保护神，自觉遵守法律、依法办事，及时化解各种矛盾纠纷，只有这样，类似的悲剧才不会发生。

在学习思想道德修养与法律基础课之前，我对法律的认识还比较粗浅，对很多基本的法律知识一知半解，通过对法律知识的学习，特别是在这次“模拟法庭”以后，我深刻认识到法律就在我们自己身边，法律连着你和我，学法、知法、守法是多么重要，今天这个案件可以清楚地告诉我们，做任何事情都要讲究法律，要善于运用法律赋予我们的权利，依法办事，不能头脑发热，做事不计后果。必须不断加强法制观念，增强法律意识，学会运用所学的法律知识来处理身边的是是非非。

（资料来源：百度文库）

实践教学项目推荐

1. 宪法日宣讲活动——争做宪法卫士
2. 走进法治教育基地——旁听庭审
3. 进社区志愿活动——宣传民法典
4. 微视频制作——《今日说法》观后感
5. 法治手抄报——弘扬宪法精神，共筑法治校园

参考文献

[1]《思想道德修养与法律基础》(2018 年版)编写组:《思想道德修养与法律基础》(2018 年版),高等教育出版社 2018 年版。

[2] 周雪梅:《知行美——思想道德修养与法律基础实践项目化教程》,苏州大学出版社 2018 年版。

[3]《〈思想道德修养与法律基础〉辅导用书》编写组:《〈思想道德修养与法律基础〉辅导用书》,高等教育出版社 2020 年版。

[4] 武文、王洪娇、李甜:《思想道德修养与法律基础实践教程》,中国海洋大学出版社 2020 年版。

[5] 宋星:《思想道德修养与法律基础实践教程》,西南交通大学出版社 2020 年版。

[6] 刘洋、陈继荣:《思想道德修养与法律基础实践教程》,化学工业出版社 2019 年版。

[7] 常晓薇:《〈思想道德修养与法律基础〉实践辅导教材》,高等教育出版社 2019 年版。

[8] 杜爱国、袁丁、肖坤:《思想道德修养与法律基础实践教学指南》,华中科技大学出版社 2019 年版。

[9] 张兴亮:《思想道德修养与法律基础实践课学习指导》,高等教育出版社 2018 年版。

[10] 陈钢:《高校思想政治理论课实践教学实用教程》(第二版),高等教育出版社 2018 年版。

[11] 李明建:《思想道德修养与法律基础实践探索》,南京大学出版社 2018 年版。

[12] 丁银河:《"思想道德修养与法律基础"实践教学研究》,武汉大学出版社 2017 年版。

[13] 李庆峰、王艳:《思想道德修养与法律基础实践教程》,化学工业出版社 2017 年版。

[14] 覃川、吕秀侠、宋辉:《思想道德修养与法律基础实践教程》,中国轻工业出版社 2016 年版。

[15] 李巍、江雪茹:《思想道德修养与法律基础实践教程》,南京大学出版社 2015 年版。